北京大学女性研究丛书

# 中国特色社会主义妇女理论研究

Zhongguo Tese Shehui Zhuyi Funü Lilun Yanjiu

岳素兰 魏国英 /主编

北京大学出版社

**图书在版编目(CIP)数据**

中国特色社会主义妇女理论研究/岳素兰,魏国英主编. —北京:北京大学出版社,2014.4

ISBN 978-7-301-24088-5

Ⅰ. ①中… Ⅱ. ①岳… ②魏… Ⅲ. ①妇女学-研究-中国 Ⅳ. ①D442

中国版本图书馆 CIP 数据核字(2014)第 065975 号

**书　　名:中国特色社会主义妇女理论研究**

著作责任者:岳素兰　魏国英　主编

责 任 编 辑:魏冬峰

标 准 书 号:ISBN 978-7-301-24088-5/C·1001

出 版 发 行:北京大学出版社

地　　址:北京市海淀区成府路 205 号　100871

网　　址:http://www.pup.cn

新 浪 微 博:@北京大学出版社

电 子 信 箱:weidf02@sina.com

电　　话:邮购部 62752015　发行部 62750672　编辑部 62750673
出版部 62754962

印 刷 者:北京鑫海金澳胶印有限公司

经 销 者:新华书店

730 毫米×980 毫米　16 开本　18.75 印张　317 千字

2014 年 4 月第 1 版　2014 年 4 月第 1 次印刷

定　　价:42.00 元

---

# 目　录



## 马克思主义性别研究立场与方法



## 中国特色社会主义妇女理论专题研究

## 妇女发展实践探索与理论思考

# 在“当代中国妇女理论研讨会”上的讲话

全国妇联名誉主席、九届全国人大常委会副委员长

彭珮云

我很高兴来参加北京大学、厦门大学、中华女子学院联合举办的当代中国妇女理论研讨会。今天与会的，有来自社科院、大学、党校和妇联系统的专家学者，也有长期在美国工作的学者；有从事妇女研究的学者，也有从事哲学、社会科学研究的学者；有女同志、也有男同志；有老年、中年学者，也有年轻的同志。这说明妇女理论研究，受到学术界各方面的关注，有越来越多的学者，投入这个领域的研究。前些年，对各种具体的妇女问题的实证研究比较多，基础理论的研究比较薄弱。近几年来，基本理论研究有了可喜的进展，研究的水平也逐步提高。这是十分令人高兴的。因此，首先我要祝贺这个研讨会的召开。这次会虽然只开了一天，但是发言的同志都经过认真的准备。会议涉及广泛而深刻的问题，既立足我国的实际，也有国际的视野，既交流了研究的一些新成果，取得了很多共识，也提出了不少需要进一步研究的问题。会上也有一些不同的认识和见解，这是在追求真理的过程中，不可避免的。很多问题需要经过研究、讨论，逐步取得科学的认识。我希望今后能够开展更加深入的研讨，推动妇女理论研究取得更加丰硕的成果。

我想借这个机会，表达我作为一个十分关心妇女理论研究的老妇女工作者的愿望。我希望各级党政领导，学术界、教育界、妇联和有关方面，都充分认识加强妇女理论研究的必要性和重要性，进一步加强对这项工作的领导和支持。科学的理论是行动的指南，妇女运动的实践离不开正确理论的指导。

探索和建设中国特色社会主义妇女理论是一项崇高的历史使命，需要发动哲学、社会科学和自然科学领域的广大学者积极参加。既要坚持马克思主义的指导，研究妇女运动的基本规律，又要关注重大的现实问题，重视实证分析和对策研究，还要开展多学科和跨学科的研究，逐步建立一个全面、完整的学科体系，提升妇女理论研究在学术领域的地位和作用。要做到这一点，需要提高认识，完善政策，加大投入，营造良好的学术氛围。最近厦大的领导为此采取了一些很好的措施，我很高兴。今天联合举办研讨会的三所学校，开展妇女研究比较早，研究的力量比较强，也取得了比较好的成果。我衷心希望你们在理论研究、学科建设、人才培养方面，都能够做出更好的成绩，在全国的高等学校中起到带头的作用。

2011 年以来，全国妇联组织了中国社科院、中央党校、北京大学、中华女子学院和全国妇联研究所等五个单位的有关同志，共同开展了题为“中国特色社会主义妇女理论与实践”的课题研究，由我牵头。这个课题获准成为国家社会科学基金的重点项目。经过了两年多联合攻关，反复讨论，广泛听取意见，多次修改，目前课题已经接近完成了，书稿有望在今年出版。这本书是在马克思主义和中国特色社会主义理论体系的指导下，研究改革开放以来，妇女解放和发展的理论和实践。在这一领域，我们进行了初步的探索，把我们现在认识到的写出来。当然这本书，还需要不断地完善、丰富，不断地创新、发展。出版以后，欢迎大家提出宝贵意见。在这本书研究和撰写的过程中，我们感到有不少的问题有待进一步深入研究和探讨。例如，怎样认识改革开放新时期，中国妇女解放与发展取得的进步，特别是怎样深刻、准确地揭示存在的问题，分析产生这些问题的原因；如何认识当前我国性别文化多元、多样的现状，以及它的影响，如何扬弃和抵制那些落后腐朽的性别文化，特别是如何在我国加快构建先进的性别文化；怎样准确了解西方女性主义，如何评价它们的贡献和局限；怎样汲取国际妇女运动有益的成果。这些都是值得进一步深入研究的问题，现在还做得很不够。我希望有更多的同志，特别是年轻的男女同志加入到妇女理论研究的行列中来，也希望在认真研究的基础上，发扬学术民主，更多地开展学术交流和讨论，包括国际的学术交流与合作。让我们大家携起手来，为推进妇女理论的创新发展、推进妇女的解放和发展而不懈努力。

2013 年 6 月 28 日

（根据录音整理）

# 马克思主义性别研究立场与方法

# 当代中国妇女理论研究若干问题探讨

梁　柱*

**摘　要：** 尊重妇女人格、实现男女平等、提高妇女社会地位和社会作用，是妇女解放运动的内在要求。但真正实现这一历史要求，我们还有很长一段路要走，还有许多现实的甚至尖锐的问题值得我们去研究和解决。这是一个理论问题，更是一个现实问题。在妇女理论研究中，要旗帜鲜明地坚持社会主义的共同理想、共同道路和发展方向。这不仅关系到国家的盛衰存亡，而且也关系到妇女的切身利益。

**关键词：** 妇女解放理论　社会主义　两极分化

尊重妇女人格、实现男女平等、提高妇女社会地位和社会作用，是妇女解放运动的内在要求。中国人民在中国共产党领导下，经过长时期艰苦卓绝的斗争，终于赢得了民族独立、社会解放和人民幸福。新中国的成立和社会主义制度的确立，为中国妇女解放开辟了广阔的前景和现实的道路，从根本上改变了妇女的命运，使之在国家的政治生活和社会生活中发挥越来越重要的作用。但即使这样，真正实现妇女解放的历史要求，我们还有很长一段路要走，还有许多现实的甚至尖锐的问题值得我们去研究和解决。这是一个理论问题，更是一个现实问题；而离开现实的理论，则有可能陷入空谈，会失去理论研究的价值。现就妇女理论研究和现实问题，谈点自己不成熟的看法，就

* 梁柱，男，北京大学马克思主义学院资深教授，博士生导师

教于与会的妇女理论研究者。

## 一

随着家庭、私有制和国家的出现，人类进入文明社会后，关注妇女命运，改变妇女地位，便成为许多有识之士苦苦寻求答案的一个社会问题。究竟以什么样的思想理论为指导，通过什么样的途径，才能获得真正的妇女解放，就成为一个重要的历史课题。

在500年社会主义思想史中，有过长达300多年，到18世纪达到比较完备状态的空想社会主义阶段。当时的进步思想家同情劳动群众的贫穷和苦难，开始探究造成劳动者悲惨命运的社会原因，探索消除这种社会弊病的途径。他们的历史功绩在于：对资本主义制度进行了无情的揭露和批判，为启发工人觉悟提供了极为宝贵的材料；对未来社会提出许多积极的主张和天才的预测，为科学社会主义的创立提供了有益的思想材料。这其中，就包含了对妇女解放问题的极大关注。法国空想社会主义者傅立叶提出，妇女解放程度，是衡量一个社会普遍解放程度和文明发展程度的历史尺度。这个思想观点，对后世产生了深远的影响。但由于他们还没有能够从整个人类社会的发展规律来揭示未来社会问题，对资本主义的批判和对未来社会的追求也还停留在伦理道德的范畴内，因而还是一种空想社会主义的性质。到了19世纪，在继承人类先进思想成果的基础上，又同当时的工人运动相结合，并以1848年马克思、恩格斯《共产党宣言》的发表为标志，创立了科学社会主义理论。这一理论深刻揭示了资本主义社会的基本矛盾，论证了社会主义代替资本主义是人类社会历史发展的必然规律，并指明了实现这一社会变革的途径、手段和社会力量，从而把社会主义由空想发展为科学。科学社会主义的创立、传播，不但为工人运动，而且也为妇女解放运动，提供了正确的指导思想，指明了正确的发展道路。马克思主义指导的妇女解放理论及其运动，有如下几个方面的特点。

首先，指明妇女解放是整个无产阶级解放运动的一部分。不同于以往的思想理论，马克思主义是很朴素的真理，它所创立的新世界观原理，是从人们赖以生存的物质条件出发，是从客观世界中，特别是从革命运动的历史和现实的经验中概括出来的反映普遍真理的科学体系；它用唯物史观阐明了社会发展规律，揭示了物质生产在历史进程中的决定性作用，指明了生产力和生产关系、经济基础和上层建筑的相互关系以及阶级斗争在阶级社会发展中的重要作用。正是从唯物史观出发，马克思、恩格斯把自己的理论概括成一句话："消灭私有制"；提出共产主义革命就是同传统的所有制关系实行最彻底的决裂，同传统的观念实行最彻底的决裂；得出了资产阶级的灭亡和无产阶级的胜利是同样不可避免的结论。这种理论的彻底性，使它真正代表了无产阶级和劳动人民的利益，成为摧毁旧制度、创造新社会的行动指南。这里需要指出，在旧的制度下广大妇女所承受的压迫，毛泽东曾经依据中国的社会情况，概括为政权、族权、神权和夫权这样四条权力绳索，这里既包括不合理的社会结构造成的，但主要的、根本的是阶级压迫，所谓族权、神权和夫权这种不合理的社会结构是同私有制这个根源紧密相关的。所以根本的问题是一个阶级压迫的问题，只有解决了这个不合理的社会制度问题，其他问题才有可能获得解决。因而妇女解放只有在无产阶级解放运动中，在全人类解放事业中，才有可能获得真正的、彻底的解决。

其次，从经济基础和上层建筑辩证统一的原理出发，阐明了经济独立是妇女人格独立的前提，只有根本改变以私有制为基础的旧的经济体制，妇女解放才有现实的可能。由于生产力发展水平所决定，人类社会不是一开始就有家庭的。马克思在《摩尔根〈古代社会〉一书摘要》中就指出："最古是：过着杂交的原始群的生活；没有家庭。"①一夫一妻制家庭在原始社会末期开始出现，最后在奴隶社会确立起来。正如恩格斯指出的：这种一夫一妻制"不是个人爱情的结果，它同个人性爱绝对没有任何共同之处，因为婚姻和以前一样仍然是权衡利害的婚姻。一夫一妻制是不以自然条件为基础，而以经济条件为基础，即以私有制对原始的自然长成的公有制的胜利为基础的第一个家庭形式。"②这种在私有制社会里一夫一妻制的一个显著特点，就是男子占统治地位，夫权高于一切。事实上，一夫一妻制家庭是要求妇女一夫，而男子却过着多妻生活。正是由于妇女没有经济独立，使她在家庭中处于无权的地位。中国长期的封建社会严格要求妇女"在家从父，出嫁从夫，夫死从子"就典型地表现了妇女的从属地位。这在西方也同样如此。基督教经典《圣经》中就写道："你们做妻子的要顺从自己的丈夫，……就如撒拉听从亚伯拉罕，称他为主。"资本主义社会表面上尊重妇女，表现"女士优先"的绅士风度，但实际上妇女依然处在从属的地位。挪威剧作家易卜生的《娜拉》一剧，就深刻表现了这一主题。鲁迅在《娜拉走后怎样》一文中说："娜拉或者也实在只有

① 《马克思恩格斯全集》第45卷，北京：人民出版社1979年版，第337页。

② 《马克思恩格斯选集》第4卷，北京：人民出版社1995年版，第60页。

两条路:不是堕落,就是回来。因为如果是一匹小鸟,则笼子里固然不自由,而一出笼门,外面便又有鹰,有猫,以及别的什么东西之类。”“所以,为娜拉计,钱,——高雅的说罢,就是经济,是最要紧的了。”[①]真可谓一语中的。马克思主义在中国传播后,李大钊在考察中国社会的改造问题时,对于根本改变中国社会经济制度作了明确的论证和表述。他重视社会问题的研究,如在论述女权问题时,他既重视在现有社会条件下争取女权,同时又指出女权问题的彻底解决,在于要“打破那有产阶级(包括男女)专断的社会制度”[②]。五四运动前夕,李大钊在《废娼问题》一文中,明确提出了“根本解决”中国社会问题的主张,他说:“根本解决的办法,还是非把这个社会现象背后逼着一部分妇女不去卖淫不能生活的社会组织根本改造不可。”[③]这里所谓“社会组织”,就是指社会经济制度及其上层建筑。五四之后不久展开的问题与主义之争,实质上是唯物史观与唯心史观的一次论战。李大钊依据马克思主义的唯物史观和十月革命的实践经验,科学地论证了只有根本改变旧的经济基础,建立新的社会制度之后,各种具体的社会问题包括妇女地位问题才有解决的希望,并强调阶级斗争是实现“经济的革命”的根本方法。这些都准确地体现了马克思主义的妇女解放理论。

再者,马克思主义妇女解放理论和运动的一大特点,是致力于劳动妇女的解放。妇女运动是资产阶级首先做起来的,他们关注的是女权主义,特别是上层妇女的参政权;他们虽然也在男女平等的口号下,对下层女性表示同情和怜悯,希望改善他们的生活。但这正如毛泽东所说:“不论是中国还是外国,古代还是现在,剥削阶级的生活都离不了老百姓。他们讲‘爱民’是为了剥削,为了从老百姓身上榨取东西,这同喂牛差不多。喂牛做什么?牛除耕地之外,还有一种用场,就是能挤奶。剥削阶级的‘爱民’同爱牛差不多。”[④]这显然不可能解决劳动妇女的解放问题。马克思、恩格斯在《共产党宣言》中阐明“消灭私有制”这一无产阶级历史使命时,不无辛辣地说:“我们要消灭私有制,你们就惊慌起来。但是,在你们的现存社会里,私有财产对十分之九的成员来说已经被消灭了;这种私有制之所以存在,正是因为私有财产对十分之九的成员来说已经不存在了。”[⑤]这正是资本主义社会的残酷现实。对

---

① 《鲁迅全集》第1卷,北京:人民文学出版社1982年版,第159、161页。
② 《李大钊文集》(上),北京:人民出版社1984年版,第640页。
③ 同上书,第680页。
④ 《毛泽东文集》第3卷,北京:人民出版社1996年版,第57—58页。
⑤ 《马克思恩格斯选集》第1卷,北京:人民出版社1995年版,第288页。

于占人口十分之九的劳动者来说,私有财产早已被有产者剥夺了,他们占人口绝大多数,受压迫最深,而广大劳动妇女尤其是这样。因而,没有劳动妇女的解放,便没有妇女的解放;把劳动妇女的解放作为妇女运动的历史使命,体现了马克思主义的本质特征,是人类文明史上一次"壮丽的日出"。

## 二

如前所述,社会主义制度的确立,为妇女解放提供了根本的制度保证,在新的历史条件下,如何在包括广大妇女在内的人民群众中倡导和树立爱国主义与社会主义相统一的理想信念,仍然是一个极其重要的历史课题。我们应当清醒地看到,在世界社会主义运动处在低潮、西强东弱的总体态势将继续存在的国际背景下,在实行社会主义市场经济体制、多种经济所有制共同发展的国内条件下,反映不同利益要求的社会思潮泛起,而各种错误思潮的一个共同的本质要求,就是要改变我国的社会主义制度。就以近年来泛滥的历史虚无主义来说,一些人以"重新评价""重写历史"为名,根本违背实事求是的研究原则,把攻击的主要矛头指向中国共产党的历史,否定党领导的革命和建设的成就。这在学术界和社会上都产生了恶劣的影响。新近流行的一本论述经济改革的畅销书,其中涉及党的历史问题的论断,把改革开放前30年的历史说成是"1949年以后的多次政治运动和'大跃进'使普通工人、农民和知识分子受难",是"民不聊生""苦难年代""巨大灾难年代","是一种'国将不国'的深重危机"[①],做出这种全局性的否定的判断,是完全违背历史事实的,而作者是把这种歪曲了的历史判断作为他要回答的"中国向何处去"的前提,这就不能不影响到他们要论述的方向性问题。更有甚者,有人利用毛泽东晚年的错误,不择手段地加以夸大、歪曲、捏造,在他们那里,毛泽东不但有错,而且有"罪";不但有"罪",而且"罪恶滔天"。一位把自己的毕生贡献给人民解放事业的开国领袖,功勋卓著,空前的民族英雄,遭受到如此颠倒黑白的攻击,这在世界历史上也是少有的。他们这样做,是因为毛泽东的历史功绩、思想理论和他在中国人民中的崇高的威望,成为他们企图把中国引向西化的不可逾越的障碍。这绝不仅仅是针对毛泽东一个人的,在他们看来,只要毛泽东被说成有"罪",共产党就要负责"埋单",中国社会主义就是他们所诬蔑的"封建的、专制的社会主义"。颠覆党的领导和社会主义制度,才是

---

① 参见吴敬琏、马国川:《重启改革议程》,北京:三联书店2013年版。

他们的最终目的。因此,在妇女理论研究中,要旗帜鲜明地坚持社会主义的共同理想、共同道路和发展方向。这不仅关系到国家的盛衰存亡,而且也关系到妇女的切身利益。

应当说,在我国社会当前发展中面临着种种严峻的挑战,这对于久经锻炼的中国共产党来说,都不可怕,都有办法加以应对;但如果发生理想失落,信念破碎,而不加以纠正的话,那将会是无可挽回的。我们知道,理想信念,是一个社会进步发展的精神支柱;科学的理想信念,是保证社会沿着正确方向发展的导航器和稳定器。如果理想失落,这个社会将会像"一只无帆、无楫、无罗盘针的弃舟,漂流于茫茫无涯的荒海之中"。它的危险性是不言而喻的。

古往今来,一切志士仁人,都懂得要从小立志。"志为气之帅,志锐气自役。"说的是只有立志才会有前进的方向,才会有不竭的力量源泉。"志不立,如无舵之舟,无衔之马,漂荡奔逸,何所底乎!"这对一个人、一个社会来说,都是如此。

古人云:"为世忧乐者,君子之志也;不为世忧乐者,小人之志也。"这里的"小人"是指不为国家兴亡负匹夫之责,孜孜以求个人私利的鼠目寸光之辈,理所当然地为人所不齿。我们知道,中华民族历经磨难而始终保持旺盛的生命力和凝聚力,这是同我们民族具有一种深刻的忧患意识相联系的。当然,在不同的时代、不同的历史时期,有不同的忧患内涵,但其共同的一点,就是表现为:心系国家安危,情牵黎民百姓。这种忧患意识使中华民族有很强的整体认同感,有荣辱与共、患难与共的情怀,有无以为国、何以家为的先国后家的高尚风格,有公而忘私、国而忘家的行为准则。这种源远流长的爱国主义精神,铸造了多少风流人物的崇高抱负和追求。像爱国诗人屈原,虽身临厄运,仍心系天下苍生,"长太息以掩涕兮,哀民生之多艰"。在煌煌唐诗中,也透露出这种鲜明的人民性。像以布衣忧国而著称的杜甫,写出了"穷年忧黎元,叹息肠内热"这样感人肺腑的诗句;白居易的"同是天涯沦落人,相逢何必曾相识",表达了对下层人民的无限同情。我们民族体现这种做人原则的思想财富是十分丰富的。像范仲淹的"先天下之忧而忧,后天下之乐而乐",文天祥的"人生自古谁无死,留取丹心照汗青",顾炎武的"天下兴亡,匹夫有责",林则徐的"苟利天下生死以,岂因祸福趋避之",等等。读了这样的诗篇和用心用血写成的名言警句,一定会陶冶人的性情,从心底产生对美好理想的追求,会使我们的爱国之心、报国之志在潜移默化中得到升华。这种凝聚着爱国思想的格言会转化为巨大的报国动力。流传至今的岳母为儿子岳飞刺字的故事,这“精忠报国”四个大字,千百年来激励了多少热血男儿,疆场赴命,卫国保家,马革裹尸,壮怀激烈。在中华民族的历史上,出现了许多以身许国、以死报国的千古佳话,形成了优良的爱国传统,历久弥新。正像陈毅元帅示儿诗中所写的:“国家若有难,汝当作先锋。”就是这种传统精神的体现。应当说,这是中华民族能够历经磨难而不衰,在凤凰涅槃中再生的一个重要原因。

到了近代,当中华民族遭受外族入侵,备受西方列强蹂躏欺凌、历经炼狱般苦难的时候,爱国主义精神表现得更加强烈,更加鲜明,成为团结对外、救亡图存的一面旗帜。中国自古有这样一种说法:一个人如果读了诸葛亮的《出师表》而不为之动容,就会被视为不忠;一个人如果读了李密的《陈情表》而不为之动情,就会被视为不孝。现在我们应该加上一句:一个人如果读了中国近代史而无动于衷,依然麻木不仁,就很难说是一个有血性的中国人。在百年来争取民族独立的伟大斗争中,除了极少数出卖国格人格的卖国贼外,中国人民同仇敌忾,气壮山河。

中国近代史是一部充满屈辱与抗争的历史,同时也是一部寻找救国真理、探索国家出路的历史。哪一个阶级、哪一个政党能够带领中国人民实现近代历史提出的民族独立和国家富强这两个基本要求,它就会成为历史选定的领导阶级和政党。这里重要的是选择一条什么样的发展道路,才能实现中国人民梦寐以求的这一历史愿望。近百年来中国人民为寻求国家出路而进行的不懈探索和奋斗,依然是以爱国主义为伟大旗帜的。历史给了我们这样的启示和证明:开始,是以林则徐为代表的、与忠君思想相联系的爱国主义,虎门销烟,奋起抗击英国侵略者,演出了一幕可歌可泣、气吞山河的反侵略斗争,但终因忠君思想的历史局限而以失败告终;继之,以孙中山为代表的、与民主主义要求相结合的爱国主义,是一场完整意义上的民主主义革命,这时有了资产阶级性质的革命政党,有了明确的建立资产阶级共和国的政治纲领,并通过多次武装起义,最终推翻了腐朽反动的清王朝,结束了延续两千多年的封建帝制,建立了伟大的历史功勋,但由于中国民族资产阶级的软弱性,对外不敢提出明确的反帝口号,对内不敢发动和依靠工农群众,最终革命果实落到了封建势力手里,没有能够改变中国半殖民地半封建的社会性质,这充分证明中国已经失去了独立走上资本主义道路的历史机缘;最后,只有当马克思主义传入中国之后,把爱国主义的社会理想同争取社会主义的前途联结起来,才为争取民族独立和国家富强开辟了广阔前景和现实道路。这就是近代中国历史的探索,历史的结论,它深刻反映了在新的时代背景和新的社会条件下近代中国历史发展的规律。中国共产党正是以自己的科学理论、正确路线和对人民事业的无限忠诚,把爱国主义同争取社会主义的前途紧密结合起来,从而赢得了民族独立和人民民主,为实现国家富强和人民共同富裕开辟了广阔前景和现实道路。

这种奠定在对近代中国历史发展规律自觉认识基础上的理想信念,是以科学理论为指导的,是一种对真理的信仰、科学的信仰,是凝聚党魂民心的坚不可摧的精神支柱。马克思、恩格斯在《共产党宣言》中指出,过去的一切运动都是少数人或是为少数人谋利益的运动,而共产主义运动是绝大多数人的,为绝大多数人谋利益的独立的运动。毛泽东也一贯强调,我们这个队伍完全是为着解放人民的,是彻底地为人民的利益工作的。正是这一崇高的人生和社会价值的追求,铸造了真正共产党人应有的品格,这就是:全心全意为人民服务,乐于奉献、勇于牺牲,艰苦奋斗、一心为公,坚持真理、修正错误,自觉抵制各种诱惑,等等。这就是共产党人的凛然正气,就是共产党人的党性原则。一切共产党员特别是党员干部,对此要有高度的自觉、自律。我们要清醒地看到,在改革开放和现代化建设的大潮中,在一些党员领导干部包括高级干部中,思想作风和工作作风方面存在着突出的问题,比如,醉心做官,不求进取,平庸度日,漠视群众,脱离实际,高高在上,形式主义,弄虚作假,讲究排场,贪图享受,以至骄奢淫逸,以权谋私,贪赃枉法,欺压百姓,等等。这些不良作风的存在和蔓延,严重腐蚀我们党的机体,这不但会使我们脱离广大群众的要求和期望,无法担当起历史赋予我们的重任,使执政面临巨大而可怕的风险,而且它会消解广大群众对党和社会主义事业的信念,销蚀健康向上的社会风气,瓦解整个社会的凝聚力和向心力。我们对此要有足够的认识,坚决克服当前存在的各种严重脱离群众的不良作风,保持党的机体的纯洁性。

今天,中国特色社会主义已经成为中国人民的共同理想。我们一定要始终坚持马克思主义的普遍原则同中国实际和新的时代特点相结合的发展方向,坚决抵制某些人所散布的所谓拒绝崇高、嘲弄理想、金钱至上、及时享乐等错误思潮,无私无畏地追求崇高,守护理想,勇于前行,敢于担当。

这里还要指出,爱国主义既体现对祖国和人民真挚而深厚的情感,也蕴含着一代又一代中国人对自己民族的历史责任。如果说,我们的前辈不惜抛头颅,洒热血,赢得了一个新的中国;那么,新一代青年,新一代妇女,就有责任接过他们的接力棒,实现承载“两个100年”即民族振兴、国家富强、人民幸福的“中国梦”。这是一个前无古人的伟大事业。一个人能够把自己的聪明才智、人生价值和这个伟大理想联结在一起,这既是一份历史责任,也是人生的幸运和实现人生价值的无比广阔的舞台。

## 三

妇女理论研究,要关注与妇女利益密切相关的社会现实问题。在改革开放中出现的贫富悬殊、两极分化,可以说是当前存在的诸多社会问题中的一个核心问题。这种两极分化,助长了一切向钱看的不健康的社会氛围;导致了社会心理失衡并由此而产生的社会犯罪行为;加剧了黄赌毒贪腐等社会丑恶现象的泛滥。应当说,在这诸多社会问题面前,受害最多、最深的,依然是广大妇女。这是值得我们认真研究、思考和解决的。

还在改革开放之初,邓小平就非常重视要正确处理公平和效率、经济建设和精神文明建设等一系列重大问题。他曾经设想在这场社会变革中有可能导致的逆向发展的种种情况,比如,他说:"社会主义与资本主义不同的特点就是共同富裕,不搞两极分化。"又说:"如果导致两极分化,改革就算失败了。"[①]等等。但是,当现实生活一旦出现这种情况的时候,作为无产阶级革命家是决不回避问题,更不会文过饰非,而是敢于直面现实,揭露和解决矛盾的。他在晚年关于分配问题的六次谈话中,都尖锐地提出了在改革开放的进程中出现的贫富悬殊、两极分化的问题。特别是在 1993 年 9 月他关于分配问题见于记载的最后一次谈话中,非常坦诚而语重心长地指出:"十二亿人口怎样实现富裕,富裕起来以后财富怎样分配,这都是大问题。题目已经出来了,解决这个问题比解决发展起来的问题还困难。分配的问题大得很。我们讲要防止两极分化,实际上两极分化自然出现。"他还说:"少部分人获得那么多财富,大多数人没有,这样发展下去总有一天会出问题。分配不公,会导致两极分化,到一定时候问题就会出来。这个问题要解决。过去我们讲先发展起来。现在看,发展起来以后的问题不比不发展时少。"[②]这个忧虑,他在多个场合讲过。

邓小平在谈到分配问题时,总是同社会主义制度、社会主义的本质联系在一起。他坚信社会主义制度应该而且能够避免两极分化,中国在经济发展起来和效率提高以后,如何处理好公平和效率的关系,使现代化建设和改革

---

① 《邓小平文选》第 3 卷, 北京:人民出版社 1993 年版,第 123、139 页。

② 《邓小平年谱 1975—1997》下,北京:中央文献出版社 2004 年版,第 1364 页。

开放的成果不被少数人所占有。他提出允许一部分人、一部分地区先富起来，但其目的也是为了让先富的人和先富的地区能够帮助后富的人和地区，最终实现共同富裕。他也曾设想到了20世纪末达到小康水平的时候，就应该把共同富裕的问题提上日程。但后来的发展并非像原来设想的那样。1990年12月24日，邓小平在同几位中央负责同志谈话时，他说："共同致富，我们从改革一开始就讲，将来总有一天要成为中心课题。社会主义不是少数人富起来、大多数人穷，不是那个样子。社会主义最大的优越性就是共同富裕，这是体现社会主义本质的一个东西。"[①]他还说："中国情况是非常特殊的，即使百分之五十一的人先富裕起来了，还有百分之四十九，也就是六亿多仍处于贫困之中，也不会有稳定。中国搞资本主义行不通，只有搞社会主义，实现共同富裕，社会才能稳定，才能发展。社会主义的一个含义就是共同富裕。"[②]

邓小平在指出两极分化这一现象出现的同时，就明确指出它的出现如果不加以有效制止的话，将会导致的严重后果。他在这方面说了很多，其中有两句话极具尖锐的现实针对性，对我们认识这个问题的严重性有着重要的警示作用。

一是，"如果仅仅是少数人富有，那就会落到资本主义去了"[③]。这个令人振聋发聩的深刻思想，实际上是同他在改革开放初期就提出的必须坚持公有制主体地位和共同富裕这两个社会主义根本原则相一致的，是从两个不同的角度揭示同一个命题。在他看来，在中国，只有社会主义才能够为实现国家富强、人民共同富裕提供根本的制度保证。而公有制作为社会主义的经济基础，是巩固和发展社会主义一个带有根本性的问题。邓小平为什么如此强调公有制的主体地位呢？这是因为，所有制问题是涉及判断一个社会性质的标准问题。马克思主义的常识告诉我们，社会是生产关系的总和，而占主体地位的生产关系决定社会的性质。自从阶级社会产生以来，还从未有过纯而又纯的单一所有制社会，古罗马作为奴隶制社会的典型，也有许多自由民组成的个体劳动者，但占主体的是奴隶主和奴隶这对生产关系，所以决定了它的奴隶制社会的性质；即使是今天的美国，也还有极少量个体劳动者和合作经济，但占主体地位的是资本主义的生产关系，所以决定了它资本主义的社

---

① 《邓小平文选》第3卷，北京：人民出版社1993年版，第364页。

② 《邓小平年谱1975—1997》下，北京：中央文献出版社2004年版，第1312页。

③ 同上书，第1356—1357页。

会性质。人类历史正是按照这样的标准,区分为奴隶制社会、封建制社会和资本主义社会,而社会主义社会也同样是按照这样的标准来确定和表明它的社会性质的。所以要坚持这样的标准,是因为生产资料由谁占有,决定着人们在生产中的不同地位和在劳动产品中所占的不同份额,扩而大之,它决定人们在整个社会中所处的不同地位,形成不同的利益集团和阶级势力。社会主义公有制主体地位的确立,意味着社会主体部分的生产资料不再成为剥削和压迫人的工具,而成为全体社会成员所有,这就为社会成员的平等地位、根本利益的一致性提供了保证,也为进一步巩固和发展社会主义提供了坚实的经济基础。如果这种占有形式发生了质的变化,也就是公有制被私有制所代替,这也就不能不使社会性质发生反向的变化。而分配作为生产关系的一个重要内容,共同富裕是体现社会主义本质的一个重要内涵,如果一个社会主义国家发生两极分化而不加以有效制止的话,这种两极分化势必会危害到公有制为主体的所有制关系,因为这种现象的发生,不但表明公有制主体地位受到动摇甚至不再存在,而且它还会通过种种非法手段占有公有制的劳动成果,使公有制名存实亡。所以,从这里我们就不难理解邓小平提出"如果仅仅是少数人富有,那就会落到资本主义去了"这一命题的深刻性。

二是,"中国有十一亿人口,如果十分之一富裕,就是一亿多人富裕,相应地有九亿多人摆脱不了贫困,就不能不革命啊！九亿多人就要革命"①。这是他从必须坚持社会主义的角度指明了两极分化的严重后果,这个警示是十分深刻而有现实意义的。两极分化之所以必然导致社会矛盾尖锐化,因为这是关系到利益分配的社会公平问题,关系到每一个社会成员的切身利益问题。特别是本来属于全社会享有的改革成果被少数人所占有,少数人富裕甚至暴富,其中不乏通过非法手段侵占社会财富,侵害多数人的利益,这就不能不造成不同的利益阶层之间的矛盾,其中包括尖锐的阶级矛盾。当多数人利益受到损害、处在贫困状态而且看不到希望的时候,社会矛盾的爆发,甚至往对抗的方向发展,就是难以避免的。邓小平所说的两极分化会引发革命,是极而言之,也是根据历史经验提出的。历史上的农民战争和我们党领导的革命,从社会根源上来说,都是由于出现了超过人民能够忍受的贫富不均、社会不公这一经济原因而引发的,所以历史上历次农民战争都有"均贫富"的主张。当然,近些年我们出现的两极分化现象,是在人民群众的生活水平有了普遍提高的情况下出现的,是属于人民群众还能忍受的范围之内,但必须引

① 《邓小平年谱 1975—1997》下,北京:中央文献出版社 2004 年版,第 1317 页。

起我们足够的警惕和重视。这里还要看到,两极分化不但会引起社会成员的利益矛盾,而且也会造成社会心理失衡。尤其是中国有着长期封建流毒的影响,一旦暴富就追求穷奢极欲的生活。“朱门酒肉臭,路有冻死骨”就是这种贫富两极的鲜明对照。而今天的某些暴发户、腐败官员的腐朽生活,就是当年石崇之流也为之逊色。一面是几万、几十万元一桌的豪宴,一面是有的打工仔为讨回区区几千元的工资而被打断了腿;一面是住豪宅、包二奶,一面是求温饱而不得。这种两极对比,对于已经在社会主义制度下生活了 60 多年的人民群众会产生什么样的心理冲击呢?!难怪一位学者看到一则新闻,报道一个“富二代”的小姐派了 30 辆奔驰车到机场迎接她的爱犬,这种连当年孔二小姐也自叹弗如的怪现象,使这位学者满怀愤懑写下了这样的诗句:“横流欲海拍天来,不见苍生只见财。卅辆‘奔驰’迎一犬,一家暴富几家灾。”诚然,社会矛盾的尖锐化是由多种因素造成的,但不可否认,利益分配关系明显失衡造成的城乡差距、地区差距扩大,两极分化明显,不能不是最直接、最主要的原因。这种社会矛盾的尖锐化,往往是以群体事件作为表现形式。这里还要指出,两极分化的存在和发展,在社会上弥漫着嫌贫爱富的不良社会风气,一些地方政府的公共政策天平发生了倾斜,使得弱势群体的发言权越来越小,声音越来越弱。这种社会矛盾的严重激化,加上西方反共反华势力唯恐天下不乱,极力推销他们所谓的“颜色革命”,妄图达到颠覆社会主义中国的目的,这不能不使我们面临非常严峻的局面。

共同富裕,是人类社会的美好愿望,也是一个世界性的难题。资本主义虽然能够创造前所未有的社会财富,但由于它内在的生产社会性和生产资料私人占有之间的矛盾,决定它必然导致两极分化的畸形发展。社会主义是以生产资料公有制作为自己的经济基础,从而为实现社会公平、共同富裕提供了制度保证和实际可能。改革开放以来,在积极推进中国特色社会主义事业,在已经做大了蛋糕的情况下,却始终没有切分好蛋糕,出现了本来不应该出现的两极分化现象。这里的原因是多方面的,包括工作经验、税收政策以及理想信念失落等等,但从根本上说,是所有制的格局出了问题,使社会财富迅速集中到少数人手里。十一届三中全会以来形成的有关社会主义初级阶段的基本理论、基本路线和基本政策,包括“两个毫不动摇”所体现的基本经济制度,都是符合我国实际的,是正确的;问题不是出在这里,而是一些地区、一些领导干部没有全面理解和贯彻落实党的基本路线和基本政策,离开了党的基本纲领和基本理论,甚至把工作的兴趣放在追求私有化的目标上。这种状况反映在理论上,就是不敢旗帜鲜明地坚持社会主义的原则,一些人在所谓“创新”的名义下制造思想混乱，他们不说剥削，说生产要素参加分配；不敢说阶级，只能说阶层；不说私营经济，只能说民营经济；不说劳资关系，只说劳动关系，等等。这样做，不能欺骗别人，只能模糊了自己的意识。理论必须彻底，只有彻底才能说服人，才能争取群众。比如说剥削的问题，在社会主义初级阶段我们应该是承认剥削，忍受剥削，限制剥削，最后才能消灭剥削。如果连剥削都不敢说，还算什么真正的共产党人呢？

我们有这样一个信心：只要全党特别是党的领导干部，始终坚持社会主义的发展方向，真正树立起一切为了人民、一切对人民负责和虚心接受人民群众监督的观点，持之以恒，付诸行动，我们就完全有能力应对任何挑战，克服存在的困难，把中国特色社会主义事业推向前进。毫无疑义，关注这样与国家前途、与妇女切身利益相关的现实问题，应当是当代中国妇女理论研究的题中之意。

# 妇女理论与人学

陈志尚*

**摘　要:**马克思主义人学和中国特色社会主义妇女理论都是正在建设中的新兴学科,两者有内在的紧密的关系,彼此应当互相学习,互相促进,共同发展。人学和女性学的关系是普遍和特殊的关系,人学的所有原理都应适用于妇女,而人学也只有吸取女性学的研究成果并把它充实进来,才能在理论上达到完整的科学的要求。反之,女性学也应吸取人学的科研成果,使自己的学说获得全面的可靠的理论基础。人学和女性学应该加强研讨和合作;面临意识形态复杂多变的新形势,应加强理论的自觉和自信。

**关键词:**人学　女性学　马克思主义　中国特色社会主义　妇女理论

这里,我想就人学和女性学,确切地说就马克思主义关于人的理论和中国特色社会主义妇女理论的关系,谈一点认识。

## 一、人学和女性学应该加强研讨和合作

人学和中国特色社会主义妇女理论都是正在建设中的新兴学科,两者有内在的紧密的关系,可以说是姊妹篇,彼此应当互相学习,互相启发,互相促

---

* 陈志尚,男,北京大学哲学系教授,博士生导师

进,共同发展。

人学,英语是 Hominology,是美国学者卡恩所著的《人学导论》(Theodore C Kahn,*An Introduction of Hominology*,1969)中使用的概念。人类的人学思想源远流长,现代人学是从哲学分化出来的一支新兴学科,它的研究对象是人自己,前提是现实的人,作为社会历史主体的人,任务是发现人的特性和本质,人的生存和发展规律,进而探讨人生价值、目的,做人的原则和实现美好理想的道路和方法。女性占人口的一半,人学当然要关注和研究女性。人学和女性学的关系是普遍和特殊的关系,人学的所有原理都应适用于妇女,同时必须看到,女子有不同于男子的特质,它是人性在妇女身上的特殊表现。只有吸取女性学的研究成果并把它充实到人学之中,人学在理论上才能达到完整的科学的要求。反之,女性学也应关注人学,吸取人学的科研成果,才能使自己的学说获得全面的可靠的理论基础。

如:要回答什么是女人,什么是女子的特性和本质,首先就要搞清楚什么是人,什么是人的特性和本质。与旧人学以抽象的"人"的假设为前提,宣传抽象的人性论不同,现代人学以马克思主义哲学——辩证唯物主义和历史唯物主义为指导,主张以现实的人(即社会的历史的人)为全部立论的出发点。认为人性是指人之所以为人,区别于一切动物而为人所独有的,也是一切人(包括古今中外,不分性别、年龄、种族、民族、国籍、阶级、阶层、职业等等区别)所普遍具有的各种属性的总和。人性是复杂的系统概念,分三个层次,基础是自然和社会属性,在这之上是由很多要素和方面所构成的特性。诸如,人是特殊的有生命的物质实体;凡人都有(生存、发展、享受、实现自我、服务人民和社会等)多方面的需要;为了满足需要,人都必须不停顿地进行生产以及交往、生活等各种实践活动;人都不能孤立地生存,而必须与他人结成一定的关系,依赖群体,组成社会才能从事各种活动;彼此之间都必然地既相互合作又相互竞争;都会使用语言传递信息;都有思维能力;都有自我意识;都有超越动物的情感意志等高级心理;都能进行认识、评价、审美等复杂的意识活动;都有一定的信仰和理想;都追求更多的自由;等等。而人的一系列特性的核心是人的本质。

马克思说过生产劳动是人的类本质,也说过人的本质是一切社会关系的总和。但这都不是在对人的本质下科学定义,而是从不同侧面强调构成人的本质的特征。正确的方法是对马克思有关人性和人的本质的全部言论做出分析和综合,把握住他的思想的精神实质。我们的理解,人的本质的科学规定应该是:结成一定的社会关系从事生产和其他社会实践活动,简称社会性的实践。这是人不同于其他一切生物所特有的本质,是决定人的所有特性的生成和变化的根据。因此,把人的本质只是理解为、归结为"社会关系"或"生产劳动",是片面的。只有把"结成社会关系"和"从事实践活动"这两个要件结合起来,作上述这样的表述,才符合马克思的原意,才能读通马克思的著作。

人性和人的本质理论是对客观存在的真实的人的科学抽象,由于人们所处的环境、条件、关系、实践不同,人性在具体的人身上的表现(包括男女两性及不同的阶级、阶层、群体)必定会有这样或那样的差别,所以我们还要研究人的民族性、阶级性、个性,研究人性在不同历史时代、不同社会发展阶段的变化和发展。真实的人性总是普遍、特殊和个别的统一,因此,要把辩证法运用到人性论的研究。据我了解,如何认识女子的特性和本质,是女性学理论和艺术创作评价的一个重要的基础性课题,因此,掌握人性和人的本质的科学理论和方法对女性学是有积极意义的。

又如,人权问题是当代国际政治和思想领域的重大现实问题,也是学术界思想界长期存在争论的问题,而女权问题是妇女理论和实践的一个重点和热点。人权和女权是紧密相关的,人权和女权的理论研究也应该互相关注和交流。

人权理论是人学的一项重要内容。长期以来,基于统治阶级的政治需要和意识形态,西方一些学者、政治家、媒体不断地制造舆论,无端地攻击宣传马克思主义反对人权,社会主义压制人权。这是当代国际政治斗争的一项重要内容。另一方面,随着改革开放的深化和发展,中国国内意识形态领域也出现了多元分化的新情况,不同的人权思想和理论观点存在着分歧和争论。因此,我们认为当前迫切需要重新学习研究马克思的人权思想,正本清源,拨乱反正,分清人权理论上的是非。去年我发表了一篇论文:《马克思的人权观在中国》(《北京大学学报》2012 年第 6 期)。文章回顾了中国人选择正确的人权观的历史,阐述了马克思和中国特色社会主义关于人权的基本观点。

马克思在批判旧世界创建新社会时,吸收了人类文化遗产中关于人权思想的精华,同时揭露和批判了资本主义人权的局限性(人权的实施不能超越资本主义制度所许可的范围,必须以维护和不损害资产阶级的根本利益为前提)和虚伪性(根据资本统治的需要在行动上采取双重标准),创建了不同于旧的资本主义人权理论的新的科学的人权观,要点如下:

1. 主张社会历史的唯物主义,以现实的人为出发点和基本前提,根据人的社会性和人的历史发展来认识人权问题,反对脱离人类社会的历史和现实，以抽象的“人”“人性”假设为前提的唯心主义形而上学的旧人权观。

2．人权不是天赋的，而是历史地产生和发展的。

“天赋人权”是西方主流的人权观的立论前提，宣扬人权是造物主给予的，或者是出于人的自然本性，因而是贯穿人类社会始终、永恒不变的。这种观念在动员群众反对宗教神学和封建专制统治、为争取人权而斗争时，起过积极作用。但它是一种先验的违背历史事实的不科学的理论。与此相反，马克思在唯物主义基础上吸取黑格尔的合理思想，明确指出：“‘人权’不是天赋的，而是历史地产生的。”[①]后来恩格斯在《家庭、私有制和国家起源》一书中，根据当时古人类学、历史学的研究成果，详细考察了人权的起源和发展。

3．人们的人权观念和实践是随着社会历史条件的改变而变化发展的，不是一成不变的。

以平等、自由、民主为基本内容的人权不是抽象不变的，而是具体的、相对的。“实际上，事情是这样的，人们每次都不是在他们关于人的理想所决定和所容许的范围内，而是在现有的生产力和所决定和所容许的范围之内取得自由的。”[②]平等是正义的表现，是完善的政治制度或社会制度的原则。但是“平等的观念，无论以资产阶级的形式出现，还是以无产阶级的形式出现，本身都是一种历史的产物，这一观念的形成，需要一定的历史关系，而这种历史关系本身又以长期的已往的历史为前提”[③]。“一旦社会的经济进步，把摆脱封建桎梏和通过消除封建不平等来确立权利平等的要求提到日程上来，这种要求就必定迅速地获得更大的规模。……而自由和平等也很自然地宣布为人权。”[④]

4．人权具有社会性。人权是权利和义务的对立统一。

人权所指的人，不是生物学意义上的自然存在物，不是栖息在人类世界以外的抽象的东西，而是在社会中生活着、在历史中行动着的现实的人，这样的人是最名符其实的社会动物。早在 1844 年马克思就指出：“这个 homme [人]究竟是什么人呢？不是别人，就是市民社会的成员。……为什么他的权利称为人权呢？……只有用政治国家和市民社会的关系，政治解放的本质来解释。”“封建社会已经瓦解，只剩下了自己的基础——人，但这是作为它的真正基础的人，即利己主义的人。”“国家通过人权承认的正是这样的人。”“这

---

① 《马克思恩格斯全集》第 2 卷，北京：人民出版社 1957 年版，第 146 页。

② 《马克思恩格斯全集》第 3 卷，北京：人民出版社 1960 年版，第 507 页。

③ 《马克思恩格斯全集》第 20 卷，北京：人民出版社 1971 年版，第 117 页。

④ 同上书，第 115 页。

些个人的关系通过权利表现出来，正像等级行为制度的人的关系通过特权表现出来一样。”因此，“所谓人权（droits de l' homme）无非是市民社会的成员的权利。即……利己主义的人的权利”[①]。说这些话时马克思正在创建自己的新世界观，有的概念表达还不成熟，但基本意思是清楚的：人权和特权都是人们社会关系的表现。人权起源于人们的物质生活条件，它的内容是由经济关系决定的。在所谓市民社会即资本主义社会中，占统治地位的是资本主义私有制为核心的经济关系，它把需要、劳动、私人利益和私人权利看做自己存在的基础，现实的人就是生活在这种社会关系中的“利己主义的人”。而人权正是从法权和伦理关系即意志关系上反映和表现了这种社会经济关系，就是这样的人的权利。由此可以得到启示，人权的实质就是以法律、道德等形式，对现实的人的社会活动和社会关系做出规定，尊重和保障他们在社会生活中，根据人人平等的原则，所应有和实有的社会地位、需要和利益。

人权是权利和义务的统一。马克思说：“没有无义务的权利，也没有无权利的义务。”[②]所以，人权是对任何等级特权的否定。只讲权利不尽义务，或者只讲义务没有权利，都是片面的、错误的。

5. 阶级社会中人权带有阶级性。

之所以具有阶级性，是由于不同阶级在需要和利益上存在着根本分歧和对立，反映和表现在人权观念和实践上，必然会产生不同的价值观念和行为标准。所以，现实的人权总是具体的、历史的，总是普遍性和特殊性、共同性和阶级性的统一，抽象的、超历史、超阶级的人权是不存在的。

对于资本主义人权，马克思、恩格斯坚持全面的、历史的、阶级的分析和评价。一方面，充分肯定资本主义人权的历史进步性。另一方面，正视资本主义人权的历史局限性，深刻揭露资产阶级人权的虚伪性和阶级实质。现代资本家是靠占有他人无偿劳动发财致富的，“平等地剥削劳动力，是资本的首要的人权”[③]。“这样一来，有产阶级胡说现代社会制度盛行公道、正义、权利平等、义务平等和利益普遍和谐这一类虚伪的空话，就失去了最后的立足之地。”[④]因此，资本主义制度形式上是人权取代了特权，实际上“人权本身就是特权，而私有制就是垄断”[⑤]。“他们一定得把历代的一切封建特权和政治

---

① 《马克思恩格斯全集》第1卷，北京：人民出版社1956年版，第442、443、437页。

② 《马克思恩格斯文集》第3卷，北京：人民出版社2009年版，第227页。

③ 《马克思恩格斯文集》第5卷，北京：人民出版社2009年版，第338页。

④ 《马克思恩格斯文集》第3卷，北京：人民出版社2009年版，第461页。

⑤ 同上书，第224页。

垄断权合成一个大特权和大垄断权。……资产阶级实行的一切改良，只是为了用金钱的特权代替了已往一切个人特权和世袭特权。这样，他们通过选举权和被选举权的财产资格的限制，使选举原则成为本阶级独有的财产。平等原则又由于被限制为仅仅在'法律上的平等'而一笔勾销了，法律上的平等就是在富人和穷人不平等的前提下的平等，即限制在目前主要的不平等的范围内的平等。…出版自由仅仅是资产阶级的特权，因为出版需要钱，需要购买出版物的人，而购买出版物的人也得需要钱。陪审制也是资产阶级的特权，因为他们采取了适当的措施，只选'有身份的人'做陪审员。"①资本主义的"民主制和其他任何一种政体一样。归根到底也是自相矛盾的，骗人的，也无非是一种伪善。……政治自由是假自由，是一种最坏的奴隶制，……政治平等也是这样"②。此外，马、恩还在著作中列举大量事实，揭露资产阶级发展史上残酷剥削镇压本国劳动群众，掠夺压迫弱小民族，践踏人权的罪恶记录。

马克思认为，工人阶级及其政党可以利用资本主义制度下的人权（如普选权、出版、结社和集会自由等）争取本身的利益，作为消灭阶级及其特权、实现经济和社会解放这个目的的手段，但决不能对资产阶级人权抱有迷信和幻想。文献记载：由马克思于 1864 年 11 月起草，经国际工人协会临时委员会批准和发表的《协会临时章程》中，明确宣布协会认为："一个人有责任不仅为自己本人，而且为每一个履行自己义务的人要求人权和公民权。"③

6. 提出了未来新社会人权发展的设想。

马、恩生前未能看到社会主义胜利，也没有直接从事建设社会主义实践，但他们从批判旧世界中发现和创造新世界，对未来新社会的人权问题提出了科学设想：

一是社会主义人权实施的基础是生产资料的社会主义公有制和无产阶级掌握国家政权。

二是随着阶级的消灭，人民将获得真实的平等、自由和民主权利。

三是社会主义人权是一个逐步完善的过程。"权利决不能超出社会的经济结构以及由经济结构制约的社会的文化发展。"④它的发展趋势是每个人的自由全面发展。

公正地说，马克思所创建的新人权观突破了西方传统人权观那种片面的

---

① 《马克思恩格斯全集》第 2 卷，北京：人民出版社 1957 年版，第 647—648 页。

② 《马克思恩格斯全集》第 1 卷，北京：人民出版社 1956 年版，第 576 页。

③ 《马克思恩格斯全集》第 21 卷，北京：人民出版社 2003 年版，第 17 页。

④ 《马克思恩格斯选集》第 3 卷，北京：人民出该社 1995 年版，第 305 页。

狭隘的眼界,极大地丰富和推进了人们对人权的科学认识。那种指责马克思和马克思主义反对人权的人的言论完全是没有根据的诽谤,只能说明他们对马克思主义思想了解的浅薄和无知。

近代中国首先是从西方输入包括"天赋人权"在内的资本主义政治思想,俄国社会主义革命胜利后又输入了马克思列宁主义。经过革命实践的检验,多次胜利和失败的比较、反复,人民才最终选择了马克思的人权观。新中国成立以后,又经过六十多年的曲折发展,我们在人权建设方面取得了巨大成就积累了丰富的经验。在理论上,中国以马克思主义人权观为指导,吸收人类文明关于人权的积极成果,从本国国情的实际情况出发,总结中国人自己的实践经验,探索、创造了一套中国人自己的人权观,即中国特色社会主义人权理论,并初步形成了比较系统的科学体系。要点如下:

1. 对人权概念做出科学概括

人权是以法律、道德等形式,根据人人平等的原则,规范现实的人的社会活动和社会关系,反映和处理他们在社会生活中所应有的和实有的需要和利益。

2. 人权的基本原则

国内人权的基本原则是:以人为本。人人都平等地享有权利,同时履行相应的义务(承担责任)。因此,人权与特权是对立的,实行人权必须否定特权。国际人权的基本原则是:尊重和维护各国的独立、主权和平等,权利和义务均衡。因此,在国际事务中实行霸权主义和强权政治,侵犯别国主权,干涉别国内政,以势压人,以强凌弱, 以富欺贫,都是违背和破坏人权的行为。

3. 人权的普遍性原则与各国具体国情相结合

一方面必须肯定人权的普遍性,承认国际人权有共同标准。世界文明几千年传承下来的追求人权、自由、平等、民主的理想,是全人类的优秀文化遗产,是当代人应当继承的人权思想来源。另一方面,必须同时肯定人权的特殊性。现今世界 200 多个国家,各国的国情,诸如,社会制度、经济文化发展水平、宗教信仰、民族传统、生活方式、意识形态以及历史条件、地理环境,等等,都各不相同。而各国人民绝大多数都工作和生活在自己的国内,他们所享有的人权,主要是由这个国家的政府根据本国国情和人民的需要来实施、保障和发展的。所以,现实的人权本质上是属于国家的内部事务,其他国家既不能横加干涉也无法取代。这也是客观存在。承认这一点本身就是对各国人民的人权的一种尊重和保障。

关键是正确理解人权普遍性和特殊性的含义,从思想到行动把两者结合好。那种否认各国人权的特殊性,硬把美国或欧洲一些资本主义国家的民主、人权说成是“普世价值”,并把它作为标准强加给世界各国,这是地道的霸权主义行为,是完全错误的,理应抵制。

4. 生存权和发展权是首要的基本人权

生存权的内涵是:社会承认并保障每个成员的生命安全、人身自由、人格尊严,以及获得维持生命、过正常社会生活,所不可缺少的基本的物质的和精神的生活条件和行为能力。对一个生活在现代社会中的人来说,除了日常衣、食、住、行等不可缺少的基本生活需要必须满足外,生命安全、人身自由、人格尊严必须得到保障;有信仰自由;接受基础教育,培养一定的工作能力;有工作做;享有公民基本的政治权利;获得医疗、退休、养老等基本的社会福利,等等。如果这些生存需要不能得到满足,这些权利得不到保障,那就很难说事实上获得了完整的生存权。

还必须认识到,生存权不只是个人的权利,从国家即整个社会人群共同体来说,生存权就是国家的独立权和主权。实践证明,只有国家独立了,民族解放了,人民从被压迫、被剥削和奴役的地位翻身当家做主了,整个社会生产发展了,能够制造出满足全体成员生存需要的产品、并使之得到合理的分配了,也就是说,只有国家、民族、人民群众的集体生存权得到了尊重和保障,作为社会成员个人的生存权才能得到普遍尊重和保障。

可见,生存权是包含经济、政治、文化、社会福利等多方面权利在内的综合性的基础人权。发展权同生存权一样,也是一项综合性的基本人权。

生存权和发展权是互相促进的。获得生存权是实施发展权的前提和基础,而发展权则是生存权的延伸。只有实施发展权,才能不仅保障生存权的可持续,而且得以不断改善和提高生存的质量。而生存权的进步转过来又成为促进实现发展权的动力。生存权和发展权的区分也是相对的,可以互相转化。随着社会的进步,国家综合国力和人民生活水平不断提高,原先属于发展权的人的发展需要的某些内容,就可能转化为生存需要,成为生存权的内容。

5. 个人人权与集体人权应正确结合

社会主义新社会是人民当家做主,广大人民群众在根本利益上是一致的,政府是代表人民为人民谋利益工作的,这是个人人权和集体人权正确结合的客观基础。倡导全社会信奉以人民为本位的社会历史观和社会主义集体主义价值观,既要尊重和保障每个人的人权,又要维护和发展人民的集体人权,共同构建“人人为我、我为人人”的社会主义和谐社会。

6. 各项人权统筹兼顾、互相协调,促进人权事业的全面发展

7. 正确认识和处理人权与国家主权的关系

8. 优化人权发展环境,推动人权事业可持续发展

以上这些观点的综合,基本形成了中国特色社会主义人权的理论体系,当然仍需要紧密结合实践的发展,深化理论研究,不断地给予修正、充实和创新。

关于人权和女权的关系,我的理解是,女权不是在一般人权之外、之上给予女子以某种特权,而是人权的一种补充和特殊实现形式。由于自然生理差别,长期形成的历史条件和社会环境,男女两性在社会生活的某些方面确实存在着事实上的不平等,因而妇女从总体上说,和老人、儿童、残疾人一样,属于社会的弱势群体。为尊重和保障她们在实际上享有和男子一样的人权,对某些由于社会经济文化落后,发展水平不平衡,可能影响到权利的实际享受的因素;或由于传统的习俗,陈旧的观念,以及女子自身自主、自卫能力相对薄弱,以致权利易受侵犯的因素等,由人民代表大会通过立法,专门对妇女儿童的权利保障做出规定,并由政府制定具体政策创造条件保证实施,是完全必要的,正确的。所以,我认为女权和人权的理论基础和实现途径是一致的。

## 二、面临意识形态复杂多变的新形势,我们应加强理论的自觉和自信

当前面对国内社会思想意识领域更加多元多样多变的新形势,我们应该更加坚定地信仰科学世界观、人生观、价值观,无论建设马克思主义人学还是中国特色社会主义妇女理论,完全有理由更加自信。无疑地,建设社会主义文化必须继承人类优秀文化遗产,必须积极开展国际文化交流,吸取精华,借鉴有价值的东西,为创造新文化所用。但要注意分清原则是非,辨明香花杂草,宣传和搬用都要慎重。更要警惕指导思想多元化的倾向,防止动摇甚至否定马克思主义和科学社会主义在社会意识形态领域的主导地位。就我接触到的有限的范围,提供两个事例和大家讨论。

一是如何看待中国传统文化中,轻视污辱妇女的陈规陋习和错误言论的消极影响。按说社会已进入建设现代文明的新时代了,但从我所见所闻来看,中国三千年封建社会所遗留的男尊女卑,"夫为妻纲"等封建礼教的影响还是根深蒂固的,加上城乡以及各地区经济文化发展极不平衡,有的地方片面地追求经济指标,产生很多新的社会矛盾,而社会主义法律道德教育又有

所放松,结果是封建遗毒死灰复燃,诸如卖淫嫖娼,包二奶,虐待女孩儿杀死女婴,等等,影响极为恶劣。前几年,我在一次国际研讨会上,就亲见一位儒学家公然为"唯小人与女子为难养也"这一谬论辩护,说什么孔子是主张男女平等的,这句话不是轻视妇女,说女子难养是因为养要花钱的。当场受到几位女学者的批驳。当然,做这样的诡辩是个别的。但对传统文化中一些涉及妇女问题的言论和事件,只讲好的一面,回避不好的或轻轻带过,则是不少的,结果是把人们的思想搞糊涂了。这是从"文革"时对传统文化粗暴批判全盘否定的反动,走向了另一个极端。可是不破不立,推陈才能出新。尤其在妇女理论建设上,我认为应该选择具有代表性的,至今流传广泛、影响恶劣,危害社会的封建妇女观、婚姻观,予以深刻批判和宣传,使人们从思想理论上和道义情感上分清是非善恶,划清界限。

二是如何看待西方现代妇女理论。我了解得不多,初步评价是一分为二。一方面应当承认西方大多数从事妇女运动的社会活动家和女性学研究者,她们提出的一些理论和策略,是为了反对性别歧视,维护妇女权益,提高妇女地位,促进男女平等,因而总的来说,对人类的妇女解放事业是有利的,是进步的事业,对我们建设中国特色社会主义妇女理论也是有帮助的,有启发价值的,应该吸取或借鉴。另一方面,应该看到由于世界观、历史观、价值观不同,对一些论断的理解和解释是会有所不同的。因此,不能简单地根据表面印象就予以照搬,移植。必须立足于现实和实践,经过分析,区别不同情况,予以吸收、改造或抵制、扬弃。举个例子,有一个比较著名的论断:"将性别意识纳入决策主流",所谓"性别意识"是指从性别视角出发,观察两性的需求、地位、角色以及获得利益的状况,从而对社会各种事业进行性别分析和规划,避免两性差距扩大,促进两性协调发展。所谓"纳入决策主流",是要求政府及各种组织机构,在政策的制订、实施和评估时都要考虑到性别的影响,消除性别歧视,赋予妇女权力,从而促进并最终实现男女平等。这样解释乍一听没有什么不好,但仔细推敲,如果把整个妇女理论的前提归结为性别意识,并把实现妇女解放目标的希望寄托在当权者接受男女性别意识并转化成为政府行为,还是片面的。虽然提出社会性别理论者也承认,造成两性角色和行为不同的决定性原因不是生物差异,而是制度和文化,人们的性别观念是可以随时代发展而改变的。问题是造成性别不平等的制度和文化是如何产生的?又怎样才能改变制度和文化,革新人们的观念呢?这就涉及历史观的立场和方法问题。事实是,人类男女不平等的制度以及相适应的性别意识都是社会历史的产物,不存在抽象的。人们的性别意识,母系制时代不同于父系制时代，奴隶社会、封建社会不同于资本主义社会，社会主义社会又不同于资本主义社会。对不同时代的性别意识要做具体的历史的分析和评价。要改变人们的社会性别意识首先必须改变他们的社会存在即生存环境和社会制度，发展生产力，改变生产关系和上层建筑、意识形态。所以男女不平等意识的消除和男女平等意识的确立，只能是人类在改变客观世界过程中自觉改变人类自己的结果。现在，中国人民在党的领导下，已经根据对社会发展规律的认识和妇女运动的实践经验（其中包括社会主义的性别意识），明确把男女平等规定为基本国策，并通过一系列政策，贯彻到各级政府的行动之中。这无论在理论上还是实践上都早已超过了上述西方的性别理论了。当然，我国要完全消除两性在社会生活中事实上的不平等，仍然是长期的历史任务。马克思说得好："权利决不可能超出社会的经济结构以及由经济结构制约的社会的文化发展。"（《哥达纲领批判》）

# 关于马克思恩格斯性别研究立场方法及相关问题的思考

丁　娟*

**摘　要**：在自己的学说中，开辟专门的章节对人类性别关系进行研究，在中西方的历史上特别是思想家和哲学家的著述中并不罕见。但是，超越性别歧视的历史，确立男女平等的价值系统，并加以践行，则是空想社会主义者的首创。马克思主义性别研究的基本贡献是确立了从性别社会属性入手开展研究的历史唯物主义的基本方法，并在揭示资本主义必然灭亡、社会主义必然胜利历史规律的同时，科学指明了妇女求解放的道路，即在与社会发展相结合、与阶级解放相结合的进程中，求得妇女自身的解放与发展的基本道路。马克思主义在妇女解放问题上的彻底性、领先性，还表现在马克思主义及其妇女解放学说特有的实践品格和人民情怀暨劳动妇女优先解放的情怀。这种研究的人民视角，在今天依然具有深刻的现实意义。学习马克思主义妇女理论，首先应认真品味和理解这一理论的立场和方法，像马克思主义的创始人一样，毕生致力于人民解放与妇女解放的伟大事业。

**关键词**：马克思恩格斯　性别研究　立场与方法

马克思主义是马克思、恩格斯在总结19世纪工人运动实践经验基础上

---

* 丁娟，女，全国妇联妇女研究所理论室主任，研究员

创立的理论体系，是无产阶级思想的科学体系，其内容十分广泛，涵盖到社会的政治、经济、文化、军事、历史等领域，以及人类社会发展与自然界的关系，也包括妇女解放和妇女发展等诸多命题。

从马克思主义妇女理论系统审视，这一理论的诞生意义重大，人类关于性别关系和妇女解放命题的探索，自此结束了在黑暗中的徘徊，步入了科学研究与现实推进的双向航程。其中，马克思主义性别研究的人民立场以及从性别社会属性入手研究等方法的确立，则在开启科学研究先河的同时，为人类解放和妇女解放事业指明了科学道路，即在无产阶级解放的母体中寻求女工和劳动妇女的解放。马克思主义妇女理论立足无产者和劳动者的立场以及从社会属性出发研究性别关系的方法，迄今已经深深植根并渗透在全球妇女研究的各个领域，对国际社会以及世界各国推动妇女发展与男女平等事业产生了十分深远的影响，特别是对发展中国家的妇女运动包括中国现阶段的妇女解放事业具有更加凸显的理论价值和现实意义。本文将重点探索马克思主义创始人马克思和恩格斯性别研究的基本立场与方法，并对当前中国妇女运动的相关问题进行初步的思考。

## 一、马克思恩格斯性别研究的妇女立场和人民情怀

马克思主义妇女理论是马克思主义的有机组成部分，在自己的理论体系内，辟出专门章节或子系统，论述妇女解放与男女平等的历史议题，一直是社会主义学者的传统。这一传统，最早镌刻在空想社会主义学说体系之中。在妇女解放问题上，空想社会主义首先对新兴工业化以及由此带来的妇女普遍就业的社会现象进行了反思，揭露和批判了资本压迫女工的罪恶，率先提出了解放妇女和男女平等的时代命题。一些空想社会主义者，还在自己的工厂里进行了男女平等的科学试验，试图在资本主义的母体中，运用科学试验等方法，追寻到实现男女平等暨妇女解放的现实途径。尽管这些探索，还是一些小微的板块试验，根本撼动不了资本主义关系的钢铁神经。但是，这些研究和探索的背后，却隐含着一个巨大的历史突破，即试图将自己的学说、自己的研究覆盖到久被历史忘却和遗弃的劳动妇女身上，这是研究立场的革命性求索。由此，被人类文明所长期忽视的人民解放的立场已经呼之欲出，也为马克思主义赋予传统空想社会主义以科学灵魂，提供了认识论和实践论的基础。

**1. 马克思两大理论贡献中都包含着性别研究的内容。**马克思一生有两

个伟大而杰出的贡献[①],一个是在哲学领域创立了唯物史观,一个是在政治经济学领域奉献了劳动价值论即剩余价值论。这两大杰出贡献中,都包含着对性别关系的研究、对妇女社会地位演变规律的认识和对妇女解放道路的论述。

在辩证唯物论体系中,马克思在揭示直接的物质生产即经济基础决定国家的设施、法的观点、艺术以至宗教观念,而不是像过去那样相反的基本原理时,也将这一观点运用于性别研究,指出男女不平等、妇女受压迫是社会发展到一定时期的产物,从而颠覆了妇女受压迫天经地义的传统,唯物史观的创立为社会研究和性别关系研究奠定了科学的世界观。

在剩余价值理论体系中,马克思在揭示资本主义生产方式和资本主义商品经济运动规律的同时,也揭露了资本使用女工和童工的秘密,进而为启蒙妇女,推动妇女与整个工人阶级联合起来,共同为资本主义掘墓,提供了认识论的基础和思想与行动指南。马克思创立的剩余价值理论还彻底解决了空想社会主义无法解决的问题,使社会主义从空想成为科学,也使妇女解放事业被科学奠基,因而具有了光辉的前程。

**2. 为无产阶级和劳动妇女解放事业奋斗是马克思的毕生追求。**可以说,凭借唯物史观和剩余价值理论的两大贡献,马克思已经无愧于人类伟人的称号,但马克思最伟大的贡献,还在于他的学术研究所专属的人民立场和实践品格。恩格斯曾提出,马克思首先是一个革命家,他毕生的真正使命,就是以这种或那种方式参加推翻资本主义社会及其所建立的国家设施的事业,他第一次使现代无产阶级意识到自身的地位和需求,意识到自身解放的可能性以及所要求的社会条件。

马克思的这种立场和情怀,体现在他的毕生追求中。早在青年时代,马克思就虔诚地抒怀:“如果我们选择了最能为人类而工作的职业,那么,重担就不能把我们压倒,因为这是为大家作出的牺牲;那时我们所享受的就不是可怜的、有限的、自私的乐趣,我们的幸福将属于千百万人,我们的事业将悄然无声地存在下去,但是它会永远发挥作用,而面对我们的骨灰,高尚的人们将洒下热泪。”[②]正因为如此,马克思的伟大至今为人们所怀念,1999 年他被英国广播公司评为人类千年最伟大的思想家,与爱因斯坦并列成为千年

① 恩格斯:《在马克思墓前的讲话》,《马列主义经典著作选编(党员干部读本)》,北京:党建读物出版社 2011 年版。

② 马克思:《青年在选择职业是的思考》,见《马克思恩格斯全集》第 1 卷,北京:人民出版社 1995 年版第 459—460 页。

伟人。

**3. 马克思恩格斯妇女解放理论以及社会实践的逻辑思路。**马克思主义性别研究是否满足妇女的需求具有妇女的立场，抑或只是将妇女作为阶级斗争的工具，这是当前某些挑战者投向马克思主义妇女解放理论的一把匕首。但是，答案显然令挑战者失望。可以负责任地说，马克思主义性别研究的人民立场即女工或劳动妇女立场是一以贯之的，且这种立场并不虚无缥缈，相反，它体现在马克思性别研究的全过程，以及逻辑分析与社会实践之中。

首先，马克思恩格斯在自己的研究中，穿越纷繁复杂的时空，从排斥妇女的过往史料中，确立起尊重妇女和承认妇女社会主体地位的主线，充分肯定了妇女在历史发展进程中的伟大作用。马克思曾指出："每个了解历史的人也都知道，没有妇女的酵素就不可能有伟大的社会变革。社会的进步可以用女性（丑的也包括在内）的社会地位来精确地衡量。"①

其次，马克思、恩格斯将劳动妇女解放与无产阶级解放相关联，指出：只有在废除了资本对男女双方的剥削并把私人的家务劳动变成一种公共的行业以后，男女的真正平等才能实现。因为随着生产资料转归社会所有，妇女为金钱而献身的必要性将会消失，专偶制对于男子也将成为现实，妇女的地位，一切妇女的地位，包括男子的地位也将发生很大的转变。②

第三，马克思恩格斯充分关注到妇女劳动者的特殊权益和具体利益。马克思深刻揭露了资本使用女工的秘密和妇女就业的原因，指出，一方面工业革命的开展，技术、机器的革新，为妇女参加社会劳动提供可能；另一方面，妇女廉价的劳动力成本和特殊的劳动力使用价值使工厂主为压缩成本，提高利润而大量使用女工。同时，马克思在实地考察工人阶级生存状况后，对资本剥削导致的女工童工超长的劳动时间、低廉的工资、恶劣的生活环境、没有劳动保险和社会保险以及家庭链条的断裂和职业病增加等问题深表关注，提出，资本主义的剥削本质和长期对女性的歧视，是女性的权利得不到保障的双重利剑，并提出了缩短工作日、优化劳动条件以及教育与生产相结合的解决方案。

马克思恩格斯还十分关心男女同工同酬的问题，指出在工资还根本没有废除以前，争取男女同工同酬始终是所有社会主义者的要求。这种利益诉

---

① 马克思：《致路·库格曼》（1868 年 12 月 12 日）。《马克思恩格斯选集》第 2 版第 4 卷，北京：人民出版社 1995 年版，第 586 页。

② 参见恩格斯《家庭私有制和国家的起源》，《马克思恩格斯选集》第 2 版第 4 卷，北京：人民出版社 1995 年版，第 173 页。

求，在工业化早期，曾经是工人运动和妇女运动的重要奋斗目标，20 世纪初发展起来的争取同工同酬、8 小时工作权利等运动，或多或少都与马克思主义的早期启蒙具有十分清晰的逻辑关系。

## 二、马克思恩格斯性别研究的基本方法

在谈到马克思主义妇女解放理论的立场时，有人否定马克思构建了妇女解放的学说，或者认为马克思关于性别关系的研究与阶级性混同一体，缺乏性别的视角。持这种观点的人，或者没有通读马克思的著作，精读更谈不上，或者读了没懂，或者别有用心，站在马克思政敌的立场上，刻意维护资本的统治地位或者男权主义的传统。此外，一些研究者还应该审视与醒觉自己研究的逻辑性和思维的连贯性，以期完成自我的超越与成长。

**1. 马克思主义性别研究的逻辑起点。**将性别关系从阶级、国家、家庭等范畴中抽象出来，进行专门的、相对独立的研究，是马克思主义性别研究的一个逻辑起点。这个方法，是对传统整体思维方式的一个革命，有学者认为这是伴随工业革命和社会生产专业化而成长起来的一种新的专业型的"分析思维"的方法，而与传统社会相搅拌的则是一种混沌的或整体性的思维方法。这种方法上的革命和创新，是马克思研究的新思维，更难能可贵的是，在分析研究的基础上，马克思创立并运用了辩证和系统思维的方法，从而为人类社会的科学研究奠定了新的方法论基础。

将妇女研究从阶级等整体性范畴中抽离出来进行专项研究，再将其回归整体通盘思考与决策，即进行系统化研究，这是马克思分析社会问题的一个重要特点，其中关于妇女问题、男女不平等问题的分析研究，只是一个独特的领域。关于这种研究的轨迹，具体体现在恩格斯根据马克思《摩尔根〈古代社会〉摘要》创作的《家庭私有制和国家的起源》一书中。这本书对妇女受压迫的起源成因以及妇女解放的条件进行了历史研究和系统分析，并指明了男女平等的社会道路。许多人将此书誉为研究性别问题的特别专著——不是专著的专著。

令人振奋的是历经百年求索后，马克思主义发源的西方社会终于在 20 世纪中叶，提出了从社会性别视角分析妇女问题的时代命题，并将这个方法上的革命引入语言乃至实际生活，推动了性别研究的学科化和实践化进程。同时，人类更彻底地摆脱了从自然性别看问题的传统，性别成为一个更加立体和丰满的概念，具有了自然、心理和社会多重属性，形成了自然性别、心理

性别和社会性别概念丛,为性别问题的多重分析以及体系化研究奠定了更坚实的基础。

**2. 从生产力和生产关系的矛盾运动中,揭示妇女社会地位变化的规律。**在工业化社会来临后,科学技术的发展以及现代科技在考古、人类学等领域得到了日益广泛的营运,为历史性地研究和把握人类以及性别关系的变化以及影响变化的原因,提供了现实基础。其中,美国知名人类学家和社会理论家路易斯·亨利·摩尔根(1818—1881)在花 40 余年著就的《古代社会》中,就系统阐述了人类从蒙昧时代经过野蛮时代到文明时代的发展过程,揭示人类社会从低级阶段向高级阶段发展,从原始社会发展到阶级社会,并将随着资本主义制度的灭亡而揭开下一个更高社会阶段的规律。还通过研究印第安人和世界其他地区的部落及希腊、罗马等古代民族史,揭示了氏族的本质和氏族制度存在的普遍性,证明母系制先于父系制,以及氏族制度发展的结果必然产生它本身的对立物——政治社会即国家。马克思与恩格斯发展了他的成果,在《家庭、私有制和国家的起源》中,通过对原始社会生产力和生产关系的矛盾涌动的揭示,论证了妇女由更受社会尊重逆转为社会与家庭双重奴隶的原因。①

马克思恩格斯认为,是原始社会中后期发展起来的基于性别与年龄的社会分工,为妇女社会地位的逆转埋下了伏笔。性别与年龄的分工,最初顺应了氏族发展的需求,推动了生产力的进步和氏族的繁衍,也为所有制关系的调整积蓄着能量。当劳动工具作为社会财富日益掌握在男性手中的时候,当财产有了剩余的时候,阶级和性别的压迫便应运而生,这是同一个过程衍生的双胞胎,但是,性别的压迫和妇女的奴隶化,甚至早于阶级压迫而出现。

马克思、恩格斯还肯定了妇女在农业文明中的推动作用,指出正是这种在现代产业的领先作用,成就了妇女更受尊重的“母权”地位,但是,当人类精神文明有了一定成长而开始从社会道德的角度“保护妇女和儿童的时候,财富和生产的权利便逐渐为男性掌握;同样,当人类情感发展,产生“专情”的需求时,婚姻革命和废除母系制的动力也被呼唤出来,于是,必须废除母权制,建立新的与男子优势地位相适应的父系制的需要便被构建出来。据推理,这种变迁最初也得到了原始女性的支持,因为将财产传给与特定男子(丈夫)所生育的子女,或许也是情感更发达的原始女性的需求,只是后果却始料不及。从这个意义上说,原始女性也参与了为“母权制”掘墓,致使丈夫在家中掌握

---

① 参见中国科学院历史研究所组译:《马克思〈古代社会〉一书摘要》,北京:人民出版社 1965 年版。

了权柄,而妻子则被贬低,被奴役,变成丈夫淫欲的奴隶,变成单纯的生孩子的工具了。可以说,母权制的被推翻,乃是女性的具有世界历史意义的失败。①

关于这种社会地位的性别逆转,马克思恩格斯给予了历史唯物主义的解释,他们认为,我们从过去的社会关系中继承下来的两性法律上的不平等,并不是妇女在经济上受压迫的原因,而是它的结果。在包括许多夫妇和他们的子女的古代共产制家户经济中,委托妇女料理的家务,正如男子获得食物一样,都是一种公共的、为社会所必需的事业。随着家长制家庭,尤其是随着专偶制个体家庭的产生,情况就改变了。家务的料理失去了它的公共性质,变成了一种私人的服务,与社会不再相干;妻子则成为主要的家庭女仆,被排斥在社会生产之外。丈夫必须是挣钱的人,赡养家庭的人,至少在有产阶级中间是如此。

在这种新的社会分工模式下,丈夫就占据了一种无需任何法律特权的统治地位,可以在牺牲妻子利益特别是发展机会的同时,更充分地使用家庭与社会资源,包括独享受教育和参政等特权,从而发展了自己,增长了能力,控制了资源,垄断了决策,异化为妇女的和社会的"主人"。与此同时,在家庭中,丈夫也是资产者,妻子则相当于无产阶级或者家庭的奴仆。

在这种认识的基础上,马克思恩格斯反复强调,尽管改变现代家庭中丈夫对妻子的统治的独特性质,以及确立双方的真正社会平等的必要性和方法,只有当双方在法律上完全平等的时候,才会充分表现出来。但妇女的解放的第一个先决条件就是一切女性重新回到公共的事业中去;而要达到这一点,又要求个体家庭不再是社会的经济单位。只有在废除了资本对男女双方的剥削并把私人的家务劳动变成一种公共的行业以后,男女的真正平等才能实现。②

**3. 从性别社会属性的角度研究妇女地位、以性别比较的方法解释性别地位差异。**从性别社会属性的角度研究性别关系是马克思主义区别以往性别研究的重要方法。传统性别研究,往往从人的自然属性出发,对性别进行优劣与高低评价,中国文化中的男尊女卑、男高女低以及女主内男主外和男人能力天生就比女人强的文化,也一样表现在西方社会的所谓文明之中。在

① 参见恩格斯:《家庭、私有制和国家的起源》,《马克思恩格斯选集》第 4 卷,北京:人民出版社 1972 年版,第 54 页。

② 同上书,第 72 页。

中世纪的西方文化中，虽然有着女士优先的传统，但这种所谓的尊重，只是丈夫地位的一种延伸，有产者的男子并不需要对无产者的妻子表示尊重，而尊重彼此的内人，则不过是一种社交的形式。在西方哲学家的心目中，妇女往往是不成熟的人，像儿童一样需要成年男子的保护。这种把妇女制造成所谓弱者再加以居高临下的同情与保护的男权主义程序受到了马克思主义的尖锐批判。而摆脱这种所谓的女性自然劣势铁律，从社会属性解读性别关系，是马克思性别学说的重要贡献。从这种逻辑出发，到西方社会提出社会性别的概念，几乎花费了百余年的再探索和社会实践，而马克思主义的立场和方法的革命性、批判性、前瞻性等特征无疑也就更加清晰了。

马克思、恩格斯从社会现实出发，公正评价妇女在社会发展中的作用，认为工业化的生产模式，在客观上凸显了妇女作为劳动力特有的价值，而这种价值，同样被资本所捕捉，只是资本的立场并不是开发妇女的人力资源，而是为了价值的增值，即从女工和童工身上榨取更多的剩余价值。尽管如此，马克思、恩格斯还是肯定了工业化的这种客观作用，因为机器的使用，在客观上使妇女劳动者成为现代产业大军的组成部分，成为先进生产力的代表。他们提出，妇女的解放，只有在妇女可以大量地、社会规模地参加生产，而家务劳动只占她们极少工夫的时候，才有可能。而这只有依靠现代大工业才能办到，现代大工业不仅容许大量的妇女劳动，而且是真正要求这样的劳动，并且它还越来越把私人的家务劳动融化在公共的事业中。

性别比较的方法，还被马克思、恩格斯用来观察妇女普遍就业给传统家庭以及男性带来的影响。有调查显示，18 世纪末，竞争极大刺激了工厂生产的发展，技术把劳动生产率提高到从未有的高度，机器淡化了劳动对体力的要求，致使男性失去体力优势，在竞争中处于下风。资本主义使用机器的第一个口号是妇女劳动和儿童劳动。在企业家极力使用廉价劳动力的一些工业都市，女工站在纺织机前面，妻子到织布工厂去，丈夫留在家里。那些大量雇佣女工童工的都市因此获称“她们的都市”。关于这种分工的社会裂变以及对男女的不同影响，马克思、恩格斯与时俱进，对男子操持家务进行了面向未来的评价。

同时，马克思、恩格斯还关注到在男子留在家中从事家务劳动的同时，女童则因为童工的身份而获得受教育的机会，资本为了国家的利益，将学校大门对女性敞开。1870 年英国实施的教育法规定，5—12 岁的男孩和女孩必须接受全日制教育，女子初等教育走上了正规化的轨道。而随着妇女受教育的程度提高，地位上升，妇女参政和权益保护问题被提出，妇女运动在马克思主义的启蒙和实践熔炉的锻造下走向成熟。这一系列的变化，被誉为未来社会的曙光。当俄国十月革命来临后，这些假说和理论就变成了现实，同样，中国的妇女解放运动，也验证了马克思主义妇女理论的勃勃生机。①

## 三、对马克思、恩格斯性别研究立场与方法的几点思考

科学从来就不缺乏探索的精神，而其中的第一酵素就是质疑。马克思在质疑传统学术和研究的基础上给人类奉献了自己的思想，赢得了科学巨匠的美誉。但是，遭遇质疑，在马克思毕生和生后，都不绝于耳，但不论是敌视者的攻击和诽谤，还是误解者的质疑和责难，或者是教条主义者的阉割和扭曲，都不能阻挡它前进的步伐。实践证明，160 多年来，没有哪一种理论、学说能像马克思主义那样，始终保持着勃勃生机，对推动社会进步起到如此巨大的作用，造成如此深远的影响。

**1. 关于人民立场的阶级意义。**在质疑马克思研究与实践立场的话语中，有一种观点认为，马克思批判传统研究的卫道士立场，正如他在《资本论》第一版序言中所说：政治经济学所研究的材料的特殊性，把人们心中最激烈最卑鄙最恶劣的感情，把代表私人利益的复仇女神召唤到战场上来反对自由的科学研究。② 但是他虽然意识到了这一点，却没有能够彻底摆脱这个复仇女神的纠缠，这就使得他对劳资关系的研究表现了对无产阶级的偏爱和对资产阶级的憎恶，使得剩余价值理论失去了科学性。这属于阶级的局限性。这种挑战者的质疑，恰恰从另一个角度验证了马克思的人民立场——无产阶级的立场。马克思一生都坚定地站在无产阶级的立场上，为无产阶级鼓与呼，寻找无产阶级的翻身之道。这个立场，同样也是指引中国共产党领导包括妇女在内的中国人民，推翻三座大山的压迫，实现中国人民和中国妇女站立起来百年梦想的制胜法宝，如果被那些所谓的公允和科学性卫道士的话语所蛊惑，那么，我们背离的就不仅是马克思主义的基本原理和中国共产党的根本宗旨，更重要的是背离了广大劳动人民包括广大劳动妇女的立场。

在对马克思无产阶级立场的质疑中，还有两个另外的抨击。一个是关于

---

① 参阅恩格斯：《英国工人阶级状况》，《马克思恩格斯选集》第 4 卷，北京：人民出版社 1995 年版。列宁认为本书“第一个说明了无产阶级不只是一个受苦的阶级；说明了正是它所处的那种低贱的经济地位，无可遏止地推动它前进，使它去争取本身的最终解放”。

② 马克思：《资本论》（全称《资本论 · 政治经济学批判》）原版序，曾令先、卞斌、金永编译，北京：人民出版社 2006 年版。

文化资源占有状况，作为划分社会阶层的标准，可以把当今中国的社会群体划分为十个阶层，包括国家与社会管理阶层、经理阶层、私营企业主阶层、专业技术人员阶层、办事人员阶层、个体工商户阶层、商业服务人员阶层、产业工人阶层、农业劳动者阶层、城乡无业失业和半失业人员阶层。仅从收入的角度观察，我国阶层收入的差距在相对拉大，其中我国城乡居民收入差距不断扩大。据新华网报道，数据显示，我国收入最高的10%群体和收入最低的10%群体的收入差距，已从1988年的7.3倍上升到目前的23倍。而中国经济改革研究基金会国民经济研究所副所长王小鲁2010年给出的结论是，中国收入最高的10%家庭与收入最低的10%家庭的人均收入相差65倍。[①] 另据统计，2002年，城镇居民人均可支配收入与农村居民人均纯收入的绝对差值为5227.2元；到2006年，这一绝对差值上升为8172.5元；到2010年，这一绝对差值上升到13190元。从相对差距看，依然高达3.23∶1。相对而言，世界上多数国家的城镇居民人均可支配收入与农村居民人均纯收入之比处于1.6∶1以下。可以看出，我国城乡之间的收入差距是影响总体收入差距的主要因素。如果再加上城镇居民享受的各种补贴和福利，城乡居民的实际收入差距还会更大些。

同样，加入性别因素观察，收入的性别差距也同样呈拉大的趋势。20世纪90年代，第一期中国妇女社会地位调查显示，城镇男性在业者人均月收入为191元，女性在业者人均月收入156元，女性人均月收入是男性收入的81.68%。2001年，第二期中国妇女社会地位调查数据统计结果表明，男女两性收入差距呈扩大趋势。1999年城镇在业女性包括各种收入在内的年均收入为7409.7元，是男性收入的70.1%，男女两性的收入差距比1990年扩大了7.4个百分点；以农林牧渔业为主的女性1999年的年均收入为2368.7元，仅是男性收入的59.6%，差距比1990年扩大了19.4个百分点。2011年，第三期中国妇女社会地位调查数据显示，城乡在业女性的年均劳动收入仅为男性的67.3%和56.0%，且不同发展水平的京津沪、东部和中西部地区城乡在业女性的年均劳动收入均低于男性。[②]

这种阶层分布的广泛性与性别结构相互交叉，不仅证明妇女群体在社会发展中与男性相比差距较大，而且，在各阶层中妇女利益也处于更加弱势和脆弱的地位。优先关注这些群体特别是妇女群众的发展，不仅是马克思主义

① http://rc.club.sohu.com/?action=read&forumid=huaren&threadid=mlcfuvqisj&page=1#.

② 王春霞：《收入分配性别差距何时填平？》，《中国妇女报》2013年3月11日。

妇女理论的时代要求，更是建设中国特色社会主义事业刻不容缓的时代命题。从这个角度，我们可以毫不迟疑地说，当今妇女解放和社会发展的主题依然是普通的劳动者和劳动妇女阶层，妇女运动的主体也势必是广大基层妇女群众。

但是，在这个问题上，中国社会包括妇女，也或多或少在经历着中产阶级化的困惑，这种困惑与中国社会特有的收入、消费乃至心理认同的多重组合相一致，在对待阶层、群体乃至个人的利益和发展议题上都有独特的表现。完成这种历史性超越，推动劳动人民、劳动妇女的优先发展，正是马克思主义者、中国共产党人必须具有的胸怀，无产者必须解放全人类，才能最后解放自己。这也是我们学习马克思主义和马克思无私与奉献品格的应有收获。

# 当代中国与马克思主义妇女理论的发展

康沛竹*

**摘　要：**当代中国，现实妇女问题十分复杂，西方女性主义理论的传入对人们的思想产生很大的影响，在这种情况下，如何坚持和发展马克思主义妇女理论，是我们面临的重要问题。改革开放以来，马克思主义妇女理论的运用和发展取得了突破性的发展，主要体现在：对马克思主义妇女理论内涵的完整阐述；妇女理论研究进一步深化，中国特色社会主义妇女理论研究取得进展；男女平等成为我国基本国策，妇女解放与发展成就显著。

**关键词：**当代中国　马克思主义妇女理论　中国特色社会主义妇女理论

马克思主义妇女理论是由马克思、恩格斯共同创立并在实践中由马克思主义者继承并逐步发展的理论体系，自产生以来，马克思主义妇女理论的影响是有目共睹的，它改变了世界上众多妇女的地位和命运。自20世纪初传入中国，马克思主义妇女理论就与中国的妇女运动实践相结合，开始了中国化的历史进程。在整个新民主主义革命时期，中国共产党始终把争取妇女解放作为重要的目标之一，作为革命事业的一部分，围绕党的中心工作提出妇女运动的具体任务，使妇女解放事业与革命的发展同步前进。新中国成立后，随着社会主义制度的建立，马克思主义妇女理论作为指导妇女运动的理

* 康沛竹，女，北京大学马克思主义学院教授，博士生导师

论在中国得到发展。当代中国,马克思主义妇女理论也面临来自两个方面的挑战:一是中国现实妇女问题十分复杂,其中有的是历史的积淀,有的则是在改革开放过程中出现的新问题,如何用马克思主义妇女理论去研究、解释这些妇女问题十分迫切;二是改革开放以来,西方女性主义理论的传入对人们的思想也产生很大的影响。在这种情况下,如何坚持和发展马克思主义妇女理论,是我们面临的重要问题。应该说,改革开放以来,马克思主义妇女理论的运用和发展取得了突破性的发展,包括对马克思主义妇女理论内涵的完整阐述;妇女理论研究进一步深化,中国特色社会主义妇女理论研究取得进展;男女平等成为我国基本国策,妇女解放与发展成就显著。

## 一

马克思主义妇女理论是马克思主义理论体系的组成部分,是马克思主义基本原理在妇女问题上的运用。

马克思主义妇女理论的基本内容比较集中地体现在马克思、恩格斯合著的《德意志意识形态》《共产党宣言》,马克思的《法兰西内战》《摩尔根[古代社会]一书摘要》《给路德维希·库格罗的信》,恩格斯的《英国工人阶级状况》《家庭、私有制和国家的起源》等著作书信中。马克思恩格斯以唯物史观为基础,考察了人类社会历史发展,揭示了资本主义制度的不合理性和发展的趋势,为无产阶级解放指明了方向和道路。围绕这一主题展开的论证,不仅涉及哲学、经济学、政治学,还涉及法学、历史学、人类学等学科。而妇女问题是一个涉及社会政治、经济、文化等各个方面的综合性问题,作为社会问题的一部分,作为历史上形成的两性之间的不平等地位,在任何社会历史研究中几乎都是不能回避的。因此在马克思、恩格斯的许多著作中都会不同程度地涉及妇女问题。应该说,妇女理论本身就寓于整个马克思主义理论体系之中,寓于三个组成部分的内容之中。

马克思和恩格斯是从人类学方面,在起源问题上考察妇女问题、确认妇女被压迫、被奴役的历史特点的,在论述无产阶级解放和共产主义社会人的发展目标时,包括对妇女的关注,他们是在探讨人类解放的这一历史课题中,将妇女解放作为人类解放的一部分来论述的。

在中国,20 世纪初出现了一些翻译介绍马克思主义经典作家关于妇女问题的文章,试图用这种新的观念和方法观察妇女问题。但是,作为一种理论体系,作为马克思主义者研究和解决妇女问题的思想武器在中国传播是在五四运动前后开始的。中国共产党成立后,中国的马克思主义者对马克思主义妇女理论的认识和理解更加深化和具体。毛泽东的《湖南农民运动考察报告》被称之为中国马克思主义者第一次对中国妇女解放问题的宏观把握,也是中国化的马克思主义妇女理论产生的主要标志。毛泽东指出,中国妇女除了与男子一样,受政权、族权、神权"上述三种权力的支配以外,还受男子的支配(夫权)"。而这四种权力之中,政权是其他三权的支柱。所以,首先要进行政治斗争,随即开始经济斗争,至于"不正确的男女关系之破坏,乃是政治斗争和经济斗争胜利以后自然而然的结果"①。在整个新民主主义革命时期,中国共产党始终把争取妇女解放作为重要的目标之一,把妇女解放作为革命的一部分,围绕党的中心工作提出妇女运动的具体任务,使妇女解放事业与革命的发展同步前进。新中国成立以后,随着社会主义制度的建立,马克思主义妇女理论作为指导妇女运动的理论在中国得到长足发展。马克思关于"参加社会劳动是妇女解放的先决条件"的论断,极大推动了中国妇女的解放,千百万妇女走出家门,投身于国家建设。

中共十一届三中全会以后,随着我国改革开放力度的加大,对妇女解放运动指导思想的认识,也发生过一些分歧,主要集中在如何看待马克思主义妇女解放理论的问题上。②

当时,由于东欧剧变,一些原社会主义国家的妇女组织纷纷解散,马克思主义妇女理论陷于低谷。西方有的学者曾断言,历史已经终结,人类社会将永远定格在资本主义阶段。在这种形势下,坚持和发展马克思主义妇女理论至关重要。为此,1990 年,江泽民在庆祝三八妇女节 80 周年纪念大会上发表讲话,对马克思主义妇女理论作了新的概括,首次提出了马克思主义妇女理论的五个方面:

妇女被压迫是人类社会历史发展的一定阶段上的产物,生产资料私有制是妇女受压迫、男女不平等的根源,随着私有制的废除和公有制的建立,男女不平等的问题就会逐步解决;妇女解放的程度是衡量普遍解放的天然尺度,妇女在某种社会所处的地位,反映了这一社会的文明程度;参加社会劳动是妇女解放的一个重要先决条件;妇女解放是一个长期的过程,男女平等的实现要受社会经济、政治、文化等发展程度的制约,因此要有一个历史的过程;妇女在创造人类文明、推动社会发展中具有伟大的作用等等。

---

① 《毛泽东选集》第 1 卷,北京:人民出版社 1991 年版,第 31 页。

② 《改革开放以来妇女解放基本理论观点综述》,《妇女研究论丛》2002 年第 9 期。

## 二

新中国建立以来的妇女理论研究，走过了一段曲折发展、逐步深入的过程。改革开放以前的妇女理论研究基本属于起步阶段，对于马克思主义妇女理论阐述、宣传、教育得多，研究得少，关于党和国家维护妇女权益的路线、方针、法律、政策的宣传、教育和关于社会主义制度在实现妇女权利方面具有优越性问题的宣传、教育是成果的主要部分，“文化大革命”，基本上只有教条化、极端化的宣传了。

妇女理论研究的高潮是在改革开放后的80年代，研究不仅具有突破性而且影响广泛，并对国家的重要决策产生了影响。当时针对“妇女回家去”的就业问题大讨论，针对“生育价值补偿”的讨论研究，关于是否保证一定数量的妇女干部参政问题，关于男女平等退休的可行性讨论等等，都带来了重大突破。80年代末90年代初，对于是否坚持马克思主义妇女理论的讨论对妇女理论的研究起到了推动作用。

对于西方妇女理论介绍、研究也推动了马克思主义妇女理论研究的深入和创新。吸收西方女性主义理论中的有益成分，是丰富和发展马克思主义妇女理论的重要途径。

改革开放以来，随着西方女性主义理论的大量传入，如何处理马克思主义妇女理论和西方女性主义理论之间的关系，也是我们面临的重要问题。

马克思主义是在批判地继承前人优秀思想的基础上产生的。作为马克思主义的一个组成部分，马克思主义妇女理论也吸收了前人的优秀思想成果，开放性是马克思主义妇女理论的重要特点之一。在如何对待西方女性主义理论的态度上，在改革开放以前的很长一段时间里，我们往往把马克思主义妇女理论与西方女性主义作为无产阶级妇女解放理论与资产阶级妇女解放理论完全对立起来。当然，无论是理论观点还是研究方法，两者的确存在着很大的差异。马克思主义妇女理论是以辩证唯物主义和历史唯物主义为指导，分析了妇女受压迫的根源及其历史演变，指出了妇女解放的途径和目标。而西方女性主义是借用西方社会发展中的各种社会思潮的研究方法，因此，在西方社会出现过多少种社会思潮，也就伴随着产生过多少种女性主义理论，理论渊源上的多元化，致使西方女性主义复杂纷呈。但是，两者之间的一个基本共同点，即两者都是以妇女作为自己的研究对象、都关注妇女问题、探讨妇女解放的条件、目的，都是为妇女解放服务，致使两者之间又互相渗透。

其实,这种渗透首先可以从马克思主义妇女理论对西方女性主义的影响上看出,西方女性主义对马克思主义妇女理论的许多观点都加以接受和吸收。产生于20世纪60—70年代妇女运动第二次浪潮之中的社会主义女性主义认为,必须把马克思主义阶级分析与女性主义的性别分析结合起来,才能探讨妇女受压迫的问题。马克思主义女性主义也继承了马克思主义辩证唯物主义和历史唯物主义分析方法。

对于西方女性主义理论中的合理性因素,我们要采取“拿来主义”态度,使其成为建立有中国特色社会主义妇女理论的一个思想资源。应该说,西方马克思主义女性主义、社会主义女性主义的一些研究成果在一定程度上丰富和补充了马克思主义妇女理论。譬如,对于男女不平等的根源,马克思主义妇女理论认为生产资料私有制是妇女受压迫的本质根源,而西方马克思主义女性主义认为,私有制不能完全解释妇女受歧视、受压迫的根源,她们还从文化、生理、种族等其他方面加以分析,而这样的探讨无疑正是马克思主义妇女理论所缺乏的方面。

在家务劳动问题上,马克思主义妇女理论认为,家务劳动在古代氏族公社时期属于社会劳动,生产力发展到一定的阶段以后,产生了家庭和私有制,家务劳动就变成了妇女在家庭内的工作。从历史和现实看,女性始终是家务劳动的主要承担者,而这些花费了大量时间、精力的劳动却得不到分配上应有的回报,从而抹杀了家务劳动的贡献。一旦社会就业出现某些问题,就有人提出“妇女回家”,从某种意义上说,这是因为人们还没有从根本上认识到家务劳动对社会发展的重要作用。西方女性主义对家务劳动给予了新的评价,认为家务劳动具有社会性质,而肯定家务劳动的价值,就等于为提高妇女的家庭地位和为男女平分家务劳动提供了理论依据。自由主义女性主义者苏珊、奥金在《正义、性与家庭》(1989)中,把罗尔斯的正义论应用到家庭或私人领域之中,认为:“为公共领域制定的正义原则应该在家庭内部同样起作用。换句话说,像照料、抚养孩子一类的劳动应该由男女共同平等分担。”①

关于再生产理论,马克思主义认为,生产具有两个方面,即生产资料的生产与人类自身的生产——种的繁衍,并认为物质生产与人类自身再生产有不可分割性,其中物质生产起决定性作用。女性主义理论在分析再生产的性

① 〔美〕约瑟芬·多诺万:《女权主义的知识分子传统》,南京:江苏人民出版社2003年版,第259页。

质、作用、意义后，提出妇女所进行的这种人类自身的再生产是妇女受压迫的根源的结论。这是对马克思主义再生产理论的一种补充。另外，马克思主义对妇女问题主要是从宏观上论述的，而西方女性主义的一些具体研究则正给我们提供了借鉴和参考。近年来，西方女性主义理论的重要概念"社会性别"(Gender)已经为我国学界所经常使用。社会性别是指男女两性在社会文化的建构下形成的性别特征和差异，即社会文化形成的对男女差异的理解，以及在社会文化中形成的属于男性或女性的群体特征和行为方式。作为一种新的视角和分析范畴，"社会性别"对我们的妇女理论研究具有重要的意义。除此以外，西方女性主义运用的诸如社会学、历史学、精神分析学、人类结构学等学科的分析方法也对马克思主义妇女理论的发展研究具有借鉴意义。

改革开放以来，关于妇女解放运动的指导思想、妇女解放的标志、程度、道路、条件、男女不平等的根源与实质等问题，学术界都作了深入的研究和探讨，取得丰硕的成果。尤其是，提出了创建中国特色社会主义妇女解放理论体系的问题。彭珮云在中国妇女 50 年理论研讨会上指出，妇女基础理论研究比较薄弱，还没有形成比较完备的有中国特色社会主义的妇女解放理论体系，还不能系统地分析和深刻地回答当代中国妇女问题产生的原因、问题的性质、解决的途径和方法。加强妇女理论研究是我们面临的一项重要而紧迫的任务。"坚持马克思主义的指导地位，是创建有中国特色的社会主义妇女解放理论必须遵循的基本原则。能否坚持这个原则，决定着妇女基本理论建设的方向和水平"，"马克思主义，包括马克思主义妇女理论是科学。它必定要随着时代、实践和科学的发展而不断的发展。我们在创建有中国特色社会主义妇女理论时，要坚持马克思主义基本原理，学会运用马克思主义的立场、观点、方法分析问题、解决问题。同时，要解放思想、实事求是，大胆探索，勇于创新，紧密结合新的时代特征，善于吸取先进的科学研究成果，在实践的基础上继续丰富和发展马克思主义关于妇女解放的思想和理论"①。如何构建中国特色社会主义的妇女解放理论体系，也是今后研究的重要方向。

---

① 《中国妇女报》1999 年 12 月 8 日。

## 三

在人类社会历史的进程中，男女不平等阻碍了女性的发展和社会的进步，因而妇女问题的核心就是男女平等问题，即女性是否与男性享有平等的尊严和价值，是否享有平等的权利、机会与责任。[①] 新中国成立后，男女平等先后被写入了《共同纲领》和《中华人民共和国宪法》，但是，法律平等并不等于实际生活中的平等。"把男女平等作为促进我国社会发展的一项基本国策"的提出，既是针对我国男女不平等现象依然存在的客观现实，同时也是国内外各方面力量推动的结果。

可以看到，以联合国为代表的国际社会为推进男女平等付出了不懈的努力，并取得了显著的成果。世界妇女大会就是专门讨论妇女问题的政府间的世界性大会，继 1975 年、1980 年、1985 年三次世界妇女大会之后，第四次世界妇女大会于 1995 年在北京召开，近 4 万人云集北京，有来自 200 多个国家和地区、联合国专门机构的代表和非政府组织论坛的代表。大会确认了维也纳大会提出的"妇女权利就是人权"，第一次提出了"让性别意识进入决策主流"的观点，由此推动了一批经济发达程度各异的国家成立专门处理妇女事务的政府机构，制定有关政策和计划并开展工作，大会通过了《北京宣言》和《行动纲领》，给未来妇女解放制定了实现目标，并要求国际社会、各国政府对此做出承诺，使得这一目标化为全球所有国家政府和人民的自觉行动。

在第四次世界妇女大会欢迎仪式上，江泽民向全世界宣布："把男女平等作为促进我国社会发展的一项基本国策。"这一全新提法丰富和发展了马克思主义妇女理论中关于如何实现男女平等的思想，是马克思主义妇女理论中国化的重要表现，不仅有助于引起全党和全国人民对实现男女平等问题的进一步关注，而且有益于引导、动员全党和全国人民把妇女工作放到国家战略全局中去思考，并为实现男女平等做出新的努力。

当代中国，虽然公开反对男女平等的人并不多，但在实际的工作和日常生活中歧视女性的现象还很严重。"如何认识当前我国妇女发展的基本状况，存在着不同的看法。一些人认为，我国妇女解放和男女平等程度已经很高了，应该满足了；一些人则认为妇女生存和发展面临着许多问题，甚至某些社会丑恶现象又死灰复燃，妇女的社会地位较之改革开放前倒退了。我认

---

① 魏国英主编：《女性学概论》，北京：北京大学出版社 2001 年版，第 186 页。

为,这两种看法都有失偏颇。看不到已经取得的成就,就容易悲观失望,丧失前进的信心;看不到存在的问题,就会盲目乐观,也不可能找到解决问题的办法”。[①] 新中国成立60多年特别是改革开放30多年来,妇女的解放和发展在取得长足进步的同时,也面临一些问题,在新的国际国内背景和经济社会发展水平的制约下,有的是改革开放产生的新矛盾,有的是历史问题,有的是全球面临的共同问题。比如,城镇女性就业和劳动权利受损的问题,在不同的就业领域内和工作岗位以及就业后的不同阶段中,对于女性的歧视也是不同的,较为突出的表现为女学生就业问题、女工下岗问题、退休年龄男女不平等问题等。在农村,近年来,农村妇女的失地和土地收益问题突出,与土地和集体资源的分配的权利,也失去了通过土地流转取得经济收益的权利。此外,妇女参与国家和社会事务的决策和管理程度偏低,与一些国家相比出现一些问题。人口出生性别比偏高也是值得关注的重要问题,另外,在绝大多数家庭中,女性是家务劳动的主要承担者。72.7%的已婚者认为,与丈夫相比,妻子承担的家务劳动更多。被访者反映,目前3岁以下孩子基本由家庭承担照顾责任,其中,母亲承担日间主要照顾责任的比例为63.2%。而女性的生育价值并没有得到正确的认识。从总体上说,妇女发展的社会文化环境亟待改善,在大众化和市场经济的背景下,大众传媒夸大女性年轻美貌的外在价值,“美女经济”盛行,以现代时尚为名鼓励妇女适闲消费甚至靠男性供养,把女性当作商业的卖点和男性成功的标志。在市场利益的驱动下,过去一些受到抨击的东西现在又死灰复燃,一些消费娱乐场所的报刊电视节目也起到一些推波助澜的作用。在我国社会主义市场经济发展的过程中,一些地区歧视、侮辱、残害妇女的现象仍存在。其中生女孩的母亲受虐待的事情屡屡发生,妇女儿童是家庭暴力首当其冲的受害者,包办婚姻仍然存在,拐卖妇女儿童犯罪长期存在,嫖娼卖淫有增无减等。我国妇女发展中出现的上述问题,如何用马克思主义妇女理论去研究、解释,是摆在我们面前的一项严肃而迫切的现实课题。

马克思主义具有鲜明的时代特点。马克思、恩格斯生活的时代,是无产阶级和资产阶级对立的早期时代,资本主义制度的残酷和无产阶级的悲惨在那个时代是极为显著的。一个多世纪过去了,当今中国的现实包括妇女问题与那个时代相比有很大的变化,尤其是改革开放以来国内出现的一些新的妇

---

① 彭珮云:《积极投身全面建设小康社会的伟大实践,促进妇女进一步解放和发展》,《妇女研究论丛》2003年第9期。

女问题。我们所说的要坚持马克思主义妇女理论，不是僵化地一条一条对照原著，而是坚持其基本立场和方法，把握其精神实质。恩格斯说："我们的理论是发展着的理论，而不是必须背得烂熟并机械地加以重复的教条。"[①]可以说，160 多年来，由于时代变迁、实践发展，马克思主义某些具体观点和结论虽有变化和更新，但马克思主义的基本原理没有也不会过时。

---

① 《马克思恩格斯文集》第 10 卷，北京：人民出版社 2009 年版，第 562 页。

# 在历史唯物主义视野下重新理解性别公正

宋建丽*

**摘 要**：本文在梳理当代西方性别哲学逻辑演进及内在困境的基础上，揭示当代西方性别哲学研究以文化批判代替政治经济学批判的倾向。通过用阶级和性别辩证统一的历史唯物主义视角分析全球化背景下的性别公正和女性解放，尝试性探索未来中国性别哲学研究的发展走向。

**关键词**：身份政治　身体政治　历史唯物主义　全球化　性别公正

## 一、当代西方性别理论的逻辑演进及性别公正诉求的困境

在当代西方性别理论中，女性主义哲学的出场一直与对流行的自由主义、公民共和主义、社群主义等观点的批判相关，并通过与诸种政治哲学派别的论争而发展出新的权利观念、平等观念、正义观念的理解，从而给传统的民主理论以及传统的自由、权利、正义观念增加了新的维度。女性主义哲学的努力一直致力于从理论上处理妇女和其他被压迫群体的政治代表权问题以及歧视和支配的消除问题，并进一步将哲学的推理应用到由妇女经验和女性运动所引发的议题上，与此同时，以对妇女经验和女性运动的反思来重构哲

---

* 宋建丽，女，厦门大学马克思主义学院副教授。本文为2013年教育部人文社会科学研究规划基金项目“南茜·弗雷泽反规范的正义理论研究”（13YJA710038）和2013年中央高校基本科研业务费项目“当代资本主义正义批判理论前沿”（2013221019）阶段性成果。

学问题本身。

女性以及女性主义哲学从开始就是多种理论诉求、争辩丛生的一个领域,这种理论诉求的多元化根源于女性社会学角色的复杂性。在社会学意义上,女性的性别身份和其出身、血统、种族、所处社会阶级深刻纠缠在一起,因而很难作为一种统一的社会角色象征。当代西方性别理论的发展大致经历了以下几个逻辑阶段:第一,以平等对待为正义诉求,展开对历史上和当代的"主流"政治思想中性别歧视和性别缺失的批判。然而,在反对男性偏见和虚假普遍主义,要求获得和男性一样的平等对待的同时,女性自身却不得不面对女性的性别本质化以及普遍主义正义伦理的难题。第二,女性主义的政治需要和指导原则开始通过要求主张差异以及与之相伴的承认而实现社会正义的扩展,性别关系和性别分歧被明确地加以讨论,差异性的立场和身份政治为女性主义所关注。然而,身份政治局限于一种对"女性身份"和"他者身份"之对立的框架,忽略了差异并不仅仅存在于女性和男性之间的事实。也就是说,女性内部也有着差异性的背景和历史,遭受多样的、不同类型的从属和歧视,她们在社会中的境况是阶级关系、民族关系、种族关系以及宗教等等不同关系的复杂产物,因此,单一维度的对"女性"差异性身份的强调和承认必然是不充分的,可能会被指责为是另一种性别本质论。第三,通过对妇女运动中的女性主义理论和政治行动之经历的反思,当代西方性别理论的发展旨在超越性别意识,在多元争论的基础上寻找统一的理论基础,得出更为一般的政治哲学结论。① 在这种旨趣之下呈现出两种不同的发展路径,一种是力图找到一种兼顾差异的普遍性的身份,从而使得女性群体内部多样化的差异能够统合在一种共同的概念之下,从而为差异丛生的女性群体寻找一条走向团结的路径;另外一种则进一步解构女性身份,解构女性主体性,甚至解构女性概念本身。前者发展出对女性友好的公民资格观念与公民政治,②后者则与后现代主义合流,发展为后现代主义的身体政治。

后现代女性主义者致力于性别的解构和重写,甚至采取彻底取消性别的形式。通过取消或者解构"男性"和"女性"、"同性恋"和"异性恋"这些概念,向传统的性别规范和性规范提出挑战。在解构的视野下,只存在此一时

① Diemut Bubeck, *Feminism in Political Philosophy*: *Women's Difference* [A]. in Miranda Fricker and Jennifer Hornsby (ed.), Feminism in Phillosophy [C]. Cambridge University Press, 2000. pp. 186—187.

② 关于这一发展趋势及潮流作者已在其他文章中有所论述,本文主要对第二种发展趋势即后现代主义的身体政治进行讨论。

的性别和彼一时的性别，或者此一时的同性间的性行为以及彼一时的异性间的性行为，甚至，不存在绝对的传统意义上的男人或女人，只存在着一个个具体的，活生生的在性行为与性倾向上均具有多元可能的人。对于更宽泛的女性主义批判和后现代批判而言，任何“概念化”的企图都是一种消除独特性、局部性、特殊性以及具体的个体性的暴力：概念化就等于整体化，而整体化则被视为极权主义。① 因此，更为具体的身体正越来越成为表述新的文化理解的首要场所。近来女性主义文化研究中最具创新的人之一巴特勒，她的《性别麻烦》一书中，就以这种后现代的身体表述取代了主体并且在基础之上建立了一种性别和性的理论。② 众多的女性主义者如艾德里安娜·里奇（Adrienne Rich）、南希·哈特萨克（Nancy Hartsock）、伊丽莎白·格罗斯（Elizabeth Grosz）都试图以这种对身体的关注在当今差异纷呈的女性主义之间架起一座桥梁。在此，身体，这种女性的具体化被认为是对男权主义、理性主义的二元论的克服，正如南希·哈特萨克所指出的：“精神劳动和体力劳动的结合……来自于如下事实，即女性的身体，不像男性，她们能够自身成为生产工具。”③由此，哈特萨克力求以其“性的可能性”和“对权力和社群的重新理解”而把一种非异化的生产建立在女性的“身体性的、感觉的、创造性的”经验基础之上。④ 简言之，身体已经成为这样一种拥有特权地位的非异化的、具体的、统一化的经验，社会关系的理论最终被建立在一种生物学的和性的繁殖上：建立在女性身体的月经、怀孕、哺乳等经验基础之上，似乎这些是不证自明的、始终如一的、本质的过程。⑤

毋庸置疑，这种从身份政治向身体政治的转向表明西方女性主义者进一步解构性别本质论，将差异化关怀渗透到各个层次的努力，然而与此同时，身份政治的政治解放内涵也在这种进一步的解构中被不断消解，沦为一种话语政治。在这种话语政治的模式下，重点在于肯定现存的差异而不是解释这些差异为什么以及如何成为差异，肯定现存差异本身成为一种后现代背景下抵制男性话语霸权的有效模式，肯认女性独特的身体经验被后现代女性主义视

---

① Teresa L. Ebert, Ludic Feminism, the Body, Performance, and Labor: Bringing “Materialism” Back into Feminist Cultural Studies, *Cultural Critique*, No. 23 (Winter, 1992—1993), P7.

② Ibid., P22.

③ Nancy Hartsock, Money, *Sex and Power: Toward a Feminist Historical Materialism*, Boston: Northeastern UP, 1985. P.243.

④ Ibid., P.257.

⑤ Teresa L. Ebert, Ludic Feminism, the Body, Performance, and Labor: Bringing “Materialism” Back into Feminist Cultural Studies, *Cultural Critique*, No. 23 (Winter, 1992—1993), P.24.

为实现性别公正的基础。然而需要追问的是:这些差异究竟是如何从剥削体制中产生?如果我们想要改变这些体制以及由这些体制所造成的差异,我们是否能够免于对这些体制的批判?面对如下一系列事实:为了养活孩子而导致印度妇女出租子宫;越来越多的发展中国家的妇女成为所谓“全球化平台”的出口加工区血汗工厂中收入微薄的工人,并越来越成为穷国中的穷人,底层中的底层,无产者中的无产者;伴随新自由主义在全世界范围内削减社会福利项目而导致的经济地位本已低下的妇女的生活状况雪上加霜……在这一系列事实面前,我们不得不承认我们需要的不只是“对社会差异做出解释并且使之合法化,而是去批判社会差异从而解释作为其基础的社会剥削关系并且去改变它”①。

通过梳理西方性别理论的逻辑进展,我们发现,不论身份政治还是身体政治,由于缺乏一种历史的维度以及一种阶级的分析,或者陷入性别本质论,或者沦为话语政治,失去对现实的政治改造,从而使性别正义的理论诉求面临困境。在西方女性主义的当前发展中,这种后现代的重写差异已经意味着一种转变,即从关注父权制以及性别之间的差异到关注女性范畴之内的差异,伴随作为历史主体的女性的消除以及其作为欲望主体的建构,女性主义放弃了在父权制下由于其性别而被剥削的作为集体性主体的女性,从而陷入一种文本化的解构路径,并由此失去了其作为政治主体对现实进行变革的能力。② 女性主义如果不仅仅止步于从理论上瓦解种族主义的、父权制的、资本主义的压迫,而是旨在通过变革系统的剥削关系从而产生非剥削的社会安排,就需要引入一种唯物主义的对差异的重新理解,将对差异的解释和剥削的社会经济体制联系起来,特别是将激进的话语批判和文化批判与劳动的性别分工联系起来,特别是在当前父权制资本主义的全球性的结构变换中,这一任务显得更加迫切。③ 在此,马克思主义历史唯物主义的妇女观中所蕴含的女性主体性论述以及阶级和性别的双重分析视角将给我们提供更为有益的启示。

---

① Teresa L. Ebert, Ludic Feminism, the Body, Performance, and Labor: Bringing “Materialism” Back into Feminist Cultural Studies, *Cultural Critique*, No. 23 (Winter, 1992—1993), P. 8.

② Ibid., P. 15.

③ Ibid., P. 42.

## 二、历史唯物主义视野下阶级视角和性别分析视角的辩证法

马克思主义是否是一种性别分析的方法曾引起广泛争议,例如社会主义的女性主义者海蒂·哈特曼(Heidi Hartmann)就曾指出,马克思主义的分析范畴没有解释为什么家庭内外都是女人屈从于男人、而为什么不是男人屈从于女人。马克思主义的概念范畴,就像资本本身,都是没有社会性别视角的。[①] 之所以有如此讨论,源于批判者根据西方马克思主义女性主义的观点认为马克思主义经典作家对性别平等、妇女解放的专门性探讨有所不足,存在着"性别盲点",因而当然不会是一种性别分析的视角和方法。这种说法其实是一种双重误解,一方面是误解了西方马克思主义女性主义的原意,一方面是误解了马克思主义妇女解放理论的深刻含义。正如国内学者分析的,西方马克思主义女性主义质疑的是经典理论对于性别不平等问题的有效理论分析与解决,而非质疑马克思主义是一种性别分析的视角和方法。也就是说,西方马克思主义女性主义对经典马克思主义的批判并不是指责经典作家们没有认识到性别平等、妇女解放的重要性,没有性别分析的视角,而只是说仅仅以这些理论来解决性别平等问题可能有一定的难度。[②]

事实上,马克思主义经典理论中蕴含着独特的阶级和性别的双重分析视角,从而弥补了单纯性别视角的分析所不可避免的缺陷。首先,单纯性别视角的分析,容易止步于女性获得的政治选举权等看似平等的权利,而忽略对形式平等背后"实质不平等"的根源进行探究。众所周知,始于18世纪末的"第一波"女性主义浪潮伴随女性选举权的获得、相关法律权利的保障而告一段落,作为这场运动的成就,妇女获得了法律上平等的公民资格。然而,女性在这场运动中所寻求到的不过只是形式上的平等,正如米切尔所说:"在20世纪早期……选取权——一种政治权利——已经被彻底赢得。然而,尽管资产阶级社会形式上的法律平等得到基本的实现,妇女的社会经济地位却依然没有得到实质意义上的改变。选举权带来的更为广泛的平等依然等于

① Heidi I. Hartmann, The Unhappy Marriage of Marxism and Feminism: Towards a More Progressive Union, Lydia Sargent (ed.), *Women and Revolution: A Discussion of the Unhappy Marriage of Marxism and Feminism*, Boston: South End Press, 1981, PP. 1—41.

② 参见王宏维:《论西方马克思主义在社会性别视域中的演进与拓展》,《马克思主义研究》2006年第8期。

零。”[①]1885 年 7 月 5 日，恩格斯在致盖・吉・沙克的信中指出：“英国那些女斗士们争取妇女形式上的权利，让妇女和男子受资本家同样厉害的剥削，她们自己多半同资产阶级对男女劳动者的剥削有直接或间接的利害关系。”[②]在这里，恩格斯明确表示：如果妇女仅仅获得如西方女性主义第一波浪潮后所获得的那种形式上的平等，妇女就还远未实现真正的解放，因为脱离了无产阶级解放运动的妇女解放，必然无法真正摆脱受剥削受压迫的根源，如此，其推动历史进步的主体力量就仍然是被“遮蔽”的，其全面而自由的发展就仍然只能停留于空谈。

其次，单纯性别视角的分析，容易导致女性陷入“平等”和“差异”的两难吊诡，或陷入性别本质论的泥潭，或沦为后现代主义无穷解构下的虚无化存在。在单纯的性别视角下，女性和男性被置于一种平面的两极对立之中，似乎女性的解放要么意味着变得“和男人一样”，要么意味着彻底抹杀“性”和“性别”，前者要求女性按照男性模板塑造自己，从而忽视了女性的独特特征和所需要的独特关怀而陷入性别本质论和事实上的不平等，后者则在抹平“性别差异”的过程中也放弃了作为统一政治主体的女性自身，从而沦为后现代主义无穷解构下的虚无化存在。

在马克思和恩格斯的视野中，性别问题从来不是非此即彼的男女两极对立的问题，而是和阶级、种族、民族等因素纵横交错的多维复杂体系。事实上，在女性—男性这种表面的两极对立关系中，潜藏着的是更为深刻的阶级关系、支配关系。在马克思和恩格斯看来，人总是生活在一定的社会关系中，总是实践着的、活生生的、现实的人，即社会的人。因此，在分析妇女问题产生的根源时，一方面要看到男女两性间的自然差异，要承认两性间的生理和性别差异，避免将男女平等视为抽象的绝对的平等，甚至应给予女性以差异化的关怀和对待。[③] 不仅如此，更要进一步看到男女两性的社会差异，即因性别差异而导致的性别歧视，并探究造成这种性别歧视的历史根源。也就是说，离开妇女问题赖以产生的社会历史条件，脱离对妇女问题的阶级分析，妇女解放只能停留于表面。

综上所述，与西方性别理论从对性别差异的关注转向对差异化的身体体

---

① Juliet Mitchell, Woman's Estate, New York: Vintage Books, 1971, p. 120.

② 《马克思恩格斯全集》第 4 卷，北京：人民出版社 1975 年版，第 452—453 页。

③ 比如恩格斯在致盖・吉・沙克的信中强调女权主义是争取形式上平等的资产阶级运动这一性质时尖锐地指出，劳动妇女“由于她们的特殊生理机能，需要特别的保护，来对付资本主义的剥削”。参见《马克思恩格斯全集》第 4 卷，北京：人民出版社 1975 年版，第 452—453 页。

验的关注不同,马克思主义在承认性别差异的同时,进一步洞悉到性别问题和阶级问题的内在复杂缠绕。在历史唯物主义的视域中,马克思主义关于阶级解放、妇女解放相一致道路的分析恰恰呈现出阶级、性别问题的内在关联。虽然性别压迫并不等于阶级压迫或种族压迫,妇女解放也不能因而归结为阶级解放或民族解放,但是,离开了阶级压迫、种族压迫,也就无法深刻洞悉到性别压迫的复杂性,换言之,离开了阶级解放、民族解放,真正的妇女解放也是根本不可能的。后现代的西方性别理论在从身份政治到身体政治的转变过程中止步不前,也引起女性主义理论家内部的反思,有些后现代的女性主义理论家如特里萨·艾伯特(Teresa L. Ebert)逐渐认识到全球化背景下马克思主义阶级分析方法的意义,并指出当前情势下,需要把历史唯物主义视角带入到关于性别的文化分析之中。[①] 从深层逻辑分析,性别关系是阶级关系在两性领域里的体现,在经济全球化时代,资本主义跨越民族边界去压迫和剥削其他民族的人民,不仅阶级关系和民族关系纠缠在一起,父权制、性别关系也纠缠于其中。因此如果我们把经典马克思主义的"阶级"基本分析范畴扩展为"父权制""性别""民族",我们就可以看到,全球化背景下,阶级关系、父权制、性别关系和民族关系日益跨地域地纠缠在一起,阶级压迫、父权制、民族压迫和性别压迫相互连锁、相互强化,从而形成三维的压迫体系。

首先,父权制和性别压迫内在相关,从而使得女性成为父权制剥削和压迫结构中的相同主体。作为一个剥削的体制,父权制在建构非对称的、不平等的劳动划分以及对社会、经济和文化资源的不公平获取过程中产生并强化性别差异,它不仅从意识形态和文化传统中保证并强化着一个性别(男性)对另一个性别(女性)的特权,而且在这种对"他者"性别的征服和剥削中不断积累财富并更加强化父权制的统治力量和地位。全球化背景下,这种性别剥削的不平等体制不仅成为世界上大多数社会经济体制存在和繁荣所"必需的"体制,而且成为对于全球化扩张和资本主义殖民化而言根本必要的体制。

其次,阶级压迫和父权制相互适应、彼此勾连。父权制是一套使男人控制女人的权力关系,这种权力按男人在社会中不同阶级的等级模式来划分妇女,把妇女定位为与下层阶级同样地位的群体,并进一步形成对妇女的压迫。在此,性别压迫和阶级压迫呈现出相似的压迫模式。父权制和阶级关系都有其在社会历史中的发展变迁,但正是因为其相似的压迫模式,二者在发展中

---

① Teresa L. Ebert, Ludic Feminism, the Body, Performance, and Labor: Bringing "Materialism" Back into Feminist Cultural Studies, *Cultural Critique*, No. 23 (Winter, 1992—1993), P42.

相互适应,彼此勾连,特别是在资本主义制度下,资本利用父权制,把无产阶级妇女定位为比无产阶级男性报酬更低、更少被雇用的弱势群体,当资本主义经济需要时,就把她们吸纳进来,不需要时她们比无产阶级男性更早、更容易失业、更贫困。而无产阶级妇女在经济上的不利和从属地位又进一步加剧了其在家庭中的从属地位,并反过来强化了父权制。此外,妇女在劳动力市场上的不利又会损害男性无产阶级的利益,由此造成阶级压迫的不断加剧。

再次,父权制、阶级压迫和种族压迫彼此相联,造成经济全球化时代第三世界妇女更加不利的处境和地位。在经济全球化时代,发达资本主义国家资产阶级对其他种族的压迫、对第三世界下层阶级的阶级压迫和对第三世界妇女的性别压迫跨地域地彼此关联在一起。在跨国生产中,国际劳动分工和性别分工的普遍存在,正是性别压迫、阶级压迫和民族文化压迫彼此相联的新形式。第三世界的下层无产阶级妇女,她们处于多重压迫系统的最底层,不仅遭受到国际劳动分工中来自第一世界资产阶级的种族压迫、经济剥削、阶级压迫,遭受到来自本民族内部父权制的压迫,而且还要遭受国际分工下性别分工带来的压迫。在跨国公司的劳动密集型企业中如缝纫和组装等工作中,第三世界无产阶级妇女从事比男性无产阶级更低层次的工作,获得更低的报酬,受到更多失业的困扰,成为跨国资本生产的流动工、季节工和劳动后备军。

综上所述,在经济全球化的国际背景下,广大第三世界妇女不但没有享受到经济全球化带来的福利,反而成为经济全球化进程中受害最大的群体之一。因此,在分析全球化背景下的性别公正和女性解放问题时,必须综合运用以阶级分析为主,兼顾民族的、阶层的、性别的分析方法。伴随着阶级关系的改变,妇女问题既不表现为尖锐对立的阶级关系,同时,妇女也不是一个抽象的、没有差别的群体,我们不是在“阶级”和“性别、种族、性”等之间进行非此即彼的选择,而是正如布鲁斯·布劳恩(Bruce Braun)所言,阶级的议题没有被性别遮盖,对种族压迫的关注也并不排除反对经济剥削的斗争。渐进的政治必须是有关阶级和性别(以及种族等等)的,我们应尽可能地强调它们彼此连接的方式,而不是简单的对立或合并。①

---

① Bruce Braun, Review: A Politics of Possibility without the Possibility of Politics? Thoughts on Harvey's Troubles with Difference, *Annals of the Association of American Geographers*, Vol. 88, No. 4 (Dec., 1998), P. 715.

## 三、全球化背景下的性别公正与女性解放

西方后现代主义、后结构主义强调性别视角,差异化、多样化身份诉求,却有分解和消散女性作为权利斗争主体的危险,阶级和性别的双重视角是把全球化背景下分散化的女性解放斗争重新联合起来的唯一路径。如果说性别的视角在女性反抗父权制压迫,争取男女平等的过程中发挥了不可替代的作用,那么,阶级的视角更是一把利器,直指全球化背景下女性不平等地位问题的根源和中心。如果说阶级的视角曾经遮盖了性别视角下独特的社会不正义及其表征,那么,今天的后现代主义、后结构主义对阶级分析视角的放弃则等于放弃了作为集体的女性进一步寻求自身彻底解放的有力工具,从根本上无益于促进性别公正和社会变革。[①] 与西方性别理论不同,马克思主义性别理论的特色正在于深入到阶级关系当中去探究性别压迫的根源,其阶级分析的方法启发了全球化背景下妇女研究中的阶层分析、地域分析,并为全球正义和女性解放提供一条现世的路径。

一种唯物主义的社会分析,绝不仅仅止步于差异性身份的承认以及对差异性身体体验的迷恋,而是把性别分析重新放置到社会经济、政治关系中,放置到作为一种剥削体制的父权制的机制中,把性别、性和劳动、劳动的性别分工联系起来加以考察。抛弃了性别概念的唯物主义的和历史的建构,抛弃了对现存社会经济政治关系的分析,抛弃了对剥削体制和父权制的批判,女性解放将沦为概念的游戏、话语的呻吟。正如特里萨·艾伯特所指出的,在历史唯物主义的视域中,性别与阶级、民族、种族相互缠绕,是一种剥削的社会经济体制即父权制的历史的和意识形态的后果,并且特别是一种劳动的性别划分的后果。它与日常生活的经济现实紧密相连,特别是与妇女的劳动以及她们在劳动中的地位、角色、分工紧密相连。从一种历史唯物主义的框架出发,任何对性别剥削和性别压迫的理解总是无法脱离基于剥削体制之上的社会冲突,因此,女性要想获得自身解放,就必须首先揭露种种隐藏的权力运作,揭露潜在的剥削体制和父权制的全球联系是如何产生了性别、性、种族和阶级的差异。从唯物主义女性主义批判的立场出发,西方女性主义性别、性

---

① Mike Cole, A Marxist Critique of Claims for Postmodernism and Poststructuralism as Forces for Social Change and Social Justice, *British Journal of Sociology of Education*, Vol. 24, No. 4 (Sep., 2003), P. 495.

以及身体理论中最为严重的和最有害的盲点就是对劳动的避而不谈，特别是没有把身体、性和性别作为不公平的劳动分工的后果，因而具有不可回避的阶级盲视。事实上，性别和性不仅仅是建基于身体之上的话语实践或意义实践的结果，更为重要的，它们还是劳动分工的后果，这种分工是根据身体、在身体之上、以及通过身体而进行的，这是一种根据劳动分工和不平等地使用经济和社会资源的历史分工。① 毕竟，文化的批判不能代替现实的斗争，只有女性真正拥有在公共生活中的经济权利，其政治权利和文化权利才能真正落实。

众所周知，资本主义全球化的发展，在带来国与国之间、阶级之间、种族之间新的不平等的同时，也造就了新的性别上的不平等，全球资本主义通过新的国际分工和分配体制对全世界尤其是发展中国家落后地区贫困妇女进行剥削和压迫，把她们置于层层盘剥和重压之下。全球资本主义不仅没有消除或减轻两性差别，反而产生了新的矛盾和问题。因此，全球化背景之下，对妇女劳动的剥削仍然广泛存在（不论是在公共领域还是在私人领域），而其根源仍在于性别的劳动划分。全球化背景下的女性正处于国家、阶级、种族、性别等各种压迫的交叉点上，成为各种歧视和不平等对待的最大受害者。② 然而，西方后现代的女性主义在将话语实践作为解释性别和性得以产生的基础时，却对性别和性剥削的社会经济关系视而不见。

因此，我们需要在全球化背景下重构性别理论。首先，马克思主义经典理论揭示了性别不平等的起源，指出性别不平等的发生是客观历史的产物，性别关系受制于客观历史等历史唯物主义基本原理，并构成性别问题上一个最基本的信念："妇女受压迫并不是个人蓄意行动的结果，而是个人生活于其中的政治、社会和经济制度的产物。"③因此，妇女的社会地位是随着社会、经济、政治的变化而变化的，必须对妇女现实的生存和发展境况进行历史的、动态的分析和考察。女性处在多元化的历史现实中，女性经验是独特且多样化的。全球化进程是一个多元文化、不同种族、多种宗教交织在一起的进程，再加上各国、各地区经济发展不平衡，导致不同地区的女性遭受不同程度的剥

---

① Teresa L. Ebert, Ludic Feminism, the Body, Performance, and Labor: Bringing "Materialism" Back into Feminist Cultural Studies, Cultural Critique, No. 23 (Winter, 1992—1993), pp. 38—40.

② 参见李丹：《女性在全球化中的地位及其反全球化的理论与实践》，《福建论坛》2007 年第 2 期。

③ 〔美〕罗斯玛丽·帕特南·童：《女性主义思潮导论》，武汉：华中师范大学出版社 2002 年版，第 141 页。

削和压迫,又由于经济发展程度和经济模式的不同,女性所遭受的压迫和剥削方式也存在差异。基于女性经验的多样性,全球化背景下的性别理论建构一开始就具有多元性和多重含义。不同文化、种族和语言决定了全球化背景下的性别哲学必然是多元对话的哲学,必然呈现百家争鸣的局面。然而,无论如何,性别从来不是与所在的文化及社会关系剥离开来的独立的领域,全球化背景下,我们需要进一步将父权制影响和殖民主义等不平等关系结合起来进行考量,从而探究种族、性别、民族和跨民族的要素在性别压迫和性别剥削中所起的作用。

其次,马克思主义是一个开放的理论体系,马克思主义历史唯物主义认为,在妇女解放与社会解放的关系上要坚持普遍性和特殊性的统一:一方面,妇女解放具有人类解放的普遍特点,受制于一定的社会生产力和生产关系;另一方面,妇女解放又有一些特殊性,特殊性在于:除阶级、民族、阶层等种种社会关系之外,还有一个更重要的关系,即性别关系。它渗透到所有社会关系里,深入到社会结构制度的各个层面,因此,性别视角有助于更好地解释为什么经济、社会的发展等不同于妇女发展的问题。在当前全球化时代,我们更需要突出存在于女性主体之间那种跨国跨种族的广泛联系,把性别因素置于一种更为广阔的跨文化和国际化的背景之下,突破本质主义的二元论和过于强调差异性的局限,为重新确定性别观念指出方法和道路。重新确定性别观念,就是不仅仅要从区域本土和民族文化角度,同时也要在跨文化、跨种族和跨民族的全球化进程中来审视女性,在家庭、工作、学术界、甚至教会等各个特殊领域中考察女性。

女性主义从身份政治到身体政治的转向彰显了西方女性主义对女性性别、性差异的关怀和重视,强调女性群体乃至具有独特身体体验的女性个体的特殊性权利,这无疑有利于男女平等的政治文化目标的实现,然而,这种对差异的强调如果脱离了对剥削的经济体制的批判,脱离了对父权制影响和殖民主义等不平等关系的考量,必然无法从容应对全球化背景下女性解放与发展所面临的新挑战。

在阶级和性别的双重视域中,在历史唯物主义的理论框架下,性别正义并非仅仅是基于男性和女性之性别机械划分基础之上的非此即彼二元对立思维范畴内的公正诉求,也不应该仅仅止步于基于多元差异身份之划分基础之上的碎片化的话语公正诉求,而应该是基于处于特定社会经济、政治关系之中,置身于特定的性别劳动分工框架之中的现实的“人”的公正诉求。也正是这种意义上的公正诉求才使得女性有可能既充分认识、尊重自身之差异性特征，又能够逃脱自身性别、身份的束缚，真正以一个真实的、有血有肉的、充满女性特质但同时又是一个大写的“人”来反观自身，反观两性之间的关系，反观世界。从此理解出发，女性解放的步伐与人的解放的步伐是相一致的，全面而自由发展的人也必然是女性解放的最终目标。

# 重温马克思主义科学平等观，推进家庭性别关系现代化

王成英*

**摘　要**：新世纪，中国的现代化建设已进入一个更新的阶段，而家庭现代化是其中一项重要内容。重温马克思主义科学平等观，使其与我国改革开放的具体实际相结合，对推进我国家庭性别关系平等，促进家庭内民主协商机制，更深入扎实地贯彻男女平等基本国策有重要的理论与实践意义。马克思主义认为平等是类的范畴、历史范畴和关系范畴。它揭示了平等是人类解放的重要内容，也是人类发展不可抗拒的规律。男女平等应以此为指导，树立科学的性别平等观念，既反对平均主义又反对性别剥削现象，实现家庭性别平等必须转变观念，遵循客观规律，循序渐进，建设动态平衡体系。

**关键词**：马克思主义　男女平等　性别关系　家庭　现代化

目前，中国改革开放已历30余年，取得了巨大成就，但同时也积累了许多问题，其中包括社会和家庭中性别歧视、性别不平等在某些方面有所加剧的情况。

中国共产党历来主张男女平等。1995年，在北京召开的第四次世界妇女大会上，"男女平等"被正式确定为我国的基本国策。2012年，"男女平等"作为基本国策被写入中共十八大报告。这为实现性别平等开创了新的里程碑。

---

* 王成英，女，北京大学马克思主义学院副教授

要切实落实贯彻男女平等基本国策首先就应该重温马克思主义科学平等观，使其与我国改革开放的具体实际相结合，推进家庭性别关系平等，建立家庭民主协商机制。

## 一、马克思主义科学平等观的基本内容

在《共产党宣言》《哲学的贫困》《哥达纲领批判》《反杜林论》及《家庭、私有制和国家的起源》等一系列著作中，马克思和恩格斯扬弃了各类剥削阶级思想家的平等思想，克服其历史片面性，从而在人类历史上第一次确立了科学辩证的平等观。

### （一）平等是一个类的范畴

剥削阶级思想家从为其剥削和特权辩护的立场出发，认为人的能力有大小，出身有贵贱，体质有强弱，因此，人生来就不平等，现实的制度就应该巩固和维护这种不平等。但马克思主义认为，人生而平等，这种平等不是指人类个体的具体特性而言的，而是从人作为宇宙万物中的一类来讲的。"一切人，作为人来说，都有某些共同点，在这些共同点所及的范围内，他们是平等的。"①这种平等不能因为人的生理与生存状况的不同而有差异。"现代的平等要求是与此完全不同；这种平等要求更应当是从人的这种共同特性中，从人就他们是人而言的这种平等中引申出这样的要求：一切人，或至少是一个国家的一切公民，或一个社会的一切成员，都应当有平等的政治地位和社会地位。"②人的共同性是什么呢？每个人都要生存，要解决衣食住行等基本需要，因此就有基本的生存权和发展权，所以，平等就是每一位社会成员的基本权利平等和发展机会平等。

从中可以看出，无论阶级平等、种族平等，还是性别平等都是人平等的具体化、特殊化。正是从类的层面上，马克思主义提出人类最终的理想社会"将是这样一个联合体，在那里，每个人的自由发展是一切人的自由发展的条件"③。在这个联合体中，自由、平等将是每个社会成员存在的基本状态。在这里，人已不再是某一阶级、某一阶层、某一集团、某一种族或某一性别的"人"，而是"一切人"，平等是每一个人的基本权利。

---

① 《马克思恩格斯选集》第 3 卷，北京：人民出版社 1995 年版，第 444 页。

② 同上。

③ 《马克思恩格斯选集》第 1 卷，北京：人民出版社 1995 年版，第 294 页。

### （二）平等是一个历史范畴

以往剥削阶级思想家从唯心主义出发，认为不平等是永恒的，它将伴随人类社会发展始终。马克思主义指出不平等是人类社会发展到一定阶段的产物，随着生产力的发展，物质财富与精神财富的极大发展，人类社会将彻底消灭不平等现象。当然，他们并不盲目地追求脱离实际乌托邦式的平等，而是强调平等的时代特性。在历史发展的不同阶段，人类对平等的具体要求是不同的。恩格斯在《反杜林论》中批判了这一错误思想："平等的观念，无论以资产阶级的形式出现，还是以无产阶级的形式出现，本身都是一种历史的产物，这一观念的形成，需要一定的历史条件，而这种历史条件本身又以长期的以往的历史为前提。所以这样的平等观念说它什么都行，就不能说是永恒的真理。"①

马克思主义认为，平等与不平等都是随着人类社会的发展而发展的。在生产力极其低下，私有财产没有产生以前，人类是处于一种原始平等状态的。但是随着生产力的发展，社会发生了分裂，阶级压迫、性别压迫、种族压迫、宗教压迫等逐渐分化形成。不平等的形式、种类、程度也都会随着社会形态的更替而变化。"文明每前进一步，不平等也同时前进一步。随着文明而产生的社会为自己所建立的一切机构，都转变为它们原来的目的的反面。"②而资产阶级反抗封建贵族特权的平等要求实现之际又造成了对无产阶级的剥夺与压迫，形成新的不平等。无产阶级对平等的诉求便由隐性转为显性，被提到历史日程上来。"资产阶级的平等要求，也有无产阶级的平等要求伴随着。从消灭阶级**特权**的资产阶级要求提出的时候起，同时就出现了消灭**阶级本身**的无产阶级的要求——起初采取宗教的形式，借助于原始基督教，以后就以资产阶级的平等论本身为依据了。无产阶级抓住了资产阶级的话柄：平等应当不仅是表面的，不仅在国家的领域中实行，它还应当是实际的，还应当在社会的、经济的领域中实行。尤其是从法国资产阶级自大革命开始把公民的平等提到重要地位以来，法国无产阶级就针锋相对地提出社会的、经济的平等的要求，这种平等成了法国无产阶级所特有的战斗口号。"③

既然平等与不平等都不是一成不变的，而是随着历史的发展而发展的，那么实现平等的主体、内容、方式、手段等自然也是变化发展的。因此，平等

---

① 《马克思恩格斯选集》第3卷，北京：人民出版社1995年版，第448页。

② 同上书，第482页。

③ 同上书，第447—448页。

的实现应从实际情况出发，每个国家推进平等的具体进程因地而异，既不能照搬书本搞平均主义，也不能盲目照搬别国的模式。

**（三）平等是一个关系范畴**

在唯物辩证法中有一系列的关系范畴。比如因与果、质与量、形式与内容、偶然与必然，现象与本质，等等。马克思主义认为，平等与不平等也是辩证统一的。它们互相渗透、互相转化。平等中包含着不平等的要素，不平等中孕育着平等的力量。当平等或不平等的要素、力量积累到一定程度时，两者便发生相互转化，平等走向不平等，不平等又走向更高级的平等，从而实现人类社会从低级向高级不断发展。

**1. 平等与不平等都是相对的**

马克思、恩格斯反对把平等理解为消除一切差别的平均，为此，他们认为平等与不平等都是相对的，都是历史的产物，没有绝对的平等也没有绝对的不平等。在《哥达纲领批判》中他们指出："这种**平等的**权利，对不同等的劳动来说是不平等的权利。它不承认任何阶级差别，因为每个人都像其他人一样只是劳动者；但是它默认，劳动者的不同等的个人天赋，从而不同等的工作能力，是天然特权。**所以就它的内容来讲，它像一切权利一样是一种不平等的权利**。"①这说明平等的形式可以包含不平等的实质内容。1875 年 3 月，恩格斯在给奥·倍倍尔的信中，批判了法国空想社会主义者把平等与平均混为一谈的思想。他说："在国与国、省与省、甚至地方和地方之间总会有生活条件方面的**某种**不平等存在，这种不平等可以减少到最低限度，但是永远不可能完全消除……把社会主义社会看作**平等**的王国，这是以'自由、平等、博爱'这一旧口号为根据的片面的法国人的看法，这种看法作为当时当地一定的**发展阶段**的东西曾经是正确的，但是，像以前的各个社会主义学派的一切片面性一样，它现在也应当克服，因为它只能引起思想混乱，而且因为已经有了阐述这一问题的更精确的方法。"②这里可以看出，首先，平等和不平等都是客观存在的，而不是人的意志可以随意左右或消解的。正因为平等和不平等是客观存在的，就只能根据实际情况找到不平等形成的根源，并解决两者的矛盾，避免犯脱离实际搞一刀切的形式主义错误。其次，不平等是可以调控的，也就是"这种不平等可以减少到最低限度"，如果放任不平等的扩大则会导致两极分化和社会动荡。相反用平均消解平等，则社会易于陷入停滞和僵化。

---

① 《马克思恩格斯选集》第 3 卷，北京：人民出版社 1995 年版，第 305 页。

② 同上书，第 325 页。

最终两者都会造成社会的不发展。

此外，他们还特别强调平等与不平等在一定条件下可以相互转化，并按照否定之否定规律螺旋式向前发展。因此，随着生产力水平的发展，人类社会平等的质与量都会不断发生变化，最终实现人与人本质上的平等。恩格斯在《反杜林论》中谈到国君权利时提出了平等与不平等互转性。“这些国君必然成为人民的压迫者，而且他们把压迫加重到这样的地步，使得登峰造极的不平等又重新转变为自己的反面，成为平等的原因：在暴君面前人人平等，就是说大家都等于零。”[①]“这样，不平等又重新转变为平等，但不是转变为没有语言的原始人的旧的自发的平等，而是转变为更高级的社会契约的平等。压迫者被压迫。这是否定的否定。”[②]封建特权等级制度造成了新兴的市民阶级对平等的强烈要求。“在封建的中世纪的内部孕育了这样一个阶级，这个阶级在它的进一步的发展中，注定成为现代平等要求的代言者，这就是市民等级。”[③]市民阶级在借助无产阶级的力量来推翻封建特权阶级的同时也唤醒了无产阶级对阶级平等的要求。在私有制社会里，平等都是统治阶级的平等，伴随着被压迫阶级的不平等而存在，因此是有限的、片面的，只有无产阶级平等要求的实际内容都是消灭阶级的要求，因而是彻底的。

**2. 充分肯定了不平等的积极作用**

私有财产的出现导致社会两极分化，人类原始平等被破坏。但这种破坏标志着人类生产能力的提高，因此不平等的产生既是历史的退步又是历史的进步，并且它每前进一步平等也就向前发展一步。正因如此，恩格斯在批判杜林形而上学平等观时，充分肯定了不平等的历史积极作用：“在希腊人和罗马人那里，人们的不平等的作用比任何平等要大得多。”[④]马克思主义就是看到并承认社会不平等的存在，并为消除这种不平等创造各种有利条件，进而推动人类向着更高形态的平等、自由的新社会发展。

应该说，在资本主义社会，平等的关系属性表现在无产阶级与资产阶级的平等要求中。没有资产阶级的平等要求，无产阶级的平等要求很难找到适当的文本表达方式。没有无产阶级对平等的孜孜以求，资产阶级反对封建特权的斗争就很难取得胜利。资产阶级实现了人类形式上的平等，无产阶级则要实现人类的事实平等。但无产阶级这一平等要求却是在人类新的制度实

---

① 《马克思恩格斯选集》第 3 卷，北京：人民出版社 1995 年版，第 482 页。

② 同上书，第 483 页。

③ 同上书，第 445 页。

④ 同上书，第 444 页。

践中曲折发展的。

## 二、坚持马克思主义科学平等观，推动我国家庭性别关系平等

### （一）实现性别平等要转变家庭观念

我们可以看到，随着我国改革开放的不断深化，许多家庭的各类财富日益增长，与此同时，各类家庭矛盾也在不断加剧，恋爱暴力、家庭暴力、婆媳大战等等与婚姻家庭相关的大战层出不穷，恶性案件频发，很多家庭因此破碎，同时也加剧了社会的不稳定性。深究其源，有不少是因为家庭内部两极分化严重。随着社会分化的加剧，家庭成员的收入、消费、观念等发生了巨大变化。一部分家庭成员在权利、地位、甚至话语权等方面实行专制，限制人身自由，实行精神暴力，甚至剥夺其他成员依法应享有的各项权利。这严重侵害了其他成员的利益，导致家庭矛盾激化，最后甚至出现极端情况。显而易见，这些行为往往是传统父权制、家长制观念在作祟。人们将从小在家庭中获得的不平等观念、习惯和行为，看成是必然的，在他们社会化过程中必将这一切裹挟而出，并直接渗透到社会关系当中，甚至在社会中直接实施歧视或暴力行为，促进了社会不平等的加剧。

家庭矛盾，性别矛盾不同于阶级等社会矛盾，不能用暴力来解决，而应从理论上通过大力宣传教育，使人们逐渐树立马克思主义的平等观，正确认识家庭成员相互之间的权利义务，瓦解传统的性别歧视与压迫观念。如前所述，按照马克思主义平等观看，平等是一个类的概念，是建立在人所共需的生存与发展的基点上，与每个人利益休戚相关。马克思在《1884 年经济学哲学手稿》中提出了人的本质问题："一个种的整体性特性、种的类的特性就在于生命活动的性质，而自由的有意识的活动恰恰就是人的类特性。"①自由而有意识的活动是人的类特性，男性可以从事自由而有意识的活动，女性也是一样，这就是平等。每个人都是平等的主体，都拥有自由而有意识活动的权利，当然也承担相应的义务。所以，两性无贵贱尊卑之分，都应当相互尊重爱护、扶持扶助共同实现生存与发展的需要。

邓小平曾讲过家庭关系的几个方面："一是夫妻关系，二是婆媳关系，三是妯娌关系，四是父母子女关系等等。"②现代家庭以核心家庭为主体，其核

---

① 《马克思恩格斯全集》第 3 卷，北京：人民出版社 2002 年版，第 273 页。

② 《邓小平文选》第 1 卷，北京：人民出版社 1994 年版，第 294 页。

心关系就是夫妻关系，其次是父母子女关系，而夫妻关系质量好坏直接决定父母子女关系和家庭对外关系的质量，影响家庭稳定和孩子的健康成长，从长远来看自然也决定了社会的长久繁荣与稳定。

家庭关系的性质直接决定社会关系的性质。家庭性别关系不平等直接影响子女的观念行为。但我们对家庭性别关系现代化建设重视得远远不够。

女性，作为母亲是男性的启蒙老师，作为妻子是男性的战友与伙伴。这种特殊的身份曾经在性别分化与压迫中起过作用，重男轻女的观念往往是母亲传递给男性的。而今，要实现家庭性别平等最重要也是最关键的就是女性要用马克思主义科学平等观武装自己，克服错误观念和思想局限。改革开放以来，我们向西方学习了很多先进技术，管理经验，但这些依然仅局限于社会领域，我们也应该吸收西方成功的家庭建设的先进经验，尤其是家庭性别关系建设的有效经验。这些经验都是人类文明的一部分。当然，在学习过程中应勇于创新。

**（二）实现家庭性别平等必须遵循客观规律，循序渐进**

如前所述，马克思主义认为平等是一个历史范畴，其发展是有客观规律的，在一定时期内平等实现的范围和深度都是有条件的。人人平等，这是人类追求的最终理想目标，也是国家政策和法律所希望实现的宏伟蓝图。我们的社会主义建设曾经严重脱离实际，盲目冒进走过一段弯路。改革开放前，中国对男女平等的认识也存在着某些形而上学倾向。历史的教训是深刻的。从家庭视角看，目前我们的家庭现代化建设也是一样，无论是在观念上还是行动上，都不能脱离客观实际。我国法律已在各个层次上贯彻了平等原则，在《宪法》《民法》《婚姻法》《未成年人保护法》等相关法律中明确规定并保护家庭成员在家庭婚姻关系、财产关系、劳动关系、继承等关系中享有平等的权利和义务。但在实践中我们依然能够感受到家庭关系中不平等的存在。性别不平等尤其是家庭不平等的核心问题。夫妻在家庭中地位依然落差巨大。各种形式的家庭暴力、离婚时无法获得财产、无偿抚养后代和赡养老人等使女性的复合压力加大。农村中女婴依然受到歧视，或丧失生命、或丧失家庭、或丧失良好的教育机会等时有发生。这些说明我们的法律在若干方面还没有落到实处，有些法律规定脱离实际根本无法实施。

各种社会压迫主要发生在社会领域，可以通过暴力和非暴力两种手段来反抗。当压迫者与被压迫者之间的矛盾冲突达到不可调和的地步时，通过暴力革命实现平等是一条有效路径。性别压迫贯穿于社会家庭的方方面面。家庭性别不平等与社会性别不平等有着显著的区别。它与亲情和血缘关系相联系,是罩在“**温情脉脉的面纱**”下最隐蔽的剥削。这种压迫有它内在的矛盾性。它不同于社会压迫那么简单。它既是社会压迫同时又是家庭奴役。它不能用暴力的方式去反抗。

马克思主义认为,平等是一个客观的历史过程,有其自身发展的规律,不受人的意志左右。如果忽视平等的客观性、规律性,用性别平均主义去解决性别问题只能导致新的矛盾。马克思主义也坚持女性的解放唯有靠其自身觉醒与行动才能实现。实践证明,家庭性别不平等的解决不能完全靠行政手段,不能搞运动。这个过程应当是和风细雨润物细无声式的,而且其主导力量是女性。

由于马克思、恩格斯预测未来的社会是“自由人联合体”形式,因此他们主张构建不同于资产阶级家庭关系的无产阶级家庭关系才能培养出没有异化而全面发展的自由人。其构建的家庭关系模式是自由平等模式,其特点是在家庭各个方面,夫妻与子女都有同等的意见和建议权,有共同协商的决策权,共同行动的劳动权。这一模式成为子女自选模式,培养所有家庭成员的自主意识、独立意识和创新意识,使他们对权利和义务的认识不是基于血缘和亲情的本能基础上,而是建立于公民对社会的责任与义务上。

**(三)加强家庭性别关系动态平衡体系建设**

从前面论述可以看到,无论是经典作家关于不平等积极作用的论述,还是20世纪两种制度对平等的刻意强制追求,都说明在促进平等的进程中绝不能忽略不平等的激励作用。事实证明,无论何种社会制度都有可能发生割裂平等与不平等辩证关系的问题。只有随着生产力的不断发展,平等才能通过自上而下与自下而上双重路径逐级实现。要控制平等与不平等的制约限度,既不能把平等形式化为平均导致社会停滞和僵化,也不能放任两性差距无限度拉大造成两极分化,使社会矛盾尖锐化并最终导致社会瓦解。建立一个平等与不平等合理转化的科学机制和动态制衡系统。为此,要做到以下两个方面的认识。

第一,充分肯定、利用不平等的积极作用,鼓励妇女勇于参加竞争。无论否定平等还是否定不平等都不是马克思主义的科学平等观,更不是对马克思主义科学平等观的具体运用和发展。改革开放给每个人、每个家庭以广阔的天地,妇女在丧失就业机会的时候要放远目光,加强学习不断提高自身素质,在更高的平台争取更多的发展机会。

第二,平等与不平等在一定条件下相互转化。实践证明,促进性别平等应坚持发挥妇女自身的力量,通过自上而下与自下而上两条路径建立弹性平等，并把握平等与不平等转化的条件、根据及方式，通过政策和法律来加以调控，不应实行硬性平等，使社会陷于僵化的平均之中。在现实中，不同地区家庭性别关系有不同的发展倾向。女性施暴的现象也偶有发生，所以保持家庭性别关系动态平等可以更好地克服两性两极分化趋势。

总之，我们充分认识、理解和把握马克思主义科学平等观，将其具体融入千家万户的日常生活实践中，如此不仅有利于推进马克思主义大众化，也有利于更科学地理解男女平等国策的内涵，充分调动广大妇女的积极性，为实现中华民族的伟大复兴、建设中国特色社会主义、构建和谐社会做出更大贡献。

# 人的全面发展之女性发展问题

徐　春*

**摘　要：**促进人的全面、协调、可持续发展是科学发展观的题中应有之义。由于我国原是一个有着两千多年封建专制主义历史的国家，生产力和生产关系社会化程度较低，以及民主政治的准备不足，这些因素至今仍在不同程度上制约着妇女的自由全面发展，致使妇女的独立自主的人格并没有得到普遍确立。受制于生产力发展水平，现阶段的教育还不能使所有的妇女在智力上得到全面的培养和发展；受制于个人知识、才能的限制，相当多的妇女劳动者只能被固定在某种低级劳动形态上；受制于低素质妇女人口比重过大的国情，大大地影响了社会全体成员的全面发展。因此，在现阶段促进妇女全面发展的现实途径是发展教育，提高妇女素质，推动社会发展。

**关键词：**以人为本　全面发展　女性发展

"坚持以人为本，树立全面、协调、可持续的发展观，促进经济社会和人的全面发展"，②是中国特色社会主义理论的重要内容。"以人为本"是当代中国特色社会主义理论的价值核心，其最基本的内涵是以人民群众的根本利益作为发展的出发点和归宿，让发展的成果惠及全体人民，也就是说发展要以人为本，而不能以物为本。2011 年末，中国大陆人口总数为 134735 万人，其中女性人口 65667 万人，占了近一半比例。因此，落实"以人为本"的科学发

---

*　徐春，女，北京大学哲学系副教授

②　2003 年 9 月中国共产党十六届三中全会报告明确提出科学发展观。

展观，推动人的全面发展，需要从社会发展实际和人的发展现实出发探讨促进女性全面发展的现实途径。

## 一、人的全面发展的价值透视

一般来说，人都是处于发展状态的。就个体而言，从出生到死亡是身体自然的发展；知识的积累，技能的增长，心理的成熟等是人在社会中的发展。但是人的真正意义的发展还是应该全面发展。对人的全面发展的理解，应从人类整体和人类个体两个层面来着手。“人类发展”与“个人发展”既存在着区别，又存在着内在的、不可分割的联系，我们不能抹杀二者之间的区别而把两个不同层面的问题混淆起来，也不能用一方代替另一方。

“人类”是相对于“物类”特别是“动物”而言的，“人类发展”是指相对于动物并与动物相区别的“人”这个特殊的族“类”在整个社会历史长河中的发展，它包括各个不同历史时期的人群共同体、阶级、阶层或社会集团中的个人的发展，但又不能仅仅归结为某个特定历史时期的特定的群体或特定阶级、阶层、社会集团中的个人的发展。人类的全面发展主要指，其一，人类从自然压迫和人自己造成的社会压迫中获得解放，人的各种潜能素质获得最充分的发展。其二，人的对象性关系的全面生成，即人通过与世界的各种各样的关系，全面地表现和确证自己本质的完满性，也就是人对自己本质的全面占有，人的本质力量得到充分体现。从最普遍的意义上讲人类的全面发展实际上就是人类的自主性、能动性、创造性等主体性特征的全面拓展。“人类”的各种能力的全面而自由的发展，不是单个“个人发展”所能完成和替代的。人类的全面发展既是一个永恒的历史追求，也是一个永恒的历史过程，这一过程表现出一定的阶段性和相对性，它是在漫长的历史过程中分阶段逐渐实现的。同时人类的全面发展也没有一个绝对的、恒定的标准，其内涵的丰富程度与历史的发展阶段是相关联的。从这个角度讲，人类的每一发展阶段都承载着人的全面发展这个终极价值目标的阶段性任务。

“个人发展”是指构成“人”这个“类”的各个分子的发展，是指特定历史时期、特定社会环境中特定群体中的单个成员，即“个人”的发展。在这里，作为“类”的分子的“个人”的发展虽然是“类”整体发展的表现，或代表着“类”整体的发展，但毕竟不等于整体的发展。“个人发展”主要指个体的社会化和个性化过程。个体的社会化是指社会将自然人转化为社会人并使其具有人的“类”特性的过程，是指个体在生活实践中适应社会环境和通过接受教育、接受社会文化并被社会文化同化而成为一个合格的社会成员的过程。由于受到个人所生存的具体时代的社会生产力和科学技术发展状况的制约，也由于受单个“个人”的实践能力、认识能力、体能、智能以及生命的有限性等制约，“个人发展”总是有限的，它并非是指每个人都能达到全知全能，而是指构成人的能力和素质的主要的基本方面都能得到全面培养和不断提高。人的能力素质是一个复杂的系统，既包括体力，又包括智力；既包括潜在能力，又包括现实能力；既包括从事物质生产的能力，又包括从事精神生产的能力；等等。当然，在马克思、恩格斯看来，人的能力素质主要是指体力和智力，个人的全面发展也主要是指以体力智力为核心的多方面能力的充分全面发展。

促进人的全面发展是体现社会主义本质的一个重要规定，是建设中国特色社会主义社会的根本目标和基本特征之一。“以人为本”赋予了中国现阶段社会发展明确的价值内涵，一方面强调作为市场主体的人的价值，另一方面针对市场经济存在“物化”现象，造成人的畸形和片面发展，提出要尊重人、理解人、关心人，把不断满足人的全面需求，促进人的全面发展作为发展的根本出发点。无论是发展经济还是政治、文化及其他社会事业，本身都不是目的，而是手段，人的生存、发展、幸福才是目的。

促进人的全面发展是全面建设小康社会的内在要求，其现实根据是人民群众日益增长的需要和利益。首先，我国于 1997 年提前三年实现了人均国民生产总值比 1980 年翻两番的宏伟目标；到 2003 年，人均国内生产总值超过了 1000 美元，人民的生活跨越了温饱，城乡居民的“恩格尔系数”分别下降至 40 % 和 50% 左右。这使人们比过去更加重视文化、教育等方面的提高，从追求“生活水平”到追求“生活质量”。其次，随着对外开放和社会主义市场经济的建立，人们的社会生活环境发生了巨大变化。个人从“单位人”向“社会人”的转变，提供了职业和岗位流动的更大可能空间，从而将自己的能力和潜力逐步发挥出来。所有这些都带来了我国人民群众的需要和利益的多元结构和层次提高。综合以上因素，努力促进人的全面发展已经成为人们的现实要求。

尽管中国现在还处于社会主义初级阶段，实现全体社会成员的全面发展还有遥远的历史差距，但是，随着中国社会的进一步发展，将会给人的全面发展提供可能条件：第一，社会主义市场经济体制的不断完善为人的全面发展开辟了道路；第二，生产力的高度发展（主要指经济发展）为人的全面发展提供了经济前提；第三，社会主义精神文明的高度建设为人的全面发展创造了思想文化前提；第四，社会主义民主政治的高度建设将为人的全面发展提供政治前提;第五,丰富和谐的社会关系的建立将为人的全面发展创造良好的社会环境。因此,我们有理由相信,社会发展走向和谐会极大地促进人的全面发展。

## 二、正视中国女性发展现实

实现人的全面发展是一个漫长的历史过程,不是一蹴而就的,理论上的探讨不能代替人的发展现实。中国社会发展水平仍然属于社会主义初级阶段,需要对中国社会人的发展现实有清楚明确的认识。

首先要客观地承认不发达的社会主义对人的发展有某种制约性。改革开放以后,社会经济发展不平衡导致的"利益失衡"已经是当下中国的现实问题,这些矛盾和问题有些固然是中国在发展现阶段难以完全避免的,但有些则是过去的发展观的失误所导致或加剧的,它直接造成社会不同阶层发展条件差别悬殊,引发社会不同阶层发展失衡,其直接表现是利益主体错位。利益主体本应是对社会经济发展贡献最大的社会群体,应在社会中占大多数。以此衡量,以工人阶级、农民阶级为核心的广大劳动者群体应当之无愧地成为利益主体,但是,经过30多年的改革开放,工人成为公认的改革受益最少的群体,广大农民在改革中的受益程度也在趋于递减,这是明显的利益主体错位现象。利益主体的错位直接导致发展主体的错位。有学者根据改革以来人们利益获得和利益受损的状况,将中国人分为四个利益群体或利益集团,即特殊获益者群体、普通获益者群体、利益相对受损群体和社会底层群体。[①] 这四个不同利益群体,在获得发展资源上的差别及其悬殊,表现出不同的生存发展状况。

从社会精英群体的发展状况看,他们文化素质极高,在本领域具有突出才能,具有主动性、创造性、开拓性,可以说是实现了自我发展的人。虽然精英群体人数很少,但他们是社会中有杰出才能者,其能量巨大,掌握的社会资源极其丰富,特别是政治精英,往往对于全社会甚至对于一个时代的世界格局发生重大影响。改革开放以来,开始突出经济精英和技术精英的重要作用,资源和财富正在向这个群体集中。历史虽然证明了精英的"超前"贡献,但这个贡献并不能颠覆大众作为推动历史发展的主体地位。因此,少数精英

---

① 参见李培林、李强、孙立平等著:《中国社会分层》,北京:社会科学文献出版社2004年版,第26—41页。

的发展不能取代人民大众的发展。中间阶层通常是由白领层组成的,是管理者、技术人员、办公室人员等脑力劳动者。近年来,城市中数量不多的中间阶层也在产生分化,即中间阶层的上层与普通白领职员的分化,而真正能够纳入上层白领层的女性人数是极少的。

以农民和农民工为主体的贫困群体是一个人口众多的弱势群体,其中也包括城镇中的失业人员与下岗职工(准失业人员),效益欠佳企业的职工,许多退休者、低收入或无劳动收入的残疾人和长期患病者、孤儿、未获得社会保险又无其他收入的鳏、寡老人。他们处在一种非常窘迫的生活状态之中,收入十分低下,所拥有的金融资产非常少,却要面对诸如子女教育、买房、赡养老人、医疗保健以及人情交往等必不可少的开支,其生活之艰难可想而知。他们基本上为生存而奔波,很难谈得上发展,讲全面发展几乎是奢谈。在利益已经高度分化的情况下,这个群体在政治和文化上也是弱势的,在这个群体中女性比例远远大于男性。

失去受教育的机会或受教育水平很低是限制农村女性人口发展的主要制约因素。这是由于:第一,我国农村女性劳动力文化素质普遍不高,大部分都是初中文化以下,而且参加培训较少,这种情况使得农村女性劳动力在从事技术含量高、对品质要求较高的产品生产时表现出极大的不适应。较低的受教育水平使农村妇女在农业国际化的竞争中处于弱势。以我国具有潜在比较优势的蔬菜生产为例,全球化后只有实行病虫害综合防治的绿色无公害蔬菜才能进入国际市场,也就是说我国蔬菜生产必须实行综合防治。女性农民虽然是生产蔬菜的主体,但在对蔬菜品质要求较高的情况下,她们却由于自身素质等诸多因素难以成为合格的生产者。第二,较低的受教育水平严重制约农村女性劳动力向二、三产业转移。对于农村人口来讲,向非农产业的流动是受益于城市现代化的直接途径。但是农村人口素质和户籍制度极大地限制了他们的受益程度。据专家预测,从1999—2010年间,我国要有大量农业劳动力转移到其他部门,但是这种转移要求农业劳动者必须具备较高的素质:劳动者要具备一定的工业生产方面的新知识、新技术,完成从生产型、体力型向生产经营型、技能型、智力型转变。由于农村教育结构存在缺陷,过于重视基础教育,轻视职业教育和成人教育,使农村劳动力的素质偏低。全国农业户中有从业人员近5.2亿,其中近3亿人为小学或小学以下文化程度,占农业户从业人员总数的57.69%。农业户从业人员中,女性近2.5亿,其中小学或小学以下文化程度的为 1.65 亿，占农业户女性从业人员总数的 66%。[①] 在文化程度上，女性农业从业人员文盲数量明显高于男性，女性农民与男性农民相比明显处于劣势。

从参加培训情况看，我国 5 亿多农村劳动力，接受过短期实用技术培训的只占 20%，没有受过任何技术培训的竟高达 76.4%。[②] 女性虽然承担大部分农业生产，但她们经常是各种培训所忽视的对象。农村女性在各种培训中接受技术教育的不平等进一步制约了其素质的提高。低素质劳动者从事的劳动很少有选择性，他们只能在浅层次上流动，既不能适应农业现代化的需要，也无法满足市场经济的发展对高质量人力资本的需求。根据中国社会科学院的抽样调查，农村劳动力外出打工者多为初中以上文化程度，在珠江三角洲的性别调查中发现，来珠江三角洲务工的女性农村劳动力只有 21.5% 为初中以下文化程度，78.5% 都是初中以上文化程度。这表明，女性农民外出务工要求她们至少应具备初中的文化程度。然而，根据 2000 年 3 月中国第一次农业普查资料，从全国来看，农村女性劳动力绝大部分都是初中以下文化程度，西部女性农民初中以下文化程度所占比重最大，已经接近 80%。[③] 这表明，绝大多数女性农村劳动力都会由于文化程度偏低而被排除在外出务工的行列之外，她们更可能被束缚在土地上，成为剩余农业劳动力。从不同社会群体的生存发展状况看，在中国推动人的全面发展战略，应该有效解决女性的发展问题。

中国现阶段规模较大的贫困群体的存在，严重地损伤了普遍受益这一社会发展的重要原则。大量绝对贫困与相对贫困成员的存在，虽然从社会转型的意义上讲是不可避免的，但人数如此之多，在很大程度上是由非正常因素所造成的。这就势必会使许多社会成员产生一种相对剥夺感，并进而挫伤其劳动的积极性，不平等及其加剧的趋势成为对发展的限制与障碍的复合体。这主要表现在：第一，社会公正原则的损伤和社会整合程度的降低，使贫困群体丧失了平等发展的机会。在市场经济社会，由于人们在能力、生产要素的拥有量以及劳动贡献量诸方面存在着差别，因而造成社会成员之间在发展上的差异应当说是一种正常的现象。但是，这种差距不应过大，不宜超过一定的"度"，它应是以广大社会成员都能够普遍得到社会经济发展所带来的益处

① 参见马承霈：《进入 WTO：中国粮食市场面临的挑战》，《南京经济学院学报》2000 年第 1 期。

② 高菊、史传林：《入世对我国农业劳动者素质的新挑战》，《中国农业大学学报》2000 年第 2 期。

③ 参见孙放主编：《全球化论坛 2001》，北京：北京邮电大学出版社 2001 年版，第 220 页。

为前提条件的。否则,便成为一种不公平的社会现象。第二,限制了社会成员潜能的开发。社会成员潜能开发的具体状况,在很大程度上取决于社会成员各项需求的满足状况,这些需求包括生理、安全、归属、尊严和自我实现等多个方面。处在绝对贫困状态中的社会成员,面对的是自身的生存危机,其生活的主要目标取向只能是限于满足生理和安全方面的需求,而无力顾及其他需求层面。在这种情形下,绝对贫困者的潜能不可能得到充分的开发。第三,大量贫困群体成员难以有效地介入民主化进程,维护个人正当合法权益及民主自由权利。就一般情形而言,绝对贫困者,从其基本的需求来看,他们所看重的是满足基本的生存条件,很难产生主动参与社会事务的意愿和冲动(特殊条件下的社会动员和集群行为除外);从其能力来看,由于长时期地缺乏教育,文化素质较低,而且又长时期地处在封闭的状态,因而很难积极而有效地参与社会性的事务,也很难维护个人发展权。

人的发展是社会进步的综合指标,人的各种能力的提高,人的各种关系的合理解决,人的个性的完善是社会进步的集中体现。目前关注女性就业难,升职难,待遇低,遭遇不公平等问题是建设中国特色社会主义的内在需要。关注和扶持女性弱势群体,提高所有社会成员的社会经济地位,既是促进人的全面发展的应有之义,也是建设全面小康社会的必经之途。生存无着,无从发展,只有首先实现"底线公平",保障弱势群体的生存权益,才能有效地推进全体人民的全面发展。只有真正从人民的利益出发,从有利于人的全面发展出发,发展才能有实际的内涵,这种发展观才有可能是科学的。

## 三、促进女性发展的现实途径

由于我国原是一个有着两千多年封建专制主义历史的国家,生产力和生产关系社会化程度较低,以及民主政治的准备不足,这些因素至今仍在不同程度上制约着女性的自由全面发展,致使女性的独立自主人格并没有得到普遍确立。受制于生产力发展水平,现阶段的教育还不能使所有的女性在智力上得到全面的培养和发展;受制于个人知识、才能的限制,相当多的女性劳动者只能被固定在某种低级劳动形态上;受制于低素质女性人口比重过大的国情,大大地影响了社会全体成员的全面发展。因此,在现阶段促进女性全面发展的现实途径是发展教育,提高女性素质,推动社会发展。

促进女性的全面发展必须考虑制度建设,通过制度建设给女性提供良好的发展条件。制度构成人发展的现实空间,人的全面发展受制于社会政策制度环境。一个和谐、宽松的社会环境和自由、民主的政治环境是人的自由全面发展不可缺少的外部条件。因此,要促进人的全面发展就必须充分考虑制度因素和制度路径,离开制度这一路径去探寻促进人的全面发展的现实道路几乎是不可能的。促进人的全面发展,应在制度建设上体现以下几个方面:

第一,要从全面保障公民权利的角度出发,通过完善的立法和有效的执法,确保社会的良性运行和协调发展,给人的全面发展创造条件。促进社会保障法制化的基本目标包括:消除社会歧视和社会排斥,促进社会整合,增强社会凝聚力;切实保障社会弱势人群的生存权、发展权以及参与社会事务的权利,防止弱势群体的边缘化;积极创造社会资本,增进社会信任,促进社会成员之间关系的和谐;努力使社会成员共享发展成果,并共同分担发展的必要成本。

第二,改革和完善政府领导人的政绩考核标准,把社会事业和人的发展指标放在突出位置。社会指标定量化可以较为具体、清晰地显示出我国当代各主要社会群体在走向每个人自由而平等的发展方面究竟达到了哪一个层面,主要问题究竟在哪里,这样就可以更准确地确定努力方向与工作重点,抓住关键所在,实现突破性的发展。

第三,还应考虑一些与我国国情相符合的,能够促进人的发展的更为具体的制度安排。不同的社会群体及这些群体中的不同成员,其发展的进程不可能完全一样,必须从现有实际出发,从制度安排角度解决妨碍他们发展的最迫切问题。例如,市场经济中的制度规则、法律规则和经济契约等游戏规则唯有建立在公正基础上,才可用来保护每个"经济人"的权利与义务的统一。一个理性化了的经济规则总是这样那样地包含着重要的伦理内涵,也关注着人类行为的合理发展,能够培植人们的公正意识,提升人们的正义感,可以养成人们的规则意识和敬业精神。

教育对促进人的自由全面发展具有基础性作用,是人类社会所特有的培养和提高人的素质和能力的一种重要手段。教育不但影响个人的成长,也影响整个社会发展。事实上,教育的最终目的之一就是发展,既要使个体得到发展,又要使文化得到发展。人类有着无限发展的可能性,但这种发展既可能向好的方面进行也可能向坏的方面进行,这取决于人类是否受到教育及受到什么样的教育,人的发展水平在很大程度上取决于教育。由于人在未来世界的决定性作用,使教育提高人口素质的职能也就越来越显现出其重要性。真正的教育目标是培育有责任心的公民,为了塑造能够适应未来的全面发展的人,要求人的素质更富创造性,更加成熟化、更有适应性、更具个性化。推进人的全面发展，应全面开展对人的素质教育，全面开展好思想道德教育、科学文化教育、审美教育、包括生态道德、生态文化等全方位教育，使人的道德修养、文化水准、行为规范得到全面提高。因此，实现教育普及化、教育机会均等化和教育民主化是促进人的全面发展的基础条件。

一个人只有具备积极健康的人格才能实现自由全面发展，追求自由全面发展的人在人格特点上应该是健全的。当今世界信息量激增，科学技术和物质生产发展迅猛，这为人的身心发展提供了各种有利条件，同时也对人的素质规格提出更高要求。社会的高需求是否能被社会成员所接受，成为他们的个人需要？社会成员是否能承受起经济改革和政治改革所带来的冲击？这些都与健康人格的培养紧密相关。培养健康人格已不单单是个人的需要，更是时代发展的需要。养成健康人格的目的在于使人能够自由而全面发展，实现人生价值。当代教育就是要教会人们养成健康人格，学会学习，学会做人，学会生活，学会工作，学会创造。养成健康人格就是要使人不但具备高度的理性智慧，还要具备健康、平衡、和谐的情感素质，具有妥善管理自己的情绪，及时摆脱焦虑、灰心与不安的能力。如果一个人具有健康的人格，同时能够"五学会"，就从本质上表明他具备了获得自由而全面发展的全部要素，也表明其人生价值的不断升值，对一个民族、国家，乃至对整个人类来说，也具备了使其全体人民获得自由而全面发展的内在条件。

理解社会主义初级阶段人的全面发展中的女性发展问题，需要注意以下三点：第一，女性发展在内涵上是与时俱进的。第二，女性发展的内涵要因地、因条件和个人天赋的不同而有所差别，并不是指一个人的发展取向与各种素质的平均性，即发展取向的无侧重性，也并非是指人们的每一种能力都同样突出，达到均衡水平，更不意味着一个人是万能型的，没有任何缺陷和不足。第三，促进女性的全面发展，必须紧跟时代的脚步，积极适应经济社会发展的客观需要，不断学习新知识，培养新技能，增长新才干。以人为本，促进人的自由和全面发展，内涵着关注和推动女性发展，这是中国特色社会主义的题中应有之意。

# 中国特色社会主义妇女理论专题研究

# 试析中国特色社会主义妇女理论构建中的六个关系

张李玺　宿茹萍*

**摘　要：**现阶段中国妇女实现什么样的发展和怎样发展，亟须得到理论层面的回答和指导。在构建中国特色社会主义妇女理论的过程中，中国特色社会主义妇女理论与马克思主义妇女理论、中国特色妇女解放和发展道路与中国特色社会主义发展道路、中国特色妇女解放和发展的制度保障与中国特色社会主义制度、中国特色社会主义妇女理论与妇女解放和发展的实践、中国特色社会主义妇女理论与西方女性主义理论等六个关系，是首先需要关注和厘清的基本问题。

**关键词：**中国特色社会主义　妇女理论　关系

改革开放以来，我国在经济上实现了从封闭僵化的计划经济体制到充满活力的社会主义市场经济体制的转型，开辟了中国特色社会主义道路，创立了中国特色社会主义理论体系，完善了中国特色社会主义制度，广大妇女积极参与中国特色社会主义建设，其自身的解放和发展也取得了多方面的成就。但同时，制约妇女解放与发展的问题也凸现出来，实践呼唤理论对这些现实问题给予回答。在构建中国特色社会主义妇女理论的过程中，有几个基本关系是我们必须要思考的。

---

* 张李玺，女，中华女子学院院长，教授；宿茹萍，女，中华女子学院思政部主任，副教授

## 一、中国特色社会主义妇女理论与马克思主义妇女理论的关系

中国特色社会主义妇女理论是中国特色社会主义理论的组成部分，是马克思主义妇女理论中国化的最新成果。它以马克思主义妇女观为指导，以中国特色社会主义理论体系为基础，全面总结中外妇女运动的实践经验，主要回答新时期妇女解放和发展的目标和任务、道路和途径、主客观条件以及主体力量等一系列问题。

中国共产党用以指导妇女运动的理论，是马克思主义基本原理及其妇女观。“马克思主义妇女观，是运用辩证唯物主义和历史唯物主义的世界观、方法论，对妇女社会地位的演变、妇女的社会作用、妇女的社会权利和妇女争取解放的途径等基本问题作出的科学分析和概括。这种妇女观，是马克思主义理论体系的组成部分。”[①]中国特色社会主义妇女理论必须以马克思主义妇女观为理论基础，这是确定无疑的。但是实践在发展，理论也必须创新。

马克思主义妇女理论是一个开放的、不断发展的体系，正如恩格斯所说：“我们的理论是发展着的理论，而不是必须背得烂熟并机械地加以重复的教条。”[②]毛泽东也说过：“马克思列宁主义并没有结束真理，而是在实践中不断地开辟认识真理的道路。”[③]马克思主义妇女理论也不是僵死和封闭的教条，马克思主义经典作家在一个半世纪以前的历史背景下创立的妇女理论，不可能预见到未来各国发生的所有妇女问题。因此，我们不可能从马克思主义经典作家那里找到现成的答案，“实践没有止境，创新也没有止境”[④]，在对待中国特色社会主义妇女理论与马克思主义妇女理论的关系上，既要坚持马克思主义妇女理论的基本原理，又要根据实践的需要进行创新和发展，在坚持中求发展，在发展中才能更好地坚持。“真正的马克思主义者必须根据现在的情况认识、继承和发展马克思列宁主义。”[⑤]因此，构建中国特色社会主义妇女理论就是对马克思主义妇女理论的坚持和发展。

中国共产党坚持把马克思主义妇女理论的普遍真理与中国妇女解放运动实际相结合，毛泽东关于妇女解放的思想，是马克思主义中国化的一项重

---

① 《江泽民文选》第1卷，北京：人民出版社2006年版，第106页。

② 《马克思恩格斯选集》第4卷，北京：人民出版社1995年版，第681页。

③ 《毛泽东选集》第1卷，北京：人民出版社1991年版，第296页。

④ 《江泽民文选》第3卷，北京：人民出版社2006年版，第538页。

⑤ 《邓小平文选》第3卷，北京：人民出版社1993年版，第291—292页。

要内容。这一思想深刻地阐明了妇女在社会发展中的作用、妇女解放的根本出路和发展方向,为新中国的妇女解放运动奠定了理论基础。改革开放以来,根据我国妇女发展面临的新实践,面临进一步创新马克思主义妇女理论的新要求,我党把马克思主义妇女理论与改革开放时期妇女发展的实际情况相结合,对中国特色社会主义初级阶段的妇女解放和发展目标、途径、条件以及依靠力量等方面进行了初步探索,许多理论观点经过实践的检验是正确的。但新的实践又提出了新的问题,例如妇女发展的机会不平等,妇女发展的客观条件不平衡,妇女发展的社会环境还存在若干不利因素等。这些问题和现象已经深深地触及到了社会生活的各个领域,我们必须结合现阶段中国国情、妇情,回应妇女发展出现的新问题,做出更深入的研究,形成具有鲜明特色的中国化马克思主义妇女理论。

正如列宁所言:“现在必须弄清一个不容置辩的真理,就是马克思主义者必须考虑生动的生活实际,必须考虑现实的确切事实,而不应当抱住昨天的理论不放。”①因此,只有将马克思主义妇女观的基本原理与中国妇女发展的具体实际相结合,才能真正找到中国特色社会主义妇女解放与发展的正确道路。

## 二、中国特色社会主义妇女理论和中国特色社会主义理论体系的关系

中国特色社会主义妇女理论是中国特色社会主义理论体系的重要组成部分,必须植根于中国特色社会主义理论基础之上。中国特色社会主义理论体系“就是包括邓小平理论、‘三个代表’重要思想、科学发展观在内的科学理论体系,是对马克思列宁主义、毛泽东思想的坚持和发展”②。这是改革开放30年来,我党在新的历史条件下创造性地探索和回答了“什么是社会主义、怎样建设社会主义,建设什么样的党、怎样建设党,实现什么样的发展、怎样发展等重大理论和实践问题”③。

中国特色社会主义妇女理论的探索要在中国特色社会主义理论体系基础

① 《列宁选集》第3卷,北京:人民出版社1995年版,第26—27页。

② 胡锦涛:《坚定不移沿着中国特色社会主义道路前进 为全面建成小康社会而奋斗》,北京:人民出版社2012年版,第12页。

③ 《毛泽东思想和中国特色社会主义理论体系概论》,北京:高等教育出版社2008年版,第10页。

上，进一步回答中国妇女在新的历史条件下“实现什么样的解放和发展、怎样实现解放和发展”这一重大的理论问题，包括中国特色社会主义妇女解放和发展的指导思想、理论和实践基础、目标和任务、道路和途径、主客观条件、依靠力量和主体力量等内容，形成一个相对完整的理论形态，成为中国特色社会主义理论的重要组成部分，用以指导新时期妇女解放和发展的实践问题。

以邓小平理论为指导，就是要求构建中国特色社会主义妇女理论一定要基于社会主义初级阶段的妇女发展实际情况，坚持解放思想、实事求是的思想路线和“一个中心，两个基本点”的基本路线，从新时期中国妇女发展的客观实际出发，思考和规划妇女解放运动的实践发展，总结历史的经验教训，回答和解决现实社会反映强烈、关系妇女切身利益的突出问题，坚持发展是硬道理，在发展中求解放。特别要以“有利于发展社会主义社会生产力、有利于增强社会主义国家的综合国力、有利于提高人民的生活水平”①为标准，这是我们衡量一切工作是非得失的判断标准，当然也是衡量妇女发展是非得失的标准，凡是有利于发展妇女事业、有利于提高广大妇女的物质文化生活水平的事情，我们都要坚定不移地去做。

进入21世纪，在发展社会主义市场经济的条件下，在社会经济成分、组织形式、就业方式、利益关系和分配方式多样化的形势下，江泽民同志提出了“三个代表”重要思想，新时期妇女事业的发展也要以“三个代表”重要思想为指导。首先，只有代表先进生产力的发展要求，才能为广大妇女的发展和解放创造必要的物质基础，历史经验证明，凡是妇女跻身于先进生产力的时期，她们的社会地位就提高，反之就降低。其次，只有弘扬先进的性别文化，将性别意识纳入决策主流，才能逐步代替封建主义、资本主义落后、腐朽的性别意识，使广大妇女享有同男性一样的地位和尊严、共享改革发展成果的权利。再次，要代表包括广大妇女在内的人民群众的根本利益，既满足妇女与男性同等的物质精神生活需要和全面发展的根本利益，也要关注女性的特殊利益需要。

科学发展观是中国特色社会主义理论的最新成果，在当前形势下必须坚持科学发展观才能促进经济社会全面发展与妇女发展协调一致。“科学发展观，第一要义是发展，核心是以人为本，基本要求是全面协调可持续，根本方法是统筹兼顾。”②中国特色社会主义妇女理论要以妇女的解放与发展为本，

---

① 《邓小平文选》第3卷，北京：人民出版社1993年版，第372页。

② 胡锦涛：《中国共产党第十七次全国代表大会文件汇编》，北京：人民出版社2007年版，第14页。

重视妇女的全面发展，尊重妇女的人格尊严和价值，保障妇女的各项权益，全心全意为妇女服务。按照全面协调可持续的基本要求和统筹兼顾的根本方法，推进妇女参与到经济、政治、文化、社会、生态等各方面的建设中去；统筹城乡发展、区域发展、经济社会发展、人与自然、男女两性之间发展不平衡的情况，促使和谐发展。

## 三、中国特色妇女解放和发展道路与中国特色社会主义发展道路的关系

妇女的前途命运历来与国家和民族的前途命运紧密相连，国家强大和民族振兴是实现妇女解放和发展的根本前提。中国特色社会主义道路是党和人民历经艰辛探索开辟的一条实现国家繁荣富强、人民共同富裕和民族伟大复兴的康庄大道，是实现社会主义现代化的必由之路，是创造人民美好生活的必由之路，也是妇女进一步解放和发展的必由之路。中国妇女解放和发展的道路必须参与到中国特色社会主义发展道路中的经济、政治、文化、社会和生态文明建设中去，才能牢牢把握住妇女解放和发展的生命线。

第一，在建设中国特色社会主义道路上，发挥“半边天”作用。促进妇女政治、经济和社会地位的提高与男女平等的实现，使妇女不仅成为社会主义经济建设的参与者，也成为经济建设的受益者。

第二，在社会主义民主政治建设中，维护妇女合法权益。社会主义民主政治建设是妇女平等发展的根本保证，是实现妇女政治权利的前提。妇女广泛的政治参与是实现自身解放和发展的重要途径。要在制定国民经济和社会发展总体规划中，高度关注对妇女权利和利益的保护，将妇女发展纳入整体规划。要制定和完善促进妇女参与决策管理的相关法规政策，改善妇女的政治参与环境。

第三，在社会主义文化大发展大繁荣中，推进先进性别文化建设。社会主义文化建设是妇女进一步解放与发展不可或缺的重要条件，要使广大妇女积极参与到社会主义文化建设中来，用社会主义核心价值体系引领妇女发展，弘扬社会主义先进性别文化，为妇女的进一步发展提供良好的文化环境，使妇女成为社会主义核心价值体系的践行者和受益者。党的十八大从中国特色社会主义事业“五位一体”总体布局的战略高度，提出了掀起社会主义文化建设新高潮、推动社会主义文化大发展大繁荣的战略任务。在推动社会主义文化大发展大繁荣的过程中，要以中国特色社会主义核心价值体系引领先

进性别文化建设,加强马克思主义妇女观和男女平等基本国策宣传普及力度,在全党全社会树立马克思主义妇女观,使男女平等基本国策落到实处。

第四,在社会主义社会建设中促进男女平等和谐发展。我国开始向全面建成小康社会发展,为进一步实现男女平等创造了基本条件。但是随着改革开放和市场经济向纵深发展,我国进入了社会转型期,城乡、区域之间、不同阶层妇女在利益格局中的差别扩大,机会不均等、发展不平衡、贫富差距拉大等问题也比较突出,成为制约妇女发展的重要因素。

胡锦涛指出:要"充分关注妇女发展中的不平衡、不充分、不和谐现象,抓住脱贫、就业、教育、健康等重点领域和重点问题,加大政策支持力度,充分保障妇女的合法权益,不断提高自身发展的能力"①。在全面建成小康社会的过程中,要关注社会发展中出现的新问题,加快推进民生建设,建立健全基本公共服务体系,如包括养老、医疗卫生等社会保障体系、文化教育体系、保障广大妇女生存和发展基本需求;创新社会管理,完善解决妇女问题的诉求表达机制和矛盾调解机制。广大妇女在参与和谐社会建设中既是社会管理的受益者,也是创新社会管理的主体力量,在男女共同分享社会发展成果的同时,也要平等地占有社会发展资源,共同为和谐社会做出贡献。

第五,参与生态文明建设,为广大妇女创造优美的生存环境。"建设生态文明,是关系人民福祉、关乎民族未来的长远大计。"②生态文明是工业文明发展到一定阶段的产物,是超越工业文明的新型文明境界,就是要达到人与自然、人与人和谐共生、全面协调、持续发展的社会和自然状态。建设生态文明与广大妇女儿童的安全、健康、幸福的生活息息相关。

经济快速发展到今天,资源短缺、环境恶化、生态退化、灾害频发已经成为制约经济又好又快向前发展的瓶颈。恩格斯在一百多年以前就曾经指出:"我们不要过分陶醉于我们对自然界的胜利。对于每一次这样的胜利,自然界都报复了我们。"③随着越来越多的妇女参与到国家的经济建设中去,广大妇女已经成为经济发展的主体力量,她们有能力也有机会在国家的生态文明建设中做出自己的贡献,同时共享生态文明建设的成果。

要落实政府责任,加大环保投入,建立长效机制。"要把资源消耗、环境

---

① 胡锦涛:《在纪念联合国第四次世界妇女大会10周年会议开幕式上的讲话》。http://news.xinhuanet.com/newscenter/2005—08/29/content_3419134.htm,2005-08-29.

② 胡锦涛:《坚定不移沿着中国特色社会主义道路前进 为全面建成小康社会而奋斗》,北京:人民出版社2012年版,第39页。

③ 恩格斯:《自然辩证法》,北京:人民出版社1971年版,第158页。

损害、生态效益、纳入经济社会发展评价体系，建立体现生态文明要求的目标体系、考核办法、奖惩机制。”①广大妇女要积极参与环境治理，以身作则，树立尊重自然、保护自然的生态文明理念，倡导绿色消费、低碳消费、适度消费，加强清洁能源的开发利用，改善家庭能源结构，为生态文明建设做出应有的贡献。

## 四、中国妇女解放和发展的制度保障与中国特色社会主义制度的关系

改革开放以来，我们党在建国后探索社会主义制度的基础上，进一步丰富、完善了中国特色的社会主义制度，“就是人民代表大会制度的根本政治制度，中国共产党领导的多党合作和政治协商制度、民族区域自治制度以及基层群众自治制度等基本政治制度，中国特色社会主义法律体系，公有制为主体、多种所有制经济共同发展的基本经济制度，以及建立在这些制度基础上的经济体制、政治体制、文化体制、社会体制等各项具体制度”②。这些制度为现阶段妇女发展提供了根本政治保障。

人民民主是社会主义的生命，人民代表大会制度是我国的根本政治制度。这一根本制度的选择保障了人民当家作主，是与人民民主专政的国体相适应的一种最先进的政体。党和政府历来高度重视妇女政治权利的实现，从战略高度上提出了男女平等的基本国策，制定了一系列推动妇女参政的方针、政策和措施，从法律地位上确立了妇女在政治上享有与男子平等的权利。正是这一根本政治制度保障了广大妇女以主人翁的地位参与了社会主义的各项事业，理直气壮地登上了社会主义各项建设的大舞台，成为历史的“剧中人”，实现了妇女建设、管理国家的使命。

中国共产党领导的多党合作和政治协商制度、民族区域自治制度以及基层群众自治制度等基本政治制度，也是历史和人民的选择。共产党执政的实质，就是领导、支持和保证包括广大妇女在内的人民当家作主，最广泛地动员和组织人民群众依法管理国家事务，管理经济和各项社会事业，领导人民群众最大限度地实现自己的利益，推翻了三座大山，解除了压在妇女身上的政

① 胡锦涛：《坚定不移沿着中国特色社会主义道路前进　为全面建成小康社会而奋斗》，北京：人民出版社2012年版，第41页。

② 同上书，第12页。

权、族权、神权、夫权四大枷锁，恢复了广大妇女当家作主的地位。随着改革开放的深入，我党又提出了“三个代表”重要思想，保持党和人民群众的血肉联系，广大妇女才能在实践中自觉地把党的路线、方针、政策落实到行动中去，开阔了妇女发展的道路。

中国特色社会主义法律体系体现了依法治国的理念，是维护妇女合法权益的重要保证。改革开放以来，党和政府高度重视妇女各项权利的实现，从法律地位上保障了妇女权利，先后制定并实施《中华人民共和国妇女权益保障法》，颁布了《中国妇女发展纲要》等一系列有关妇女的法律保障体系，从国家发展战略上提出了“男女平等基本国策，保障妇女儿童合法权益”①，建立在这些制度基础上的经济、政治、文化、社会体制等各项具体制度以及一系列利于妇女发展的方针、政策和措施，从制度上保障了妇女全面发展、弘扬了男女平等的先进文化。在推进社会主义“五位一体”建设的进程中，为妇女在各方面享有与男子平等的权利，平等参与国家、社会各项建设搭建了更加广阔的平台。陈慕华曾经指出：“只有在党和政府的支持下，把多年来行之有效的保护妇女儿童权益的政策上升为国家法律，变成国家的意志、人民的意志，使之具有权威性和稳定性，才能对全社会具有约束力和强制力，才能有效地保护妇女儿童的切身利益。”②

## 五、中国特色社会主义妇女理论与妇女解放和发展实践的关系

实践性是马克思主义的特征，也是中国特色社会主义妇女理论的显著特征。中国特色社会主义妇女解放与发展的实践，就是以马克思主义妇女观为指导，在全面参与中国特色社会主义各项建设中，争取男女平等、获得进一步解放与发展的活动。实践是理论的基础，理论是实践的指导。中国特色社会主义理论的创立本身就是在实践中产生，也是在实践中得到检验和发展的。作为中国特色社会主义理论重要组成部分的中国特色社会主义妇女理论，也一定要坚持理论与实践相结合的原则，善于总结改革开放以来我国妇女解放和发展的成就与经验，针对中国妇女面临的现实问题与挑战，构建中国特色社会主义妇女理论。

---

① 胡锦涛：《坚定不移沿着中国特色社会主义道路前进　为全面建成小康社会而奋斗》，北京：人民出版社 2012 年版，第 37 页。

② 《陈慕华妇女儿童工作文集》，北京：中国妇女出版社 1999 年版，第 391 页。

首先，改革开放以来中国妇女解放和发展的实践是中国特色社会主义妇女理论的源泉和动力。30多年来我国妇女解放和发展取得了令人骄傲的成就：一是国家实行男女平等基本国策，实施了一整套保护妇女权益和促进男女平等的法律体系，建立了促进男女平等和妇女发展的国家机制和妇联组织，这是推进中国妇女解放和发展的重要政策、机制和法律保障；二是广大妇女努力促进自身综合素质的提高，积极投身改革开放和社会主义现代化建设，这是不断促进自身解放与发展的根本途径；三是积极参加国际妇女运动，充分吸收各国妇女运动的有益成果，是促进我国性别平等和妇女发展的宝贵经验。以上实践经验都是我们构建中国特色社会主义妇女理论的源头活水。

其次，中国妇女解放和发展的实践是中国特色社会主义妇女理论研究的根本目的和唯一标准。理论研究的根本目的还是为妇女发展服务，为男女平等的目标服务。中国特色社会主义妇女理论不仅要提出现阶段切合实际的男女平等目标任务，更重要的是提出中国特色社会主义妇女解放和发展目标的根本途径，要找到实现这个目标的主体力量。中国妇女解放和发展的实践是检验理论正确与否的唯一标准。马克思说："人的思维是否具有客观的真理性，这不是一个理论的问题，而是一个实践的问题。人应该在实践中证明自己思维的真理性，即自己思维的现实性和力量，自己思维的此岸性。"①中国特色社会主义妇女理论是从实践产生，为实践服务，随实践发展，并受实践检验。

实践也需要理论的指导。没有理论指导的实践是盲目的实践，经过实践检验证明能够有效推动妇女解放和发展的正确理论，我们要继续坚持和发扬，那些经过实践检验阻碍妇女发展的错误理论或做法，就要坚决改正。改革开放以来我国妇女发展存在许多问题和挑战，甚至还出现了一些不利于妇女发展的怪论，譬如"妇女回家论""美女经济论"等，这些在理论上与马克思主义妇女观是完全相悖的，在实践上也是对妇女的解放和发展有害的，我们必须加以反对。产生以上问题的原因是多方面的，如我国社会主义初级阶段生产力发展总体水平和发展不平衡，社会主义市场经济体制以及法律、制度不完善，还有以男性为中心的文化观念的消极影响等。这些实际问题为我们探索中国特色社会主义妇女理论提出了客观的实践需要，形成了创新理论的动力。

---

① 《马克思恩格斯选集》第1卷，北京：人民出版社1995年版，第55页。

## 六、中国特色社会主义妇女理论与西方女性主义理论的关系

在全球化的大背景下,任何理论、文化、思想都必然相互碰撞和交融。中国特色社会主义妇女理论研究也需要开拓国际视野,开展与西方女性主义理论的互相交流和借鉴。西方女性主义两个多世纪以来形成了多种流派,事实上,西方女性主义理论研究也受到马克思主义妇女理论的深刻影响,不同程度地吸收了马克思主义理论的基本观点和研究方法。同样中国特色社会主义妇女理论也要吸收西方女性主义的积极成果。虽然西方女性主义是资本主义社会妇女争取自身解放的理论和实践,它与马克思主义妇女理论在理论观点和研究方法等方面存在着显著差异。但是,两者之间有一个基本共同点,都关注性别不平等问题,都是为妇女解放服务,其中确实有很多有价值的思想元素。比如,对于性别压迫的根源和解决途径的问题,西方马克思主义女权主义除了批判资本主义制度和父权制对妇女的压迫之外,她们还从文化、意识形态、种族等多视角、多学科、多元化加以研究分析,无疑对马克思主义妇女理论的发展具有重要启示作用。无论是把马克思主义妇女理论与西方女性主义理论绝对对立起来,认为西方女性主义理论是产生于资本主义、代表西方资产阶级女性的理论,从而采取一概排斥,完全否定的态度,还是认为马克思主义妇女理论已经过时了,以西方女性主义理论代替马克思主义妇女理论的指导地位,都是形而上学的和错误的。在构建中国特色社会主义妇女理论的过程中,我们一方面要认识到"将中/西马克思主义妇女理论绝对化并加以对立的态度是不可取的"①,"从世界范围看,西方马克思主义女性主义和社会主义女性主义在触及全球女性解放与发展问题上,一直具有重要影响和领先地位"②;另一方面我们也不同意用西方女性主义理论取代马克思主义妇女理论的指导地位,但应该看到这些理论对于我们立足国情创新中国特色社会主义妇女理论,丰富中国特色社会主义理论的国际视野与国际内涵也是十分重要的。

中国特色社会主义妇女理论应该以开放的姿态,以马克思主义基本原理去分析鉴别西方女权主义理论的是非得失,分清精华和糟粕,合理吸收和科

---

① 魏国英、王春梅:《女性学概论与方法》,长春:吉林人民出版社 2001 年版,第 31 页。

② 仝华、康沛竹主编:《马克思主义妇女理论发展史》,北京:北京大学出版社 2004 年版,第 199 页。

学扬弃,用西方女性主义理论的有益成果丰富、补充、发展马克思主义妇女理论。

构建中国特色社会主义妇女理论,要以马克思主义妇女理论为理论基础,以中国特色社会主义理论为思想指导,从新时期我国妇女发展实践存在的问题和要求出发,汲取西方女性主义有益成果,着眼于对妇女发展实际问题的理论思考,着眼于新的实践和新的发展,探索出一条中国特色社会主义妇女解放和发展的道路。

# 中国特色社会主义妇女理论的指导思想

王宜秋*

**摘　要：**中国特色社会主义妇女理论是以中国特色社会主义理论体系为指导的当代中国妇女解放与发展的理论。以中国特色社会主义理论体系为指导，就要立足于社会主义初级阶段，认识妇女解放与发展的长期性和艰巨性；就要走中国特色社会主义道路，坚持党的基本路线；就要贯彻落实科学发展观，促进经济社会全面协调可持续发展与妇女协调发展；就要构建社会主义和谐社会，坚持公平正义和共同富裕，促进两性和谐发展；就要坚持中国共产党的领导，密切党与妇女群众的血肉联系，使党的主张成为广大妇女的自觉行动。

**关键词：**指导思想　中国特色社会主义妇女理论　中国特色社会主义理论体系

改革开放以来形成的中国特色社会主义妇女理论，是以马克思主义妇女解放理论和毛泽东妇女解放思想为理论基础的。对此，学者们多有阐述。而中国特色社会主义妇女理论又是在中国特色社会主义理论体系的指导下形成和发展的，后者是前者最为切近的指导思想。那么，这种指导主要体现在

---

* 王宜秋，女，中国社会科学院马克思主义研究院副研究员

何处？本文试做初步的阐述。

## 一、以中国特色社会主义理论体系为指导，就要立足于社会主义初级阶段的基本国情，充分认识妇女解放与发展的长期性和艰巨性

中国特色社会主义理论体系的立论基础是社会主义初级阶段理论，它是中国共产党在总结历史经验的基础上形成的对现阶段我国基本国情的科学判断，是中国共产党推进理论创新、制定正确的路线方针的根本出发点。党的十三大首次系统阐述了社会主义初级阶段理论。它包括两层含义：第一，我国当前的社会性质是社会主义社会；第二，我国的社会主义还处于初级阶段，就是不发达的阶段，一切要从这个实际出发。我国仍处于并将长期处于社会主义初级阶段，这是我国逐步摆脱不发达状态、基本实现现代化的特定历史阶段。社会主义初级阶段论也是中国特色社会主义妇女理论的立论基础。

在中国共产党的领导下，我国妇女解放运动与国家和民族的命运紧紧相联，经过不懈的英勇奋斗，新中国妇女摆脱了“四条绳索”的束缚，成为新社会的主人，我国宪法和法律规定妇女在一切领域享有与男子平等的权利，从而实现了中国社会几千年来从未达到、一些发达国家数百年才得到的法律承认的平等权利。在改革开放的新时期，我国妇女解放和发展也迈入新阶段。国家制定并实施妇女发展纲要，把妇女发展纳入经济社会发展总体规划之中。妇女的伟大作用得到了前所未有的发挥，妇女的精神面貌发生了前所未有的变化，妇女事业获得了前所未有的发展。

社会主义制度在法律和公理上赋予女性与男性平等的权利，妇女在政治、经济、文化、社会和家庭生活的各个方面，都应该享有与男子平等的权利。但是，法律和理论上的平等并不意味着现实的平等。社会主义初级阶段的主要矛盾是人民日益增长的物质文化需要同落后的社会生产之间的矛盾。摆脱生产力不发达状态、完善社会主义制度以及消除落后的文化观念影响，是一个长期艰巨复杂的过程，实现妇女解放目标应该具备的某些社会条件还不成熟，因此社会主义制度赋予妇女的平等权利还没有完全实现。现阶段只能从基本国情出发，正确判断和把握我国社会主义所处的历史阶段，有步骤分阶段地实现妇女解放和发展的目标。

在社会主义初级阶段还存在男女不平等现象，有着多方面的原因。历史

文化中残存的“男尊女卑”“重男轻女”等封建落后观念还没有完全消除；在对外开放过程中，西方资本主义社会的腐朽性别观念也会乘虚而入，对当代中国社会产生一定的影响。我国正在经历由高度集中的计划经济体制向社会主义市场经济体制的转变，经济结构和社会生活发生着重大变动，有些直接影响到妇女切身利益，中国特色社会主义制度和体制还一定程度地存在着不完善、不成熟，使得男女不平等问题还不能够彻底解决。但最根本的原因是由于我国社会生产力还不是很发达，经济基础还比较薄弱。妇女的发展，归根结底受生产力发展水平制约，妇女问题的解决必须依赖于经济的进一步发展。改革开放30多年来，我国国民经济保持平稳快速发展，综合国力显著提高，人民生活水平明显得到改善，但从全球看，我国还处于发展中国家的行列，生产力水平总体不高、地区发展不平衡，还不能为保护妇女权益提供更加充分的物质保障。

社会主义初级阶段妇女问题的性质属于非对抗性的人民内部矛盾，可以在社会主义制度下不断加以解决，但这是一个与实现社会主义现代化目标相伴随的长期艰巨的历史任务。

## 二、以中国特色社会主义理论体系为指导，就要坚持走中国特色社会主义道路，坚持党的基本路线

走什么样的解放与发展道路，从来都是事关广大妇女根本利益、事关中国妇女前途命运的头等大事。中国特色社会主义道路是中国共产党和中国人民历经艰辛探索开辟的一条实现国家繁荣富强、人民共同富裕和民族伟大复兴的康庄大道。这是实现社会主义现代化的必由之路，是创造人民美好生活的必由之路。妇女的前途命运历来与国家和民族的前途命运息息相关。国家发展和民族振兴是实现妇女解放和平等发展的根本基础。坚持走中国特色社会主义道路，我国妇女运动才能沿着正确的方向不断前进，实现自身解放发展的伟大目标。

中国妇女选择自身解放与发展的道路有一个长期曲折的过程。近代中国是一个半殖民地半封建的社会，绵延数千载的封建宗法制度，对妇女的压迫世所罕见，西方列强的相继入侵更加重了中国妇女的苦难。资本-帝国主义、封建主义和官僚资本主义势力相勾结，对中国人民进行残酷的压迫和剥削，把中国推向了亡国灭族的边缘，也把中国妇女推向了前所未有的苦难深渊。为挽救民族危亡和谋求自身解放，中国妇女与全国人民一道，进行了长

达一百多年的不屈不挠的斗争，掀起了一次又一次的妇女解放运动。从太平天国农民战争提出的男女平等政策，到资产阶级维新改良运动中的“戒缠足”和“兴女学”，再到辛亥革命兴起的争取女子参政，这些运动虽然促进了中国妇女的觉醒，但终究没能改变中国妇女被压迫、受奴役的悲惨命运。

中国共产党成立后，中国革命的面貌焕然一新，中国妇女运动的面貌也焕然一新。毛泽东指出，“劳动妇女的解放，与整个阶级的胜利是分不开的。只有阶级的胜利，妇女才能得到真正的解放”①。在中国共产党领导下，新民主主义革命时期中国妇女解放的道路，是和反帝反封建的民族民主革命紧密结合的道路，是奔向新民主主义和社会主义前途的道路。这条道路，划清了与资产阶级女权运动的界限，使妇女们走出同男权斗争的狭隘天地，投身民族民主革命的广阔天地，成为反帝反封建的一支强大力量。新民主主义革命的胜利和中华人民共和国的建立，从根本上铲除了妇女受压迫的经济基础和阶级根源，使中国妇女获得了历史性解放。

社会主义制度为中国妇女解放与发展提供了根本条件和保障，妇女生产力得到空前的解放，广大妇女以豪迈的精神和满腔的热情投身社会主义现代化建设，在各条战线上创造了辉煌业绩。在改革开放新时期，妇女的伟大作用得到前所未有的发挥，妇女的精神面貌发生了前所未有的变化，妇女事业获得了前所未有的发展。只有社会主义才能救中国救妇女，只有中国特色社会主义才能发展中国发展妇女，这是中国妇女从自身解放与发展历程中获得的坚定信念。

中国特色社会主义道路具有丰富具体的内容和质的规定，概括起来就是：在中国共产党领导下，立足基本国情，以经济建设为中心，坚持四项基本原则，坚持改革开放，解放和发展社会生产力，建设社会主义市场经济、社会主义民主政治、社会主义先进文化、社会主义和谐社会、社会主义生态文明，促进人的全面发展，逐步实现全体人民共同富裕，建设富强民主文明和谐的社会主义现代化国家。这条道路的核心，就是党在社会主义初级阶段的“一个中心、两个基本点”的基本路线。这条基本路线是党和国家的生命线，也是当代中国妇女运动的生命线。与国家和民族同呼吸、共命运，是我国妇女运动健康发展的永恒使命。

坚持中国特色社会主义道路、坚持党的基本路线，必然要求坚持改革开放。没有改革开放，就没有当代中国妇女事业的蓬勃发展。要把改革创新精

---

① 中华人民共和国妇女联合会编：《毛泽东主席论妇女》，北京：人民出版社 1978 年版，第 4 页。

神融入妇女事业的各个环节，坚持社会主义市场经济的改革方向，坚持对外开放的基本国策，大胆吸收人类优秀文化成果，不断扩大我国妇女运动的国际视野和国际影响，促进性别平等、推进世界和平与发展，为世界妇女运动发展做出贡献。

邓小平在上世纪90年代指出："基本路线要管一百年，动摇不得。"①我国妇女要立足于此，"不动摇、不懈怠、不折腾"，为实现中华民族伟大复兴和妇女彻底解放努力奋斗。

## 三、以中国特色社会主义理论体系为指导，就要贯彻落实科学发展观，促进经济社会全面协调可持续发展与妇女协调发展

科学发展观是中国特色社会主义理论体系的最新成果，是马克思主义同当代中国实际和时代特征相结合的产物，是马克思主义关于发展的世界观和方法论的集中体现，对新形势下实现什么样的发展、怎样发展等重大问题做出了新的科学回答，把我们对中国特色社会主义规律的认识提高到新的水平，开辟了当代中国马克思主义发展新境界。科学发展观是我国经济社会发展的重要指导方针，是发展中国特色社会主义必须坚持和贯彻的重大战略思想，为我们在新的更高起点上推动妇女解放与发展指明了前进方向。

必须紧紧围绕经济社会发展这个第一要务，坚持用发展的办法解决妇女问题。发展仍然是解决中国一切问题的关键，是妇女不断实现自身解放与进步的根本出路。改革开放以来，我国社会主义现代化建设成就斐然，妇女发展成就巨大，最根本的原因在于中国共产党牢牢把握住了发展这个决定中华民族前途命运的主题。我国虽然已是经济大国，但还不是经济强国；虽然进入了总体小康，但人们的生活还不宽裕。从人均看，目前我国经济发展水平不仅与发达国家差距悬殊，甚至低于许多发展中国家。从国内经济发展看，就业形势不容乐观，收入分配差距仍然过大，贫困人口规模不小，这必然影响和制约着妇女发展与进步。解决这些矛盾和问题，需要下力气解决好分配问题，但根本出路还是要走科学发展之路，实现经济又好又快的发展。我们要坚持解放和发展生产力的信念，更加自觉、更加坚定地扭住经济建设这个中心，团结和带领广大妇女群众聚精会神搞建设、一心一意谋发展，不断夯实中

---

① 《邓小平文选》第3卷，北京：人民出版社1993年版，第370—371页。

国特色社会主义的物质基础,夯实妇女进一步解放与发展的物质基础。

必须坚持以人为本的核心立场,坚持发展为了人民、发展依靠人民、发展成果由人民共享。以人为本,就是以最广大人民的根本利益为本,这是社会主义的根本价值目标,是中国共产党立党为公、执政为民的本质要求。

坚持发展为了人民,就要把实现好、维护好、发展好最广大人民的根本利益,作为我们一切方针政策和一切工作的根本出发点和落脚点。妇女占人口总数的一半,妇女利益与人民群众的根本利益、整体利益总体上是一致的,妇女作为特殊群体,又具有自身特殊的利益。我国经济社会发展规划、发展政策和发展项目必须关注妇女的生存和发展需求。如果一个发展规划或发展过程没有反映妇女的利益需求,或者妇女的利益在发展过程中反而受到损害,那么,这种发展就是不科学的,不可持续的。我们要深入了解妇女群众的新期待和利益关切,坚持不懈地维护好、实现好、发展好广大妇女儿童的根本利益,真心实意地为妇女群众解难事、办实事、做好事,使女性受益于发展,并在经济社会发展中获得自身的进步与解放。

坚持发展依靠人民,就要坚持妇女的主体地位。妇女是推动人类社会发展的主体力量,是建设中国特色社会主义不可或缺的"半边天",有着全面发展的迫切愿望。要高度尊重妇女主体地位,发挥妇女主人翁精神,最广泛地动员和组织广大妇女依法管理国家事务和社会事务、管理经济和文化事业,使广大妇女群众的意愿得到充分尊重、利益得到充分保障、积极性得到充分发挥,使中国妇女解放与发展永葆不竭动力。

坚持发展成果由人民共享,就是要让经济社会发展的成果不断惠及包括妇女在内的全体人民。妇女是社会财富的创造者,理应是社会财富的所有者和享有者。改革发展取得的各方面成果,要体现在不断提高妇女的生活质量和健康水平上,体现在不断提高广大妇女的思想道德素质和科学文化素质上,体现在充分保障妇女享有的经济、政治、文化、社会等各方面权益上,要把让广大妇女共享改革发展成果作为落实以人为本要求的具体行动。

必须按照全面协调可持续发展的基本要求和统筹兼顾的根本方法,把促进经济社会发展与促进妇女的全面发展统一起来。经济社会发展是人的全面发展的前提和条件,没有经济社会的发展,人的全面发展就失去了基础和保障。人的全面发展是经济社会发展的根本目的,离开人的全面发展,经济社会发展就失去了目标和动力。人的全面发展和经济社会发展是相互协调、相互促进的。妇女的全面发展对于经济社会的发展至关重要。妇女的生存状态和发展水平不仅影响着社会的协调运行,而且关系到后代人的可持续发展。没有妇女的全面发展,就谈不上人的全面发展,就不可能真正实现经济社会的发展。

妇女全面发展的根本途径是全面参与中国特色社会主义经济建设、政治建设、文化建设、生态文明建设。中国特色社会主义建设"五位一体"总布局的形成,深化了我们对于妇女解放与发展的科学认识。经济发展不等同于妇女发展,妇女参与发展,也不仅限于参与社会生产,而是要全面参与经济、政治、文化、社会、生态环境的建设。只有在全面参与经济社会发展的基础上,妇女才能不断提高自身的素质和能力,通过不断提高妇女的素质和能力,不断推进经济社会的全面协调可持续发展。

实现全面协调可持续发展和实现妇女全面发展,涉及经济社会发展的各个领域、各个方面和各个环节,要善于统筹兼顾,正确把握和解决发展中的新情况新问题。在统筹城乡发展、统筹区域发展、统筹经济社会发展、统筹人与自然和谐发展、统筹国内发展和对外开放的过程中,解决妇女发展不充分问题和不同地区、不同阶层、不同群体妇女发展的不平衡问题。调动全社会力量,用科学的思维和方法解决妇女发展中面临的新问题,实现妇女与经济社会同步发展、男女两性平等和谐发展、妇女自身全面发展。

## 四、以中国特色社会主义理论体系为指导,就要构建社会主义和谐社会,坚持维护公平正义,坚持共同富裕,促进两性和谐发展

社会和谐是中国特色社会主义的本质属性。构建社会主义和谐社会,是新世纪新阶段中国共产党从中国特色社会主义事业总体布局和全面建设小康社会全局出发提出的重大战略任务,对于推进党和人民的事业不断发展,保证党和国家长治久安,实现中华民族伟大复兴的中国梦,具有重大而深远的意义。

我们要构建的社会主义和谐社会,是民主法治、公平正义、诚信友爱、充满活力、安定有序、人与自然和谐相处的社会。民主法治,就是社会主义民主得到充分发扬,依法治国方略得到切实落实,各方面积极因素得到广泛调动;公平正义,就是社会各方面的利益关系得到妥善协调,人民内部矛盾和其他社会矛盾得到正确处理,社会公平正义得到切实维护和实现;诚信友爱,就是全社会互相帮助、诚实守信,全体人民平等友爱、融洽相处;充满活力,就是能够使一切有利于社会进步的创造愿望得到尊重,创造活动得到支持,创造才

能得到发挥,创造成果得到肯定;安定有序,就是社会组织机制健全,社会管理完善,社会秩序良好,人民群众安居乐业,社会保持安定团结;人与自然和谐相处,就是生产发展,生活富裕,生态良好。建设和拥有这样一个美好社会,是中国人民的共同愿望,是广大妇女群众的强烈期待。

男女两性和谐发展是构建社会主义和谐社会的重要内容。社会的和谐,说到底,是人与人之间关系的和谐。两性关系是人际关系中最基本最普遍的关系,两性关系和谐是社会和谐的重要基础。没有两性关系的和谐,就没有真正的社会和谐。社会主义和谐社会应该是两性平等和谐发展的社会,构建社会主义和谐社会是中国特色社会主义妇女解放与发展的重要历史责任。

社会主义和谐社会必须是公平正义的社会,必须是共同富裕的社会。公平正义是中国特色社会主义的内在要求,共同富裕是中国特色社会主义的根本原则。十六大以来,在总结实践经验的基础上,中国共产党在和谐社会的建设中不断把公平正义、共同富裕放到更加突出的地位。中共十八大进一步指出,必须坚持维护社会公平正义,必须坚持走共同富裕道路,必须坚持促进社会和谐,这些要求,凸显了中国特色社会主义的基本价值取向,提供了社会主义市场经济条件下制度安排和制度创新的重要依据,也为当代中国妇女争取男女平等、实现两性和谐发展指明了方向。

性别平等、性别公正是社会公平正义的重要内容。一个男女两性在发展上存在明显差距、女性仍然受到性别歧视的社会,就不是公平正义的社会。在社会主义初级阶段,我国还存在着事实上的男女不平等。在社会主义市场经济条件下,妇女在社会生产和分配等诸多领域里,仍处于弱势地位,当代中国妇女谋求解放与发展,就要把坚持维护公平正义和走共同富裕道路作为坚定不移的信念。

我们要努力将性别平等意识纳入法律体系和公共政策,使保障妇女权益、促进妇女发展的法律政策更加完善,在制度安排和制度创新上充分体现把保障和改善妇女民生放在更加突出的位置。要坚持社会主义基本经济制度,调整国民收入分配格局,加大再分配调节力度,着力解决收入分配差距较大的问题,使发展成果更多更公平地惠及全体人民,惠及广大妇女,使包括妇女在内的全体人民在共同建设中共同享有改革发展的成果,男女两性携手朝着共同富裕的方向稳步前进。

## 五、以中国特色社会主义理论体系为指导，就要坚持中国共产党的领导，密切党与妇女群众的血肉联系，使党的主张成为广大妇女的自觉行动

坚持中国共产党的领导是我国妇女的历史性选择。中华民族自近代以来面临着两大历史任务，一个是争取民族独立和人民解放，一个是实现国家繁荣富强和人民共同富裕。能够实现这两大任务的政治集团，才有资格成为引领中国历史发展前进方向的领导力量。中国共产党就是这样的政治集团。党通过制定和实践正确的纲领、路线、方针和政策，为实现国家和人民的根本利益而不懈奋斗并取得了辉煌成就，因此才得到历史的认可和选择，得到人民的拥护和支持，成为中国工人阶级的先锋队，成为包括广大妇女在内的中国人民和中华民族的先锋队。

我国妇女运动接受党的领导，从根本上看，是由党的奋斗目标与妇女运动发展目标的一致性所决定的。"19 世纪末 20 世纪初，在我国人民反帝反封建风起云涌的伟大斗争中，我国妇女广泛觉醒、奋起抗争，我国妇女运动蓬勃兴起、如火如荼。中国共产党的成立给积贫积弱的旧中国带来了希望的曙光，也使我国妇女争取解放的斗争找到了前进方向，使我国妇女运动的面貌为之一新。在中国共产党领导下，我国广大妇女始终把个人的前途命运同国家和民族的前途命运紧密结合在一起，开创了艰辛而辉煌的奋斗历程，走出了一条深深植根于我国历史和现实、具有强烈时代特征和鲜明中国特色的妇女解放和发展道路，为建立新中国做出了重大贡献，为实现中华民族伟大复兴建立了丰功伟绩，为世界妇女运动发展谱写了壮丽篇章。"①

中国共产党始终不渝地追求妇女解放和男女平等，"自成立之日起，就把妇女运动作为自身工作的一个重要方面和推进中国发展进步的一支重要力量，根据党的中心任务和我国妇女实际制定实施了一系列方针政策。新中国成立后，我们从政治上彻底结束了旧中国广大妇女受压迫受奴役的悲惨历史，我国妇女运动发展进入一个崭新时代。党和政府坚持把妇女事业发展纳入国家发展总体布局，加强对妇女工作的领导，综合运用法律、政策、行政、教育、舆论等手段促进妇女事业与经济社会协调发展。从具有临时宪法性质的

---

① 胡锦涛：《在纪念"三八"国际劳动妇女节 100 周年大会上的讲话》，2010 年 3 月 7 日。http://news.xinhuanet.com/politics/2010-03/07/content_13119258.htm。

《共同纲领》宣告'妇女在政治的、经济的、文化教育的、社会生活的各方面，均有与男子平等的权利'到历次颁布的我国宪法都明确规定男女平等，从婚姻法、土地改革法、选举法等有关法律法规对妇女平等权利的明确规定到颁布实施保障妇女基本人权和特殊权益的《中华人民共和国妇女权益保障法》，从明确把男女平等作为一项基本国策到制定实施全面推进妇女发展的国家行动计划《中国妇女发展纲要》，从成立国家妇女儿童工作部门到发展壮大各级各类妇女儿童工作协调机构，我国妇女事业发展得到了坚实的政治保证和可靠的法律保障"①。

历史和实践表明，"我国妇女运动发展史就是一部在中国共产党领导下不断实现妇女解放和平等发展的奋斗史。没有中国共产党，就没有新中国，就没有中国特色社会主义，就没有我国广大妇女的历史性解放，就没有我国广大妇女作用的全方位发挥。只有毫不动摇地坚持党的领导，使广大妇女紧密团结在党的周围，使党的主张真正成为广大妇女的自觉行动，我国妇女运动才能肩负起自身历史使命，为国家、为人民、为民族不断做出彪炳史册的贡献"②。

要使广大妇女始终紧密团结在党的周围，使党的主张真正成为广大妇女的自觉行动，就要用马克思列宁主义、毛泽东思想和中国特色社会主义理论体系武装妇女，创新和发展中国特色社会主义妇女理论，回答当代中国妇女解放和发展遇到的一系列新的挑战；就要发挥统揽全局、协调各方的核心作用，营造妇女事业发展的良好环境，关心妇女组织和妇女干部的成长；就要加强执政党的作风建设，保持同人民群众的血肉联系，倾听妇女呼声、了解妇女需求、关心妇女疾苦、保障和维护妇女权益。唯有如此，才能凝聚广大妇女群众的力量，为全面建成小康社会进而基本实现社会主义现代化的宏伟目标而奋斗。

---

① 胡锦涛：《在纪念"三八"国际劳动妇女节100周年大会上的讲话》，2010年3月7日。http://news.xinhuanet.com/politics/2010-03/07/content_13119258.htm。

② 同上。

# 社会主义运动与中国特色妇女理论的形成

王　涛*

**摘　要**:新中国妇女解放道路的形成是中国共产党创造性地把马克思主义妇女理论与中国实际相结合的成果。中国特色妇女解放道路的形成,是在改革开放的时代背景下,国家的政治、经济、思想文化领域不断深化改革的结果。对中国特色妇女理论这一概念的阐释,不仅要体现出中国特色,也应体现出时代特征。

**关键词**:共产国际　社会主义运动　妇女解放

妇女运动是世界社会主义运动的重要组成部分,妇女解放事业的每一步发展都与社会主义运动的进程息息相关。社会主义在中国的实践,是一个从初步确立到不断改革和完善的过程;中国特色妇女解放道路的形成,正是在改革开放的时代背景下,国家的政治、经济和文化各领域不断深化改革的结果。因此,从世界社会主义运动的角度出发,分析中国妇女解放道路形成过程中各种因素的影响,将有利于拓展我们关于中国特色妇女理论这一概念的思考。

## 一、共产国际与中国共产主义妇女运动的发端

妇女运动历来是国际工人运动的主要内容之一,从第一国际到第二国际期间,妇女问题日益受到关注。共产国际的成立,不仅标志着国际工人运动

* 王涛,女,中华女子学院思政部副教授

的转折，也标志着共产主义妇女运动的开端。为了实现对包括中国在内的世界无产阶级革命以及妇女解放运动的有效领导，共产国际既有组织机构上的设置，也有相应的制度安排。

1920 年 7 月，在俄共(布)中央妇女工作部的组织下，国际共产主义妇女第一次代表大会在莫斯科召开，会议根据列宁要求在国际内部设立妇女组织的指示，决定在共产国际执委会下设妇女书记处。同年 11 月 20 日，共产国际执委会国际妇女书记处在莫斯科成立。在 1921 年召开的共产国际第三次代表大会上，共产国际通过了《共产党在妇女中进行工作的方法和方式》的决议，明确国际妇女书记处的任务首先是要“领导各国共产党的妇女工作……吸引各国妇女为世界范围内实现苏维埃政权和工人阶级专政而进行革命”①。国际妇女书记处在 1924 年改组为共产国际执委会妇女部。

随着欧洲共产主义运动陷入低潮，共产国际的工作重心逐渐开始向东方世界转移，东方国家的妇女运动渐渐成为共产国际关注的焦点。共产国际“三大”关于妇女工作的报告中增加了“关于经济落后国家(东方)中党的妇女工作”的内容。1924 年，共产国际“五大”要求国际妇女书记处设立专门负责东方各国工作的部门——东方妇女工作部，中国的妇女工作主要由该部门负责。

1923 年，为了在中国、日本和朝鲜开展工作，共产国际成立了由片山潜、马林、维经斯基三人组成的共产国际东方部远东局，其任务包括“监督这些国家的青年运动和妇女运动”②。

共产国际对中国妇女运动的了解与指导，主要是通过特派员制度。共产国际对各国共产党实行高度集中的领导，这种领导关系主要是通过向各国派遣国际代表来实现的，共产国际的这些特派代表拥有广泛的权力，可以干预各国党的事务。先后派到中国的代表有维经斯基、马林、鲍罗廷等，其中也包括国际妇女书记处东方部派遣的妇女工作特派员。③

---

① [匈]贝拉·库恩:《共产国际文件汇编》第 1 册，北京：三联书店 1965 年版，第 358 页。

② 《共产国际、联共(布)与中国革命文献资料选辑(1917—1925)》，北京：北京图书馆出版社 1997 年版，第 435 页。

③ 有关共产国际妇女工作特派员的资料不多，在共产国际执委会的工作报告(1925 年 4 月—1926 年 1 月)中提到 1924 年开始往中国派遣妇女工作特派员，见《共产国际有关中国革命的文献资料(1919—1928)》，中国社会科学出版社 1981 年版，第 103 页。另外，根据盛岳的回忆录，中共“六大”在莫斯科召开时，有一名在中国的妇女特派员被召回莫斯科，指导会议的妇女工作。文章提到此人“三十多岁”，与杨之华、蔡畅关系密切。见盛岳:《莫斯科中山大学和中国革命》，北京：东方出版社 2004 年版，第 203 页。

在当时的共产主义者的信念中，中国的妇女运动不仅仅是一国内部的事情，也是世界共产主义运动的一部分。而第三国际（共产国际），作为“一切无产阶级、一切被压迫的民族、一切被压迫的妇女及一切被压迫的少年的世界革命的总机关”[①]，中国的无产阶级妇女运动接受它的领导被认为是理所当然的。

中共“二大”通过了加入第三国际的决议案，同时决定，党领导下的工会组织、社会主义青年团和妇女组织分别加入第三国际领导下的赤色工会国际、共产主义少年国际和共产主义妇女国际，[②]由此建立起国际妇女书记处与中国妇女运动之间的领导与被领导关系。这意味着，在中国共产党的领导下，中国妇女运动开始进入新的阶段，成为当时国际共产主义妇女运动的重要组成部分。

与以往的妇女运动相比，中共领导下的妇女运动最重要的特点是贯彻了共产国际关于共产主义妇女运动的原则，即妇女工作要实行严格的组织化和制度化。共产主义妇女运动作为共产主义运动的组成部分，在组织上要严格服从共产党的领导，目标上要与无产阶级革命的奋斗目标保持一致。中国共产党遵循这一原则，认为“只有共产党，只有无产阶级革命、社会主义的完全胜利，才能完全解放妇女”[③]。将妇女运动的目标与无产阶级革命和社会主义事业的目标紧密结合，构成了新中国妇女运动的重要特征之一。

共产国际存在期间曾对中国的妇女运动给予了关注，提出过一些有建设性的指导意见，如推动了马克思主义妇女理论在中国的传播和中国妇女的组织化建设，也曾对中国共产党的具体妇女工作进行指导。应该承认，共产国际的指导，在很大程度上推动了中国共产主义妇女运动的诞生和发展壮大；但是也应看到，由于脱离中国现实以及苏俄、苏联的大党主义、大国主义，共产国际的干预也给中国无产阶级妇女运动带来许多负面影响，甚至造成严重损失。

30年代中期以后，随着毛泽东思想被确立为党的指导思想，中国的妇女运动逐渐摆脱了共产国际的影响，走上一条中国化的发展道路。

---

① 《中国共产党第二次至第六次代表大会文件汇编》，北京：人民出版社1981年版，第26页。

② 中共中央党史教研室：《中国共产党历次重要会议集》（上），上海：上海人民出版社1982年版，第14页。

③ 中央档案馆：《中共中央文件选集》第3卷，北京：中共中央党校出版社1983年版，第264页。

## 二、"苏联模式"社会主义与中国"男女平等"的实现

西方女权主义运动既是欧洲资本主义工业化发展的结果,也离不开启蒙运动带来的思想解放。马克思主义妇女理论的提出正是建立在欧洲社会工业化和城市化比较发达、市民社会初步形成这一时代背景之下。

但是,中国共产党领导下的新中国,作为一个工业化水平相对落后、封建思想依然十分浓厚的国家,却在20世纪中期的东方社会创造出一幅极为振奋人心的妇女解放的画面:男女平权、同工同酬、妇女参政、妇女就业……无论从哪些指标来衡量,中国妇女的解放程度都走在世界的前端。但是,这些成就的取得,既不是中国社会生产力发展的必然结果,也不是中国妇女在觉悟之后的自主追求,而是与建国初期按照苏联模式建立起来的高度集中的政治经济模式有关。

马克思主义妇女理论认为,由于私有制和阶级社会的出现,导致了母权制被推翻和父权制出现,因此,只有社会主义制度才能最终推翻父权制,并真正实现妇女解放和男女平等。

然而,关于社会主义这一概念的认识,不同历史时期、不同政治立场的学者们给出了五花八门的定义。1924年,英国科学家D. F. 格里菲思在《什么是社会主义》一书中汇集了260种关于社会主义的定义。

新中国成立后,对社会主义制度的认识也有一个不断发展的过程。在很长一段时期内,由于受前苏联学者的影响,我们把社会主义的定义与生产资料公有制和计划经济联系在一起:"社会主义(源于拉丁文socialis——社会的、公有的)是以生产资料公有制、没有人剥削人的现象,并实行全社会规模的有计划的商品生产为特征的、取代资本主义的社会制度,是共产主义社会经济形态的第一阶段。"[①]同时,社会主义制度在中国的实践,也基本上是全盘照搬了苏联的社会发展模式。早在1949年6月,毛泽东就指出:"苏联共产党就是我们最好的先生,我们必须向他们学习。"[②]在当时的共产党人看来,苏联作为第一个建立社会主义的国家,使"社会主义道路的要求变得具体

---

① 〔苏〕阿·罗·鲁缅采夫主编:《科学社会主义辞典》,北京:中国人民大学出版社1984年版,第254页。

② 《毛泽东选集》第4卷,北京:人民出版社1991年版,第1481页。

了”,“苏联看起来树立了如何走向最终目标的唯一榜样”[①]。对于像中国这样一个渴望国富民强的国家而言,前苏联的发展模式具有巨大吸引力。

蒲国良教授从政治、经济、文化的角度对苏联模式的社会主义制度做了全面的概括:政治体制上,党政不分,以党代政,权力高度集中于中央或个别领导人;干部委任制和职务终身制;在经济制度方面,国家控制一切经济资源,实行指令性计划经济;以行政手段管理经济,实行单一公有制和极具行政管理色彩的分配制度。在文化体制上,思想文化领域的管理权集中于党;文化管理机构过度集权化、思想文化问题高度政治化。[②]

高度集中的政治经济模式在一定程度上适应了新中国刚成立时的社会现实,在社会生产力相对低下、大部分妇女公民意识仍十分淡漠的时代条件下,党和政府通过对国家政治、经济、文化领域强大的干预能力,推动中国妇女在参政、就业方面取得跨越式发展,男女平等观念在全社会范围内得到普及。

**(一)党的领导与妇女的政治参与**

妇女政治参与度是一个国家中妇女地位的重要标志。中国共产党自成立之日起,就把几千年来与国家政治生活隔缘的社会最底层的劳动者,视为自己的政治依靠力量。新中国的成立,前所未有地实现了长期处于社会最底层的广大劳动人民的政治参与,其中也包括长期被排斥在国家政治生活外的妇女群体。

对妇女干部的培养和选拔是中国共产党组织建设的内容之一,党的组织原则保证了妇女干部的培养和选拔。共产主义政党实行高度集中制,表现在党的干部的选拔上主要是通过委任制而不是竞选,党政不分的体制导致新中国政府干部的培养和选拔也主要依靠的是自上而下的委任制。这种干部培养制度对于中国妇女的政治参与具有积极意义。

政府在推动妇女参政问题上的倾斜性照顾政策并不能完全反映出妇女参政的真实水平,但也不能完全否定它的现实意义。在中国这样一个权利意识比较淡漠、男尊女卑观念仍然根深蒂固的社会里,妇女在国家力量推动下实现的被动参与,是对妇女的参政素质进行训练和培养的过程,并对歧视妇女的传统观念形成有力冲击。

---

① 〔美〕詹姆斯·R.汤森、布兰特利·沃马克:《中国政治》,南京:江苏人民出版社2003年版,第51页。

② 蒲国良主编:《世界社会主义运动概论》,北京:中国人民大学出版社2006年版,第146—148页。

### （二）计划经济体制与妇女的经济参与

苏联是最早采取计划经济体制的国家，并对中国建立计划经济体制起了重要作用。毛泽东在《读苏联〈政治经济学教科书〉谈话记录》中曾指出："由于我们没有管理全国经济的经验，所以第一个五年计划的建设，不能不基本上照抄苏联的办法。"①

苏联经济模式的特点是在排斥私有制和市场经济机制基础上的高度集中统一的指令性计划经济。政府垄断一切社会资源，就业与分配不是按照市场原则而是由政府统一安排。国家控制了主要的生产资料，对经济活动进行直接干预。

政府对国民经济的干预和控制导致社会成员的就业不必经过残酷的劳动力市场竞争，而是通过政府指令来安排，这为中国妇女的就业提供了制度保障。为了安定社会秩序，减少失业，巩固新政权，1952 年政务院出台了《关于劳动就业问题的决定》，针对城市公私企业的用工制度以及城市内部原有的失业人员的工作安置问题，提出了具体性的指导意见，要求企业采取措施保障职工利益，不得随意解雇工人，避免增加失业。

在这种统包统筹的用工制度中，妇女就业还受到政府的特别关注："对于失业工人，应普遍予以登记，并分别介绍就业或予以转业训练……对于失业的和在业的职工家属中之劳动妇女及其他家庭劳动妇女，应尽可能根据原料和销路的条件，并依据需要和可能吸收她们参加其他工作。"②

计划经济体制下的劳动力资源配置方式违背了经济运行的内在规律，但却在一定程度上掩盖和抑制了就业领域的性别歧视现象。中国妇女、尤其是城市妇女成为这种体制下收益最大的一个群体。在政府的主导甚至直接安排下，中国妇女不仅实现了较高的就业率与男女同工同酬的分配制度，也享受着优越的劳动保护和福利政策，为妇女的就业及分配提供了保障，在一定程度上实现了妇女的经济独立。

### （三）意识形态宣传与男女平等观念的普及

新中国成立后，通过一系列的政治运动和社会主义改造，私立的宣传媒介不复存在，党和政府掌握了报刊、戏剧、电视、电影、广播等一切宣传机构，无论是小说创作还是电影艺术作品，都要承担起阐释国家意识形态的功能。妇女解放和男女平等，成为当时国家意识形态宣传中的一项重要内容。

---

① 薄一波：《若干重大决策与事件的回顾》，北京：中共中央党校出版社 1991 年版，第 659 页。

② 中央人民政府政务院：《关于劳动就业问题的决定》[N]1952-08-04(1)。

从宣传的内容上看，男女平等得到大力宣扬。新政权成立之初，就展开了一场轰轰烈烈的《中华人民共和国婚姻法》的宣传运动，随着妇女选举权、男女同工同酬的落实，男女平等成为中国国家意识形态的重要组成部分，“妇女能顶半边天”“男女都一样”这些简单化、口号化的宣传语言是如此深入人心，很长时期内成为中国妇女解放的代名词。

国家意识形态宣传构建了一幅有关中国妇女解放的振奋人心的画面，尽管存在一定程度的“建构性表达”成分，[①]但也不能忽视其积极的现实意义，在中国这样一个男尊女卑观念极为深厚的国家，国家机器开展的意识形态宣传使“男女平等”和“妇女解放”的思想观念传播到社会的各个阶层和各个角落，包括偏远乡村。这是中国历史上第一次在全国范围内开展的有关男女平等思想的宣传，对中国社会根深蒂固的男尊女卑观念产生有力冲击。

总之，在中国这样一个生产力水平和工业化水平相对落后、封建思想依然十分浓厚的国家，中国共产党在借鉴前苏联体制经验的基础上建立了一套高度集中的政治经济文化体制，尽管这种“苏联模式”的社会主义与马克思主义理论体系建构的社会主义模式存在一定的距离，但却对中国妇女解放运动起到了积极的推动作用。但是，高度集中的政治经济体制与人的自由发展理念不可避免存在冲突；党和政府对妇女解放的大包大揽导致中国妇女解放长期以来存在一定程度的满足于形式上的男女平等，忽视了妇女群体主体意识的提高和主动意识的发挥，在很大程度上制约了妇女解放事业的进一步发展。

## 三、改革开放与中国特色妇女理论的形成

1978 年中共十一届三中全会的召开，标志着中国进入改革开放的新时期，中国妇女解放事业也进入一个新阶段。

随着思想领域的解放，人们对社会主义这一概念的认识在不断发展和完善，不再拘泥于苏联模式的影响，而是把马克思主义理论与中国实际相结合，从而确立了中国特色社会主义制度。中国特色社会主义制度是对高度集中的苏联模式的改革与完善，表现在政治上推动社会主义民主政治建设、经济

---

① 黄宗智在谈到中国土地改革运动中的阶级斗争时，提到了“建构性表达”这一概念，即共产党关于土改中农村阶级斗争的描述是一种“建构性表达”，与中国农村的客观现实之间存在一定的偏离。

上确立社会主义市场经济，思想文化领域日益解放和开放，由此推动中国特色妇女解放道路的形成。

首先，改革开放以来，党和政府的领导方式都进行着重要转变。干部人事制度的改革进一步深化，逐渐从任命制向选聘制和民主选举制转变，政府职能界限日趋明确。同时，随着社会主义民主政治建设的推进，公民意识的提高，中国妇女在争取男女平等和妇女解放的过程中表现出越来越强烈的主体意识、竞争意识和主动意识。1988 年中国妇女第六次全国代表大会在其通过的章程中首次明确妇联的职责是要"代表和维护妇女权益，促进男女平等"，妇女民间组织开始出现。

其次，社会主义市场经济的确立与完善为中国妇女在参与国家经济建设中实现解放与发展提供了保障。1988 年中国妇女六大提出了必须围绕经济建设开展妇女运动，从社会发展中求妇女解放。即中国妇女要通过积极投身社会主义建设和改革开放事业，在积极参与经济建设的过程中求发展，求平等。

最后，思想文化领域的解放为开展妇女研究提供了广阔平台。妇女解放不再仅仅是国家意识形态进行政治宣传的内容，而成为学术研究的内容之一。女性学正式进入高等教育序列，若干"妇女/性别研究与培训基地"相继建立，中国的妇女研究事业进入一个蓬勃发展的新时期，妇女理论的创新与拓展推动新时期的妇女解放事业取得一系列新成就。

从世界社会主义运动的角度回顾中国妇女解放道路的形成，将对我们思考"中国特色妇女理论"这一概念产生启发。

笔者认为，新中国妇女解放道路的形成，是中国共产党创造性地把马克思主义妇女理论同中国实际相结合的产物，在马克思主义妇女理论中国化的过程中，中国共产党成功地实现了两次理论的飞跃。

第一次理论飞跃是摆脱共产国际的影响，将妇女运动的依靠力量从城市女工转变为农村妇女。如前所言，马克思主义诞生于 19 世纪中期的欧洲社会，其工业化和城市化比较发达，市民社会初步形成，因此马克思的妇女解放理论主要针对的是城市女工阶层；共产国际在领导妇女工作中尽管提到了农村妇女，但由于前俄国十月革命的依靠力量在于工人阶级，因此共产国际在领导妇女工作时主要强调的是对无产阶级妇女的领导，在指导中国妇女工作时也机械照搬苏俄和前苏联的经验，由此一度给中国妇女运动带来严重损失。

其实，与庞大的农业人口形成对比的是中国无产阶级尤其是产业女工的社会基础仍比较薄弱。中国近代产业女工大体诞生于19世纪70年代，到甲午战争前，女工约3.5万人，占当时产业工人总数的35%左右。到1919年，全国产业工人约百余万人，女工总数在35万左右，在两亿多妇女的国度里，35万产业女工所占比例很小。[①] 因此进入30年代中期以后，以毛泽东为代表的中国共产党人开始结合中国实际，把妇女运动的重心从发动城市女工暴动转移到依靠根据地的农村劳动妇女。延安整风运动后，农村妇女的重要性被提高到了整个妇女工作的核心地位。对农村妇女的关注与动员是中国共产党结合中国实际对马克思主义妇女理论最重要的发展，美国学者 Tani E. Barlow 认为，中国共产党在农村根据地的实践"改变了他们早期对欧洲马克思主义理论的盲从，欧洲妇女的模式被中国农村革命中的妇女所取代"[②]。

第二次理论飞跃是在摆脱"苏联模式"社会制度的影响，在改革开放的时代条件下走上一条具有中国特色妇女解放道路，并初步形成中国特色妇女理论。

"中国特色妇女理论"一经提出，许多学者都试图从各个角度对其进行概念的阐释与界定，并已取得了许多重要的成果。如有的学者认为"中国特色妇女理论"是"中国特色社会主义理论不可缺少的一个构成部分，是在改革开放时代背景下对妇女解放问题的理论概括和提升"[③]；也有一些学者认为在界定"中国特色妇女理论"这一概念时一方面要强调"中国妇女理论与国外妇女理论"的区别，另一方面要强调"中国特色社会主义妇女理论与传统妇女思想、资本主义妇女理论的差异"。[④]

笔者认为，作为中国特色社会主义理论的组成部分，"中国特色妇女理论"这一概念的界定不仅要体现中国特色，也需要体现时代特征：即一方面要体现出与西方女权主义道路的不同，同时也要体现出与改革开放前中国妇女解放模式的差异。因此，"中国特色妇女理论"的内涵可从三个方面进行归纳：

首先在指导思想上，改革开放以来的中国妇女运动依然坚持马克思主义理论为指导，同时随着思想领域和学术研究领域的解放，许多西方女权主义

---

① 郑永福：《中国近代产业女工的历史考察》，载《郑州大学学报（哲学社会科学版）》1992年第4期。

② 鲍晓兰：《西方女性主义研究评价》，北京：三联书店1995年版，第268页。

③ 王宏维：《中国特色妇女理论的后现代主义方法研究》，《妇女研究论丛》2003年第5期。

④ 丁娟：《关于中国特色社会主义妇女理论纬度与构建的思考》，《山东女子学院学报》2011年第6期。

理论先后被翻译和传播到中国，并开始对中国的妇女运动和妇女研究产生积极有益的影响。

其次是在解放道路上，不再延续阶级斗争思维，而是更加强调通过经济参与实现妇女发展。妇女的就业与待遇不再依赖于政府的扶持与安排，而是通过市场竞争机制和妇女自身努力。与资本主义市场机制相比，以公有制为主体、多种经济形式为补充的社会主义市场经济在推动妇女经济参与过程中能够发挥出更多的优越性。

最后是在主体力量上，既不像西方女权运动那样过度强调妇女运动的独立性从而排斥政府的干预，也不再延续过去那种把妇女解放完全视为政府的责任。而是既重视妇女的主体性的发挥，同时也重视发挥社会主义体制的优越性，强调政府和社会力量的支持。政府支持与妇女主体参与形成良好互动。

中国妇女解放和发展的历史进程深刻论证了妇女解放与社会主义运动密不可分。如果说，新中国成立之初社会主义制度的建立改变了中国妇女的命运，那么在今天，中国妇女解放事业的进一步发展将取决于社会主义制度的不断改革和完善。

# 试论社会主义初级阶段妇女解放和发展的目标与任务

魏国英*

**摘　要：**妇女解放和发展的目标与人类解放和人的发展的目标是一致的，其进程有着不同于男子的特质和轨迹。妇女解放和发展的总目标，是实现妇女的彻底解放和自由而全面的发展。它既是一种社会理想，又是一个逐步实现的历史过程。社会主义初级阶段，中国妇女需要继续解放，不断发展。推进男女平等是实现这一阶段妇女解放和发展目标的核心任务。

**关键词：**妇女解放和发展　社会主义初级阶段　目标与任务

妇女解放和发展是人类解放和发展的有机组成部分，是人类进步的重要标志。妇女解放和发展有赖于社会的进步和发展，社会发展最终体现为包括妇女在内的人的发展。妇女解放和发展的总目标，是实现妇女的彻底解放和自由而全面的发展。它既是一种社会理想，又是一个逐步实现的历史过程。社会主义初级阶段，中国妇女需要继续解放，不断发展；推进男女平等是实现这一阶段妇女解放和发展目标的核心任务。

## 一、妇女解放和发展的总目标

妇女占人类的一半，妇女解放和发展的总目标与人类解放和人的发展的

---

* 魏国英，女，北京大学中外妇女问题研究中心常务副主任，编审

总目标是一致的。妇女作为一个特定的性别群体,其解放和发展的进程又有着不同于男子的特质和轨迹。实现妇女解放与发展的总目标,是一个长期的任务。

**(一)妇女的解放和发展与人类的解放和人的发展**

追求人类解放,实现人的自由而全面发展,是马克思主义的社会理想,也是人类发展的总目标。人类解放就是要使整个人类实现真正的平等和自由,使每个人得到自由而全面的发展。从本质上看,人的"任何一种解放都是使人的世界即各种关系回归于人自身"①。人的自由而全面的发展,是人在社会物质生活条件下自由价值的实现和独立个性的展开。具体来说,人的自由发展的科学含义,是人作为主体彻底摆脱了外在的奴役和内在的思想的束缚,真正做到以发挥自己的独创性、展现自己的本质力量为目的;人的全面发展,即意味着人作为主体的实践活动和社会关系、人的各种需要和能力、潜能与素质的充分均衡发展,人与自然、人与集体、自我与他人、个体自身的各个方面的发展均处于协调一致、同步运动的状态之中。妇女首先是人,然后才是女人;妇女的解放和发展,首先是作为人的解放和发展,其次才是作为女人的解放和发展。实现人类的彻底解放和人的自由而全面的发展,是人类解放和人的发展的最高境界,当然也是妇女解放和发展的总指向。

从历史进程看,妇女解放和人类解放紧密相连。一方面,妇女的解放和发展依赖于人类的解放和人的发展,人类解放和人的发展影响和制约着妇女的解放和发展,是妇女解放和发展的前提和基础;另一方面,妇女解放和发展的程度又影响着人类解放和人的发展的进程,没有妇女的解放和发展,人类的解放和人的发展是不可能实现的。"无产阶级如果不争得妇女的完全自由,就不能得到完全自由。"②"如果没有两性相互间的独立和平等,那么人类的解放就不可能。"③把妇女解放与人类解放割裂开来是不对的。

当然,把妇女解放等同于人的解放也有偏颇。在人类社会发展进程中,随着私有制的产生和父权制的出现,不平等的性别关系产生。在其后的数千年间,这种不平等关系演变为一种制度和文化,使得广大妇女受到压迫和摧残。妇女的解放,除了与男子一样要摆脱不合理的社会制度和生产关系的束缚,还要搬掉"父权—夫权"的奴役。早在1927年毛泽东就曾指出,在当时的

---

① 马克思:《论犹太人问题》,《马克思恩格斯文集》第1卷,北京:人民出版社2009年版,第46页。

② 列宁:《致女工》,《列宁全集》第38卷,北京:人民出版社1986年版,第171页。

③ 〔德〕奥古斯特·倍倍尔:《妇女与社会主义》,北京:中央编译出版社1995年版,第246页。

中国,男子"普遍要受三种有系统的权力的支配",即政权、族权、神权的支配,"至于女子,除受上述三种权利的支配以外,还受男子的支配"[①],即夫权的统治,妇女要摆脱"四条绳索"的束缚。无产阶级妇女运动先驱倍倍尔指出:"人类的进步就在于消除人与人之间、阶级与阶级之间、性别与性别之间的所有隶属关系。除了自然为了达到自然目的所设置的两个性别之间的差别之外,一切差别都是不合理的。"[②]从这个意义上说,妇女解放是人的具体解放中的最后群体,因之成为反映社会进步的"晴雨表"。

妇女的解放和发展的目标,是求得整个妇女群体的解放和发展,它与妇女的"个体解放"和"个人发展"是有区别的。历史唯物主义学说告诉我们,人类解放和人的发展,是从人作为宇宙万物中的一类来讲的,即"人"这个特殊的"类群"在社会历史长河中的解放和发展,它包括了各个不同历史时期的人群共同体、阶级、阶层或社会集团中的"一切人",而不是指人类个体的解放和发展而言的。同样的,妇女的解放和发展,即意味着所有妇女,不管她们之间存在何种差异,都能从其活动主要涉及的自然、社会和人自身三大领域中摆脱束缚,成为社会的主人和自然的主人,妇女的自主性、能动性和创造性等主体性特征得到全面拓展。而妇女的"个体解放"和"个人发展",则是作为"妇女"这个性别群体的单个成员,在特定历史时期、特定社会环境中的解放和发展。妇女个体的解放和发展,是妇女整体解放和发展的某种表现,或代表着妇女整体的某种解放和发展,但妇女整体的解放和妇女各种能力的全面而自由的发展,却不是单个妇女的"个体解放"和"个人发展"所能完成和替代的。但两者间又是相互联系的。实现一切妇女的自由而全面的发展,必须使每个妇女得到自由发展,"每个人的自由发展是一切人的自由发展的条件"[③];而实现每个妇女的自由发展,必须使一切妇女得到自由发展,即个人自由发展的充分实现,是以社会的发展即"自由人联合体"的形成为前提的。从人类社会发展进程看,每个人的自由发展在总的方向上离不开人类整体的发展和社会发展。因而,追求妇女整体的解放和发展是妇女运动的不懈目标。

妇女的解放和发展,如同人类解放和人的发展一样,是相互依存、不可分割的。妇女的发展离不开妇女的解放,妇女的发展程度与妇女的解放程度直

---

① 毛泽东:《湖南农民运动考察报告》,《毛泽东选集》第1卷,北京:人民出版社1991年版,第31页。

② 同上书,第247页。

③ 马克思、恩格斯:《共产党宣言》,《马克思恩格斯文集》第2卷,北京:人民出版社2009年版,第53页。

接相联。妇女追求解放的过程,就是妇女自身的发展过程;妇女解放的不断实现,也就是妇女的不断发展。这也是把妇女解放和发展并列在一起,确定为妇女奋斗目标的理论理由。

**(二)妇女解放和发展任重道远**

实现人类解放和人的自由而全面的发展,是一个长期的历史过程。寓于人类解放和人的发展之中的妇女解放和发展,也必然要经历一个漫长的历史阶段。

人类要在三个领域摆脱束缚,即自然、社会和人自身,而这三个领域又是相辅相成的。只有从社会关系的束缚中获得解放,才能形成合理的社会结构,摆脱自然界对人的盲目控制;只有从自然界中不断获得解放,才能增强社会解放的物质基础,提高改变社会关系和改造人自身的能力;只有实现人的自我解放,才能使人真正成为自身的主人,进而通过自由的联合,成为社会的主人和自然的主人。① "'解放'是一种历史活动,不是思想活动,'解放'是由历史的关系,是由工业状况、商业状况、农业状况、交往状况促成的。"②因此,包括妇女在内的人类解放只能是一个循序渐进的过程。

妇女要从不平等的性别关系中获得解放,也不是一蹴而就的事情。因为男女不平等,"不仅为生产关系所制约,也为生产力所制约;不仅受物质生产水平的影响,也受精神文明程度的影响"③。妇女的解放和发展,永远不能超出社会的经济结构以及由此经济结构所制约的社会政治和文化的发展程度。诚如马克思所说,"人类始终只提出自己能够解决的任务",而"任务本身,只有在解决它的物质条件已经存在或者至少是在生成过程中的时候,才会产生"④。倍倍尔指出:如果说在迄今人类发展的过程中,两性关系"已随着生产方式和分配方式的发展程度发生过变化,那么在生产和分配方式继续发生变化的同时,两性关系也会发生变化是不言而喻的了"⑤。妇女要挣脱性别不平等关系的束缚,只能在社会变革和发展中,一步一步地加以实现。

尽管妇女解放和发展依赖于社会发展,妇女不可能离开社会发展所提供的可能性来寻求自身发展,但也不能因此而否定妇女能动选择的重要性和主

---

① 参见《马克思主义哲学》,北京:高等教育出版社、人民出版社 2009 年版,第 344 页

② 《马克思恩格斯选集》第 1 卷,北京:人民出版社 1995 年版,第 74—75 页。

③ 江泽民:《全党全社会都要树立马克思主义妇女观》,《江泽民文选》,北京:人民出版社 2006 年版,第 107 页。

④ 马克思:《〈政治经济学批判〉序言》,《马克思恩格斯文集》第 2 卷,北京:人民出版社 2009 年版,第 592 页。

⑤ 〔德〕奥古斯特·倍倍尔:《妇女与社会主义》,北京:中央编译出版社 1995 年版,第 5 页。

体性发挥的必要性。妇女对解放和发展的自觉程度,对现实可能性的认识程度,对客观条件的利用程度以及自身努力的程度,都直接影响妇女解放和发展的具体状况。妇女求得解放和发展的进程,并不是一个完全的被动过程,而是一个积极的能动过程。

## 二、社会主义初级阶段妇女解放和发展的目标

妇女解放和发展的总目标,是要通过一系列阶段性的目标来实现的。阶段性目标,指的是特定历史阶段的具体目的和要求。目标是想要达到的境地或标准,任务则是为实现这一目标而需承担的工作。社会主义初级阶段,妇女解放和发展的目标,是在新的"世情""国情"和"妇情"的现实条件下,促进两性和谐发展,促进妇女与经济社会同步发展,并积极改善环境,创造条件,加快妇女向自由而全面发展迈进的步伐。实现这一目标,就要在社会发展进程中推进妇女的继续解放和妇女自身的不断发展。

### (一)推进妇女的继续解放

妇女解放的首要任务是推翻旧的社会制度和剥削阶级的统治,在政治上获得主人翁地位,改变其受压迫和受奴役的状态。政治解放是妇女解放最重要的先决条件,也是最为关键的一步。社会解放是妇女解放的第二步,即妇女以国家和社会的平等公民的身份,参加公共劳动,参与各项社会和家庭事务,承担社会发展责任,享受社会进步成果,逐步实现从法律上的男女平等到事实上的男女平等。自由而全面的发展则是妇女解放的第三步,则是妇女解放的最高阶段,即彻底解放阶段。这一阶段,社会物质文明和精神文明高度发达,妇女和男子在各个领域享有完全平等的权利和义务,并自由发挥各自的才智和潜能。妇女解放的三个阶段,既是相互独立又是不可分割的。上世纪初叶,列宁从俄国妇女解放的实践经验出发,指出妇女解放必须分两步走。第一步是彻底铲除资本主义,建立苏维埃国家,实现法律上的平等;第二步是废除土地和工厂的私有,实现事实上的男女平等。[①] 列宁还说:"要彻底解放妇女,要使她与男子真正平等,就必须有公共经济,必须让妇女参加共同的生产劳动。这样,妇女才会和男子处于同等地位。"[②]可见,人民当家作主的社

---

① 列宁:《国际劳动妇女节》,《列宁全集》第 40 卷,北京:人民出版社 1986 年版,第 381 页。

② 列宁:《论苏维埃共和国女工运动的任务》,《列宁全集》第 37 卷,北京:人民出版社 1986 年版,第 192 页。

会制度,生产资料公有的经济制度,是妇女实现从法律上的平等逐步走向事实上平等,在社会生活上获得解放的重要条件。

新中国的成立,使包括妇女在内的全国人民成为国家、社会和自己命运的主人。社会主义基本制度的建立,为妇女进一步的解放和发展奠定了政治前提和制度基础。无论是在制度和法律层面,还是在理念和舆论层面,社会主义初级阶段,我国妇女都拥有了作为国家公民的基本权利。广大妇女走出家门,参加社会劳动,在经济、政治、文化、社会建设中发挥了重要作用。党和国家运用政策和行政手段在社会生活和家庭生活的多个领域推进男女平等,妇女参与社会事务的广度和深度获得了前所未有的进步。然而,在还没有摆脱不发达的社会主义初始阶段,受生产力发展水平和社会文明程度的制约和影响,我国妇女还面临着继续解放的艰巨任务。

这主要表现为,在以公有制为主体、多种所有制共同发展的基本经济制度和以按劳分配为主体、多种分配方式并存的分配制度条件下,少数妇女还面临着一定意义上的从资本压迫下解放的问题;在社会主义市场经济环境中,诸如社会经济体制和结构、生产力水平和增长方式、社会财富分配体制和方式等,均处于转型和完善中,广大妇女还难以在社会生活中实现平等地参与发展并平等受益,在诸多领域摆脱束缚和限制的任务仍很繁重;由于家务劳动社会化的程度还很低,在家庭中,虽然妇女的地位明显提升,但全部或大部分家务都压在她们肩上,"这是极其琐碎而对妇女的进步没有丝毫帮助的劳动","她们的地位就总不免要受到限制"①,妇女还面临着"摆脱'家庭奴役'"②的解放任务;在多元文化交融共存的文化环境中,形形色色的贬低妇女、排斥妇女、歧视妇女的社会意识和观念仍存在并有所蔓延,这是阻挠妇女解放和发展的文化壁垒,也在一定程度上制约着妇女自身的思想解放。社会主义初级阶段,妇女在经济、政治、文化和思想领域的解放,仍面临现实任务。妇女需要在继续解放的道路上奋力前行。

**(二)实现妇女的不断发展**

我国妇女要在继续解放的基础上,不断实现自身的发展和完善。

妇女的发展有多方面的表现,社会实践的自主程度、身心的健康程度、需要的满足程度、能力的发展程度、素质的提高程度、社会关系的扩展程度,等

---

① 列宁:《论苏维埃共和国女工运动的任务》,《列宁全集》第37卷,北京:人民出版社1986年版,第192页。

② 列宁:《迎接国际妇女节》,《列宁全集》第38卷,北京:人民出版社1986年版,第204页。

等,都是妇女发展的反映。但在现阶段,就其基本内涵而言,主要是妇女整体素质的提高。“促进人民素质的提高,也就是要努力促进人的全面发展。”① 人的素质包括自然素质、社会素质、精神素质。根据这些素质的内容,又可划分为身心素质、思想道德素质、科学文化素质等。素质的提高主要体现为能力的发展。素质是能力的基础,能力是素质的表现。妇女的发展意味着发展自身的一切能力,即体力的和智力的、潜在的和现实的,使自己的才智得到充分的展示和提升。

社会主义初级阶段,妇女发展与国家发展互为前提,相互促进。社会生产力发展不充分是制约女性发展的重要因素,妇女教育、妇女健康、妇女摆脱贫困等问题的解决,都有赖于国家的进一步发展;只有社会生产力不断提高,社会物资不断丰富,才能为妇女不断发展提供可能。而建设全面小康社会,则需要包括妇女在内的全体人民去创造,没有人民群众的同心协力,实现国家发展目标则无从谈起;妇女投身于现代化建设,既为生产力进步做贡献,也为自身的发展奠定物质基础。同时,妇女参与国家发展和自身能力发展也是紧密相关的。妇女只有主动掌握适应现代化社会发展的新信息、新技能,才有可能在社会生产中占据重要位置和发挥重要作用,才能有效提高自身在社会和家庭生活中的地位;而妇女全面持续投身社会生产实践并承担重要工作,有益于提高自身综合素质,并在展现和发挥才能中不断提升自己的睿智和能力水平。

## 三、男女平等是现阶段妇女解放和发展的核心任务

实现社会主义初级阶段妇女解放和发展的目标,推进男女平等是不可或缺的基础条件。在一定意义上说,提升男女平等的层次和水平,是社会主义初级阶段妇女解放和发展的核心任务。

### (一)男女平等是社会主义的本质要求

社会主义初级阶段,包括男女两性在内的全国人民都要不断解放思想,开拓创新,与来自自然、社会和人自身的压迫或束缚作坚持不懈的斗争;都需要在社会实践中实现自身的不断发展和完善。但是与男性相比,由于历史和现实多重因素的影响,妇女受到的压迫和束缚更深,被异化、物化的程度更

① 江泽民:《在庆祝中国共产党成立八十周年大会上的讲话》,《江泽民文选》第3卷,北京:人民出版社2006年版,第294页。

重,总体解放和发展水平滞后于男性。男女不平等的性别制度、性别文化和观念习俗,制约两性协调发展,阻碍社会持续进步。因此,进一步消除对妇女一切形式的性别歧视,在各个领域逐步实现事实上的男女平等,是现阶段我国妇女解放与发展的核心任务,也是建设中国特色社会主义的重要议题。

男女平等是衡量社会进步的基本尺度,是社会公平的重要内容,是社会和谐的重要特征。追求社会的公平正义,是社会主义的核心价值。社会的公平正义,就是要为所有人包括所有妇女平等参与国家建设,平等分享社会发展成果,全面而自由的发展提供同等环境和同样支持。建设富强、民主、文明、和谐的社会主义现代化国家,需要妇女作为男子平等的合作者参与决策和实践。妇女只有与男子享有同样的资源和机会,享有同等的自由发展空间和能力,才能更好地推动经济社会建设和促进社会文明,并为实现包括自身在内的全体人民的发展创造条件。而越高的经济社会发展水平,越平等公正的社会环境,越能促进社会所有成员包括所有妇女向各尽所能、各得其所迈进,越能为实现全体人民包括全体妇女的自由而全面发展提供现实基础。推进男女平等,是关乎社会发展全局的大事。

社会主义初级阶段,就性别而言,男女不平等是制约女性整体生存与发展的核心问题。但实现妇女解放和发展的目标,不止于推进男女平等,还要促进并不断实现妇女与国家经济社会的同步发展,促进并不断实现妇女自身的全面发展。这既是妇女解放和发展的基本目标,也是社会发展的前提和基础。

**(二)现阶段男女平等的内涵**

平等,是一个涉及历史观和价值观的概念。男女平等是人的平等的一种形态。它和人的平等一样,不是抽象的、绝对的,而是历史的、具体的。在不同社会结构和不同历史时期,男女平等的内涵是不相同或不尽相同的。在同一时空条件下,不同阶级、阶层和群体,对男女平等的理解和追求也是有差异的。男女平等的实现是一个渐进的、动态的、长期的历史过程,其终极目标与人的平等的终极目标是一致的。恩格斯曾指出,“一切人,作为人来说,都有某些共同点,在这些共同点所及的范围内,他们是平等的”,现代的平等,“应当是从人的这种共同特性中,从人就他们是人而言的这种平等中引申出这样的要求:一切人,或至少是一个国家的一切公民,或一个社会的一切成员,都应当有平等的政治地位和社会地位”[①]。从这一认识出发,现代社会的男女

① 恩格斯:《反杜林论》,《马克思恩格斯文集》第9卷,北京:人民出版社2009年版,第109页。

平等应是男人和女人在社会和家庭生活中享有同等权利，具有同等地位。在现代社会体制中，权利是指公民可以依法行使的权力和享受的相关利益，它是由国家制定或认可、受国家强制力保证执行的法律、法规、法令、条例、命令、决定等行为规则规定的；地位则是指公民在社会关系中所处的位置。

随着时代发展和社会进步，人们对男女平等的理解不断深化。当前，国际社会对男女平等内涵的解释，大多引用 1975 年第一次世界妇女大会通过的《墨西哥宣言》上的界说，即"男女平等应是男女的人格尊严和价值的平等，以及男女权利、机会和责任的平等"。这一界说用人文主义的原则审视性别关系，强调女性应有的尊严和价值，并从经济社会快速发展的实际出发，把机会平等、责任平等与权利平等并列提出，扩大了男女平等关注的层面和范围，从认识论的角度给我们诸多启示。然而，这一认识也有它的局限。在我们看来，平等首先是一个政治和法律的概念，具有鲜明的时代性、阶级性和实践性特征。上述界定比较侧重人格、尊严、价值、机会、责任等因素，具有更多主观判断的色彩，缺乏基础性和可量性，把它直接用来界定现阶段我国妇女解放和发展中追求的男女平等是不完全妥当的，因为中国有中国的国情。

作为社会主义国家，我国宪法明确规定妇女在政治的、经济的、文化的、社会的和家庭的生活等方面享有同男子平等的权利。在相当长的一段时间里，我国的主流舆论界把男女平等界定为"男女两性在社会和家庭生活的各个领域享有同等权利，具有同等地位"。在我国现实社会体制中，权利既包括公民享有的权利和享受的利益，也包括公民应尽的义务和应承担的责任。在男女平等中，权利的平等是基础，地位的平等是有效实施平等权利的结果。有效的权利平等，可以保证机会和责任的平等；而实际的地位平等，则会带来尊严和价值的平等。但随着我国社会主义市场经济体制的建立和现代化建设的推进，权利和地位平等的界说仍有过于抽象化之嫌，难以涵盖因社会发展而引发的男女平等内涵和外延的某些变化。

根据现阶段我国的现实国情和妇女发展的现实状况，借鉴国际社会拓展男女平等内涵和推进男女平等的经验，笔者认为，现阶段我国追求的男女平等，应是包括所有女性的，不论其社会身份有何种差异；应是涵盖女性生命全过程的，即从其出生到其衰亡；应是涉及所有领域的，包括公共社会领域和私人家庭领域。也就是说，社会主义初级阶段追求的"男女平等"，是全方位的，多层次的，全过程的，即妇女要在一切方面享有与男子同等的权利、义务、机会和地位，获得同等的资源、收益和待遇，是男子平等的合作伙伴。这一认识突出强调两点：一是所有的女性，尤其是劳动妇女，且是生命全过程；二是平等的内涵延伸到所有领域、所有时间和所有环节,不能有空缺。

**(三)现阶段男女平等进展的主要特征**

改革开放以来,我国实现了从高度集中的计划经济体制向社会主义市场经济体制、从半封闭状态到全方位开放的历史性转变,呈现出一系列新的阶段性特征。一方面,我国取得了举世瞩目的发展成就,社会生产力获得了新的解放,社会发展取得了新的进步,从经济基础到上层建筑都发生了深刻的变化;另一方面,我国仍处于社会主义初级阶段,社会的主要矛盾仍然是人民日益增长的物质文化需要同落后的社会生产之间的矛盾。这种"一个巨变,两个未变"的基本国情,要求我们既要深刻认识社会发展带来的新机遇,又要准确把握由此引发的社会结构的深刻变动、利益格局的深刻调整。首先,我国的社会阶层发生了很大的变化。私营企业主阶层、中介组织的从业人员、自由职业人员等一些新的社会阶层在改革开放后相继出现,且发展速度很快,这种变化在一个比较长的时期内还会继续下去。其次,社会成员的利益诉求意识在不断增强,已从以往的隐性层面浮现到了显性的层面,诉求渠道和方式也呈现多样化的状况。再次,社会群体对于相互之间的利益格局越来越看重。社会阶层急剧分化、群体利益矛盾聚集凸显的现实国情,不可避免带来女性群体内部以及男女之间关系和利益的相应变化。因此,在社会主义初级阶段,男女平等呈现出一些新的特征。

一是,男女平等诉求的多样性和分化性。社会转型中,女性群体的阶层分化明显,不同阶层、不同群体的女性,对于社会公平和男女平等的感受和需求是不同的。受阶级阶层、城乡地域、文化程度、年龄、社会身份及其他差异的制约,不同层次的妇女对男女平等内涵的理解和渴望程度是有所不同甚或完全不同的。譬如,对于合资企业或个体企业中的普通女工、女农民工来说,劳资双方的不平等给她们的生存带来的影响,远大于与同行业的男工、男农民工的不平等;对于当前部分女性提出的"调整现有女性退休年龄的规定,以达到男女同龄退休"的议案,不同行业女性的反应是不同的,甚至是截然不同的。

二是,男女平等进展程度的差异性和不平衡性。处于社会主义初级阶段的中国,社会生产力还不高,社会物资还不丰富,文化资源也不充裕,城乡、地域、阶层之间资源占有还很不平衡,经济社会发展中不协调、不平衡、不可持续问题仍很突出。男女平等的进展在不同区域、不同行业、不同群体中存在差距是不可避免的。譬如,中西部农村妇女的权益保障远低于东部沿海地区,教育行业男女同工同酬的水平高于劳动密集型产业。

三是,男女平等诉求与弱势群体的利益需求相互交织。社会主义初级阶段,我国实行社会主义市场经济体制,这是在生产力不发达时期建设社会主义的必要选择。社会主义市场经济体制是一把双刃剑,它有利于解放和发展生产力,也存在不容忽视的局限和缺陷。多元经济成分和多种分配方式并存,不可避免地引发生产方式和生产关系变化,导致一些资源配置不公平问题突显,不同社会群体的不平等现象甚或有所加剧。广大妇女群众,特别是基层草根妇女,在社会中处于多方面的相对劣势地位,她们面临的男女不平等问题往往与一些新的社会不公平现象相互交叉重叠,其平等需求常常与其他弱势群体的平等诉求交织在一起呈现出来。因此,现阶段推进男女平等,要用全局性的战略思维和统筹兼顾的方法,妥善解决各种社会矛盾和不公平现象,依法维护和实现社会公平和正义;要关注不同女性群体的平等需求,实施有差别的男女平等方略;要因时因地制宜,避免采取一刀切的男女平等政策和策略。

社会主义追求的男女平等,不是排斥男性的平等权利和地位,不是把男性当成对立面加以歧视或敌视,也不是要求男女绝对均等,而是在承认并尊重两性生理差异的基础上,既不用男性的行为方式和价值尺度去要求女性,也不因生理差别而排斥、歧视或剥夺女性应有的权益和地位。推进男女平等的出发点和归宿,是为建立相互尊重、互助友爱、协调发展、共同进步的性别关系,是为包括男女两性在内的全体人民创造更加良好的生存条件和发展环境。这种平等关系的建立,不仅是对受压抑的女性的解放,也是对被扭曲的男性的解放。长期以来,不平等的性别结构和性别分工,既剥夺了妇女社会参与的权利,也使得男性承受了过重的社会责任和压力,限制了他们充分参与并享受家庭生活的机会,影响了他们的生活质量和身心健康,也制约了男性全面而自由的发展。因此,每一位男性和女性都承担着推进男女平等的社会责任,都是应该并可以有所作为的主体。只有男女两性都从自己做起,从身边的事情做起,在各个领域全面推进男女平等,才能为包括男女两性在内的所有人的解放和发展开辟广阔的道路。

# 从《春天的信息》中体悟中国特色社会主义妇女理论

全　华*

**摘　要：**《〈春天的信息〉——黄启璪谈妇女儿童工作》，是一部文集。它按年代顺序编排，选录了作者自1983年8月至1999年3月间的文稿119篇。此外，还收入“附录：访谈录”10篇。全文73万字。研读这部文集，对我们深入体悟中国特色社会主义妇女理论助益颇多。本文主要梳理了文集中关于《全党全社会都要树立马克思主义妇女观》讲话的动议、发表和学习宣传；做好妇联工作和提升妇女自身素质，维护妇女儿童权益；深入了解妇女运动，正确总结其实践经验等三方面的内容。

**关键词：**黄启璪　春天的信息　妇女儿童工作　中国特色社会主义妇女理论

《〈春天的信息〉——黄启璪谈妇女儿童工作》，是一部文集。它由中华全国妇女联合会编辑，中国妇女出版社2000年3月出版。黄启璪（1933.11.23—2000.12.28），曾长期在四川省做领导工作。1988年9月调任全国妇联，后任全国妇联第六届、第七届副主席、书记处第一书记。1993年任全国妇联

* 全华，女，北京大学马克思主义学院教授，博士生导师

党组书记。她是中国共产党的优秀党员,忠诚的共产主义战士,新时期妇女运动优秀的领导者。文集按年代顺序编排,选录了黄启璪自 1983 年 8 月至 1999 年 3 月间的文稿 119 篇。此外,还收入“附录:访谈录”10 篇。全文 73 万字。文集的主标题,取自其第 6 篇正文的题目。2000 年 2 月 14 日,时任全国妇联主席的陈慕华为文集作序。“愿我们的妇女事业像春天一样永远充满生机”,是序言的收尾句。13 年后,再次研读这部文集,对我们深入体悟中国特色社会主义妇女理论助益颇多。本文主要梳理了文集中的三方面内容。

## 一、《全党全社会都要树立马克思主义妇女观》讲话的动议、发表和学习宣传

在文集中,黄启璪介绍或论及这一问题的篇目主要是:《深入学习马克思主义妇女观 推动中国妇女运动向前发展》(1991 年 7 月 26 日)、《谈谈妇女问题》(1996 年 7 月 5 日)、《我们赶上了一个好时代》(1999 年 3 月)。

### (一) 讲话的动议和发表

1989 年春夏之交,在国际大气候和国内小气候的交相作用下,新中国经历了一场政治风波的严峻考验。在同年 6 月下旬召开的中共十三届四中全会上,江泽民同志当选为中共中央总书记。随后不久,他在百忙中专门约见全国妇联主席陈慕华和黄启璪等,听取妇女发展状况和妇联基本情况的汇报。“他边听边问,详细记录,关切之情给我们留下了深刻印象。”[①]11 月 16 日,江泽民等中央领导同志会见全国妇联六届二次执委会全体同志,并参加了部分执委的座谈会。

在这种氛围下,1990 年初,陈慕华同志召集妇联主席办公会议,讨论如何纪念三八国际劳动妇女节 80 周年。根据我国深化改革过程中社会出现的“妇女回家”的主张和种种重男轻女的现象,也根据世界上一些前社会主义国家解体后妇女地位一落千丈的教训,与会同志一致希望请江泽民同志出来讲讲马克思主义妇女观的问题。会后,黄启璪等向党中央呈送了报告。随后,全国妇联接到中央办公厅的回复性询问。黄启璪如实作了陈述,并补充报告说:“我们希望通过总书记的讲话,亮出中国共产党在妇女问题上的旗帜。”[②]

---

① 《〈春天的信息〉——黄启璪谈妇女儿童工作》,北京:中国妇女出版社 2000 年版,第 923 页。(以下凡出自此书的引文,注释只写书名和页码)

② 《〈春天的信息〉——黄启璪谈妇女儿童工作》,第 922 页。

在中央办公厅的帮助下，该报告“很快得到党中央的批准”[①]。3月7日，在首都各界妇女纪念“三八”国际劳动妇女节大会上，江泽民同志发表了《全党全社会都要树立马克思主义妇女观》的重要讲话。他指出：“中国共产党用以指导妇女运动的理论，是马克思主义的基本理论及其妇女观。马克思主义的妇女观，是运用辩证唯物主义和历史唯物主义的世界观、方法论，对妇女社会地位的演变、妇女的社会作用、妇女的社会权利和妇女争取解放的途径等基本问题作出的科学分析和概括。这种妇女观，是马克思主义理论体系的组成部分。”[②]讲话并概括介绍了马克思主义妇女观的主要内容。报告结束时，“会场上4000多名妇女，从女红军、抗日女将士、女部长、女专家到基层妇女代表，欢欣鼓舞，掌声雷动。”[③]

报告结束的第二天，即3月8日，黄启璪随陈慕华一同去中南海西花厅看望邓颖超同志。“大姐虽年事已高，重病在身，但见到我们时，神清气朗，她要我们坐在她身旁，一字一句语重心长地说：‘我从广播里仔细听了江泽民同志昨天的讲话，讲得很好。在我记忆中，党的总书记在纪念‘三八’妇女节大会上系统阐述马克思主义妇女观，这在党的历史还是头一次，你们要珍惜。’”[④]

江泽民同志的这一重要讲话发表6年后，1996年7月5日，黄启璪在为中共中央党校学员所做的专题报告——《谈谈妇女问题》中，进一步说明了这一重要讲话发表的背景。首先，她指出：“1989年秋，西方敌对势力对社会主义国家实行和平演变的图谋在东欧得手，这些国家的妇女组织纷纷被解散，妇女组织的负责人大批地失业，有的被投入了监狱。原来苏联、东欧国家妇女参政的比例在35%以上，1989年以后一落千丈，莫斯科市人民代表大会中的女代表一下降到了1%，这些情况不能不引起我们的深思。”[⑤]随后，她说：“大家都知道，新中国成立后，党和政府鼓励妇女走出家庭，参加劳动，参加工作，为社会主义建设做出了很大贡献，改革开放以后，社会上反而有人主张‘妇女回家’，认为‘妇女的传统角色是担任家庭主妇，现在女性的角色应该还原’；招工招生中拒收女工、女生的现象时有发生；危害妇女身心健康的社会丑恶现象也死灰复燃。而在妇女理论研究中，有人不加分析地引进和鼓吹

---

① 《〈春天的信息〉——黄启璪谈妇女儿童工作》，第923页。
② 《人民日报》，1990年3月8日。
③ 《〈春天的信息〉——黄启璪谈妇女儿童工作》，第924页。
④ 同上书，第924页。
⑤ 同上书，第680页。

西方的观点,甚至公开提出:‘马克思主义已经过时了,传统的理论是乏力的,要探索和选择新的妇女理论。’这不能不说是对马克思主义妇女理论的严峻挑战。”①

黄启璪的上述介绍,使我们进一步感受到,在国际共产主义运动遭受重大挫折的形势下,《全党全社会都要树立马克思主义妇女观》讲话的发表,是中国共产党向全世界公开亮明自己对待妇女问题的根本观点,是中国共产党坚持和捍卫马克思主义基本原则的重要体现,它为全党全社会观察、分析和研究、解决妇女问题提供了强有力的思想武器。

**(二) 对讲话精神的学习和宣传**

《全党全社会都要树立马克思主义妇女观》讲话发表后,全国妇联和各有关方面开始积极组织学习和大力宣传。

从全国妇联看,其专门组织了马克思主义妇女理论研讨会和省、市妇联主任读书班。期间,1997 年 7 月 26 日,黄启璪在省、市、自治区妇联主任读书班(为期 20 天)上做了《深入学习马克思主义妇女观,推动中国妇女运动向前发展》的讲话。她强调,江泽民同志的讲话,概括了马克思主义妇女观的五个主要内容:“我们在学习中可以清楚地看到,这每一条都是用辩证唯物主义和历史唯物主义高度统一的无产阶级世界观和方法论,将妇女问题与社会发展联系起来加以分析所得出的科学的结论。我们在学习这些结论的时候,要努力把握其中的原理。”②

全国妇联领导同志多次在有关会议上带头宣讲马克思主义妇女观,书记处的同志也不断应邀为中央党校、有关部委和部分省、市做了 30 多场报告。

从党中央和其他方面的情况看,时任中共中央政治局常委、书记处书记的胡锦涛同志一再号召:“党的领导干部要成为马克思主义妇女观的倡导者和实践者。”讲话发表后的一段时间,《中国妇女报》刊登了 17 位省、市委一把手撰写的学习马克思主义妇女观的理论文章。辽宁省 12 个地市的书记都在当地党报上发表了学习马克思主义妇女观的文章。③ 各级妇女干部学校和部分党校也将马克思主义妇女观纳入教学计划。全国妇联妇女研究所和中国妇女出版社联合出版了介绍马克思主义妇女观的书籍。

这段时间对马克思主义妇女观的集中学习和大力宣传,为在全党全社会

---

① 《〈春天的信息〉——黄启璪谈妇女儿童工作》,第 680 页。

② 同上书,第 197 页。

③ 同上书,第 682 页。

树立马克思主义妇女观奠定了良好的基础。

从《全党全社会都要树立马克思主义妇女观》的讲话发表至今,中国的改革开放和社会主义现代化建设以及妇女事业都取得了举世瞩目的新发展。而黄启璪在文集中所讲的一些情况,为我们于现在和今后回望这一讲话的动议、发表和学习宣传,提供了重要的事实依据、认识参考和思想启迪。

## 二、做好妇联工作和提升妇女自身素质,维护妇女儿童权益

维护妇女儿童权益,是一个系统工程,需要全社会共同努力。对此,在文集中,黄启璪更多地是从做好妇联工作和提升广大妇女自身素质的角度论述这一问题的。其主要篇目有:《维护妇女儿童权益是全社会的大事》(1983 年 8 月 12 日)、《积极行动起来 参加综合治理 坚决制止社会丑恶现象》(1989 年 4 月 13 日)、《在部分省(区、市)打拐禁娼工作座谈会上的讲话》(1993 年 2 月 25 日)、《打击丑恶现象不能手软》(1993 年 7 月 28 日)、《全国妇联反对"选美"》(1993 年 8 月 22 日)、《清除"精神鸦片"刻不容缓》(1994 年 11 月 18 日)等。

### (一) 正视改革开放环境下的妇女问题及其原因

改革开放之初,黄启璪结合四川的妇女问题实际指出,社会上存在的歧视、虐待、侮辱、残害妇女的现象,比较突出地反映在以下几方面:(1) 重男轻女,虐待生女孩儿的母亲。这种现象不仅发生在山区,也发生在城市;不仅发生在一般工农群众家庭,也发生在党员、干部、知识分子家庭,如果任其发展,计划生育这一基本国策就难以实现,四化建设要受到严重干扰。(2) 在恋爱、婚姻、家庭问题上,妇女受歧视和虐待。据统计,1982 年四川省妇联受理的恋爱、婚姻、家庭申诉共 723 件,其中妇女受迫害致死致残的 43 件,占 6%。其中,有婚后因男方喜新厌旧,使妇女受迫害致死致残的;有未婚同居遭遗弃造成死亡的;有因不生育被虐待致死致残的。(3) 包办婚姻、买卖婚姻的现象有所发展。(4) 诱骗拐卖妇女、儿童的事件时有发生。(5) 早已绝迹的嫖娼、卖淫活动重新出现。……还有蔓延发展的趋势。[①]

20 世纪 80 年代末,针对社会丑恶现象的蔓延,1989 年 4 月 3 日,黄启璪在打击拐卖妇女儿童犯罪和查禁取缔卖淫嫖娼活动座谈会上发言,对严重侵犯妇女儿童权益的丑恶现象、犯罪现象予以强烈鞭笞。她指出,同志们在会

① 《〈春天的信息〉——黄启璪谈妇女儿童工作》,第 2—3 页。

上用大量的事实说明,拐卖人口犯罪活动已由农村发展到城市,卖淫嫖娼活动已由城市蔓延到农村,参加此类违法犯罪活动的人数之多,发案面之广,受害妇女儿童数量之大,是前所未有的。并且,"拐卖人口的犯罪手段越来越狡诈、残忍、野蛮,被拐卖的妇女儿童身心受到严重摧残,问题突出的地方,群众生活受到威胁,生产受到干扰,社会风气和社会治安遭到严重破坏。卖淫嫖娼活动的增加还导致了性病发病率迅速上升"。黄启璪呼吁:"现在已经到了应该下最大决心共同搞好综合治理的时候。"[①]

为什么在改革开放新时期,会出现上述一些妇女问题？对此,黄启璪从多方面进行了分析。改革开放之初,她认为,从社会历史原因看,主要是"还存在封建遗毒和资产阶级思想的侵蚀,经济文化还比较落后,几千年封建社会所形成的封建思想根深蒂固。我国现阶段还存在阶级斗争,社会上还有形形色色的刑事犯罪分子专门从事残害妇女儿童的罪恶活动"[②]。从近因看,她赞同一位领导同志所讲的,一是"十年动乱"破坏了社会风气。二是国内外敌对势力的渗透和破坏,国内封建思想残余有所抬头,国外资本主义腐朽思想的侵蚀有所增长。三是思想政治工作软弱无力,对不法分子打击不力,执法不严。[③]

进入20世纪90年代后,我国经济体制逐步由计划经济体制向社会主义市场经济体制的转换。这一转换过程,也给妇女带来一些新问题。主要是:(1)要改革不适应生产力发展的旧体制,就必然要冲击铁饭碗、大锅饭,冲击各种陈旧的观念、行为方式和旧的体制;调整产业结构以及一些企业亏损,要关、停、并、转。这样,一部分女性的工作岗位就受到了威胁,或被剥离,或被转岗,涉及了她们的切身利益。(2)外商投资企业、私营企业,个体工商户大量发展起来。一方面他们为妇女提供了一些就业岗位;另一方面,由于他们大多数没有按照我国保护女职工的法律、政策办,使得在这些企业工作的妇女的合法权益得不到应有的保护。(3)商品经济和市场活动当中出现的拜金主义,导致了卖淫嫖娼、三陪色情服务等社会丑恶现象的出现。而丑恶现象的蔓延,往往受害最深的是妇女。(4)在实行企业三项制度改革[④]过程中,有些地方、有些单位由于对我国保护妇女的法律条款没有严格遵守和执行,没有树立起文明进步的妇女观,因此,一些不应该下岗的女工被剥离下岗,招

---

① 《〈春天的信息〉——黄启璪谈妇女儿童工作》,第65页。
② 同上书,第3页。
③ 同上。
④ 是指国务院针对国企的三项制度(劳动、人事、分配)改革。

工中存在不愿招收女工，女大学生、女研究生分配难的问题也时有发生。[①]

鉴于上述情况，黄启璪强调，要高度重视这些在新旧体制转换过程中出现的新情况、新问题，发挥群团的力量，认真调查研究这些问题，积极协助各级党委解决这些问题。

### （二）维护妇女儿童权益是妇联工作的首要方针和任务

1983年8月12日，黄启璪在四川省第六次妇女代表大会上讲道："今年3月，中央书记处在讨论妇女工作时确定，今后妇联工作的方针和任务是：坚决维护妇女儿童合法权益，抚育、培养少年儿童健康成长，充分发挥妇女在建设社会主义物质文明和精神文明中的重大作用。"[②]她认为，这一指示十分重要，不仅是维护妇女、儿童本身的权益问题，而且关系到每家每户，关系到国家、民族，关系到"两个文明"建设，关系到我们事业的未来。"这是我国妇女运动史上的大事，值得我们各级党政干部学习领会。"[③]

为什么要把维护妇女、儿童的合法权益作为妇联组织的方针任务提出来？黄启璪根据自己的学习、理解，谈了三点：第一，是由妇联组织的性质决定的。即妇联和女工委员会等党领导下的妇女组织，是代表妇女、儿童利益的群众组织，是党联系妇女群众的桥梁和纽带。"妇联理所当然地要同侵害妇女、儿童合法权益的行为作斗争，否则就失去了自身的作用和存在的价值。"[④]第二，是根据当前我国妇女运动发展的情况。黄启璪认为，"根据我国妇女运动现实发展状况中存在的问题，中央把维护妇女、儿童合法利益问题鲜明地提出来，就切中了要害，抓住了重点。"[⑤]第三，是"两个文明"建设的需要，也是进一步解放妇女的需要。即：妇女是四化建设的重要力量，只有关心妇女的疾苦，维护她们的合法权益，她们的积极性才能更好地调动起来，充分发挥在"两个文明"建设中的积极作用，更有力地促进"两个文明"建设的发展。国家的物质文明、精神文明建设水平提高了，妇女的经济、文化、社会和家庭生活等方面的地位才能提高，妇女解放运动才能向前发展。[⑥]

黄启璪告诉大家，正因为如此，中央书记处对妇联工作的方针、任务的指示发表以后，广大妇女干部衷心拥护，奔走相告，认为这是党中央给妇联组织

---

① 《〈春天的信息〉——黄启璪谈妇女儿童工作》，第454页。
② 同上书，第2页。
③ 同上书，第2—3页。
④ 同上书，第2页。
⑤ 同上书，第3页。
⑥ 同上书，第4页。

的“尚方宝剑”，有了它，妇女干部更加理直气壮，信心百倍。[①] 黄启璪并以多方面的生动事例，鼓励妇联组织和各级、各方面的妇女干部，“要振奋精神，挺起腰杆，依理依法，敢做敢为”；“要埋头苦干，多多为妇女儿童办好事，为维护妇女儿童权益做建设的工作”。她还强调：“妇联组织、妇女干部和广大的妇女姐妹，都要努力掌握法律知识，学会用法律武器与一切歧视、虐待、侮辱、残害妇女儿童的现象进行斗争。”[②]她指出，妇女儿童的合法权益包括两部分：一是与男性公民共有的合法权益，即共性权益。二是法律明确规定的妇女、儿童的合法权益，这方面，宪法、刑法、婚姻法专门作了许多明确的规定。[③] 针对“现在我们常常看到有些妇女受了委屈、受了残害，束手无策，甚至含恨自尽；也有的妇女由于不懂法，既是受害者，又成了违法者”[④]的情况，黄启璪呼吁，我们要从这些社会现象中，进一步提高对妇女进行法制教育的自觉性和紧迫性，使广大妇女都学法、懂法、守法、护法。此外，还要大力开展宣传工作，向社会进行加强维护妇女儿童合法权益的宣传，使中央的指示变成群众的自觉行动和监督法律实施的力量。[⑤]

作为全国妇联的主要领导人之一，20 世纪 90 年代，黄启璪就如何认识和对待现实突出的妇女问题接受媒体多次采访。在接受采访中，她始终坚持旗帜鲜明、得体得法地为维护妇女儿童合法权益而伸张真理和正义，鞭笞丑恶和邪陋。例如，在接受《中国妇女报》记者关于《打击丑恶现象不能手软》的主题采访中，黄启璪讲道：“我国人民在中国共产党的领导下，曾经创造出了许多奇迹。1957 年，基本根除了卖淫嫖娼活动；1964 年，我国宣布基本消灭了性病。”而“现在，有一种观点认为，发展经济，就应当允许这种现象存在”，这是完全错误的。有鉴于此，从对妇女的他律方面，黄启璪强调：“我们一定要深入认识开展打拐禁娼斗争与加速改革开放和经济建设的密切关系，更自觉、更主动地打击卖淫嫖娼和色情活动”。从妇女的自律方面，她强调：“不能以丧失自身的尊严和人格，企求通过非法和不正当途径换取物质享受。”[⑥]

### （三）要把维护妇女儿童权益变为广大妇女的自觉行动

维护妇女儿童权益，如果不能变成广大妇女的自觉行动，其结果是不难

---

① 《〈春天的信息〉——黄启璪谈妇女儿童工作》，第 4 页。
② 同上书，第 10 页。
③ 同上。
④ 同上书，第 11 页。
⑤ 同上。
⑥ 同上书，第 935 页。

想象的。为推进广大妇女在这方面的认识自觉和行动自觉，黄启璪从多方面向广大的妇女姐妹提出要求，阐述道理。其中特别是：

第一，"要有理想、有志气、有作为。"①黄启璪指出，有理想，说到底，是一个活着为什么和怎样活着的问题。她强调，在改革开放年代的中国妇女，生活要有个主心骨，要有个总目标。这个主心骨和总目标，就是《邓小平文选》上讲的"一心一意奔四化"。"奔四化，是全国人民也是全国妇女的根本利益和长远利益，是振兴中华的一场决定性战役。"②有了这样的理想，才会激励自己有志气、有作为。黄启璪并以国际妇女运动史上，巴黎公社时期，法国革命妇女英勇斗争的事迹，以中国新民主主义革命时期的女革命家、女英雄的事迹；社会主义革命和建设时期的妇女模范人物和先进工作者的事迹等教育广大妇女，以使"有理想、有志气、有作为，自尊自爱自重自强"，成为广大妇女的共同心愿和实际行动，造成风气，形成声势。这样，"社会上残存的各种歧视妇女的旧思想就会进一步得到有力的抵制，妇女的合法权益也会得到更好的维护。"③

第二，"要以顽强的毅力，学政治、学文化、学科学、学技术、学管理、学一切有用的建设本领。"④因为，在新的历史时期，妇女本身文化科学技术水平的高低，决定着自身的解放程度，妇女的社会地位是与妇女对社会的贡献成正比的。黄启璪特别讲道，就劳动妇女的学习来说，"要立足本职，干哪行学哪行，工作上，生产上，生活服务事业上，需要什么，就学什么，缺什么，补什么"⑤。

第三，"在恋爱、婚姻、家庭问题上要讲道德，要严格按婚姻法办事。"对此，黄启璪指出了特别应该警觉的一些情况：一是以金钱、权力、门第取人，把爱情当商品，结婚当买卖，在这种思想下，大要彩礼，婚事大操大办的旧习俗普遍出现。二是有的女青年法制观念淡薄，男女一交往就非婚同居，非婚怀孕。三是有的妇女朝三暮四，杯水主义，破坏他人家庭，充当第三者。黄启璪说："以上问题，不仅给社会风气带来一定的不良影响，造成一些家庭悲剧，而往往妇女自身也落得不幸的结局。"因此，她强调："我们要用舆论的力量，甚

---

① 《〈春天的信息〉——黄启璪谈妇女儿童工作》，第 11 页。
② 同上。
③ 同上书，第 16 页。
④ 同上书，第 17 页。
⑤ 同上书，第 16 页。

至行政的措施,制止这种现象的发生。”①

第四,“要增强识别能力,增强斗争精神,自己起来同各种歧视、虐待、侮辱、残害妇女的现象作斗争。”②黄启璪指出:我们要向青少年进行阶级斗争的教育,进行反腐蚀、抗污染的教育,要帮助他们懂得,目前国内外还有形形色色的敌对分子从经济上、政治上、思想文化上、社会生活上进行蓄意破坏和推翻社会主义制度的活动,进行残害妇女、腐蚀青少年的犯罪活动,生活在现实社会中,要提高警惕,要善于分别好人和坏人,学会分清是非、善恶、美丑、荣辱,遇到罪犯的侮辱残害,要勇敢坚强、沉着冷静,敢于斗争、善于斗争。③

第五,要正确理解和追求女性之美。1997 年 9 月,中国妇女七大刚刚闭幕,黄启璪在百忙中接受了《中国教育报》记者的采访。此前一段时间,社会上“选美”风盛行,而许多人(包括不少妇女)却认为“选美”是改革开放的产物。针对这种错误认识,全国妇联旗帜鲜明地对“选美”提出了“四不”(“不赞成、不提倡、不支持、不参与”),即对其持否定态度。采访记者提出:“请问您,在当时那种情况下,提出‘四不’,妇联有没有压力?”④对此,黄启璪从 4 个层面对答。“(1) 选美是在资本主义社会作为商业活动才逐渐发展并盛行起来的。它以女性外貌、体形为衡量标准,明显地把女性当做玩物、当做花瓶,当做男性欣赏的对象。这不符合我们时代一贯提倡的文明进步的妇女观。(2) 美的含义是非常广泛的。对于一个人来说,最重要、最有价值的还是人的心灵、气质、德才。因为外表美毕竟是天生的,不能决定一个女性一生的价值。外表美固然也可贵,但如果没有好的美德,没有知识,没有才能,外表的美是没有多少意义的。只有当内在美和外在美有机地结合在一起,才能体现出完美性。(3) 我们提倡女性在追求事业的同时应注意陶冶高尚的情操,培养多方面的爱好,拓宽自己的知识面,这样才能有优雅的风度和文明得体的谈吐。(4) 中国妇女从我们民族的优秀文化传统中继承了许多可贵的独特气质,这是构成中国女性美的精华之处,我们千万要珍惜。”⑤

应该说,黄启璪的答记者问,从一个重要方面阐述了马克思主义妇女观,为广大中国妇女在新的时代条件下追求真正的完美,上了一堂有深远教育意义的课。

---

① 《〈春天的信息〉——黄启璪谈妇女儿童工作》,第 19 页。
② 同上。
③ 同上。
④ 同上书,第 939 页。
⑤ 同上书,第 939、940、941 页。

## 三、深入了解妇女运动，正确总结其实践经验

### （一）深入了解妇女运动

深入了解妇女运动，是正确指导妇女发展所必需的。这部文集对妇女运动（主要是现实妇女运动）的介绍是多方面、多角度、多层次的，并且既有国内妇女运动，也有国际妇女运动。它对我们正确认识中国特色社会主义妇女理论的实践基础十分有益。

以对国内妇女运动的介绍看，在《春天的信息》（1985 年 1 月 20 日）一文中，黄启璪介绍了在大年初二，她与四川省妇联的同志一起，实地走访、看望双流县部分乡村妇女的情况。改革开放后，双流县的妇女以生力军的姿态，登上发展商品经济的广阔舞台。“她们充分利用屋前屋后、院内水中，饲养猪鸡鸭兔等家畜家禽；充分利用沟边田边地边，种植果药麻菜豆类经济作物；充分利用本地的资源优势，发挥妇女心灵手巧的特长，发展加工、编织、缝纫、刺绣、服务等业；她们还在不同类型的乡村企业中大显身手，为发展商品经济做出了贡献，为脱贫致富闯出了新路。”①经过实地考察，黄启璪感到，“如果以为双流县的妇女只能在家庭经济方面显示优势和特长”，那么，“这种看法是过于保守了”②。在文章的结尾，她写道：“又一个催人奋进的春天到来了，祝愿巴山蜀水的妇女都像双流县的姐妹们那样，沿着党指引的社会主义大道不断前进！”③

“双学双比”活动，是改革开放新时期，我国农村广大妇女参与的一项重大的长效活动。1989 年 3 月 8 日，全国妇联联合农业部、林业部等 12 个部委和单位，在全国各族农村妇女中发起了“学文化、学技术、比成绩、比贡献”④（简称“双学双比”）的活动。它紧密结合农业发展和农村改革的步骤，将“双学”纳入科技、教育兴农的战略部署，把提高妇女劳动力的素质作为活动的重点；将妇女的“双比”纳入农业发展的总体布局，引导妇女在农业生产战线上发挥自身的优势和特长，在农村妇女中获得了广泛的响应，提高了农村妇女劳动力的文化素质和生产技能，加快了科学技术注入农业的步伐，推动了农业生产和农村经济的发展。

---

① 《〈春天的信息〉——黄启璪谈妇女儿童工作》，第 36 页。

② 同上书，第 39 页。

③ 同上书，第 41 页。

④ 《中国妇女运动百年大事记》（1991—2000），北京：中国妇女出版社 2003 年版，第 228 页。

1989年5月17日，黄启璪在全国妇联开展“双学双比”竞赛活动、推广科学养猪经验交流会上的讲话，对这一活动做了比较详细、全面的介绍和总结。其中包括：一、“双学双比”活动是怎样提出来的，为什么要开展这项活动；二、这次“双学双比”活动有什么特点；三、在“双学双比”活动中要注重普及科学知识，推广农业科技新成果。

在讲话的第二部分，黄启璪不仅先后介绍了山东省、吉林省、广东省、黑龙江省、河南省、河北省、湖北省、甘肃省、宁夏回族自治区、湖南省、江西省、江苏省、福建省、广西壮族自治区、贵州省、内蒙古自治区、陕西省、山西省、北京市、四川省和新疆维吾尔自治区、青海省等，各自“颇具规模并富有浓郁地方色彩”的这一活动，而且称赞说：“其声势之大，发动面之广，都是前所未有的。围绕着提高妇女素质，各地狠抓了扫盲和实用技术培训，农村妇女工作面大大拓宽，不仅抓了贫困户，而且抓了专业户、联合体和乡镇企业，不仅抓了‘老、少、边、穷’地区的妇女脱贫致富，而且抓了沿海开放地区妇女发展经济，农村的竞赛活动，促进了文化的传播和技术的普及，也促进了一大批妇女人才的成长。”①

此后，在《全国“双学双比”协调小组第二次会议上的汇报》（1989年12月2日）、《把“双学双比”活动纳入农业发展和扶贫的总布局》（1991年2月13日）、《“双学”要实现培训系列化，“双比”要拓展竞赛新领域》（1992年2月18日）、《深化“双学双比”活动，注重农村女性科技人才培养》（1999年8月14日）等文章中，黄启璪对这一活动进行了持续介绍、指导和总结，对我们从一个重要方面了解和认识中国妇女运动的实践很有帮助。

黄启璪对国际妇女运动比较集中的介绍，主要是在联合国第四次世界妇女大会前后。例如，1994年2月5日，她在《行动起来，迎接世界妇女大会》一文中，用较长的篇幅，以“联合国世界妇女大会的由来”为线索，以一系列有关解决妇女问题的国际条约的签署为重点，介绍了第二次世界大战结束以来世界妇女运动的发展。其中的一段写道：“在这次妇女大会（指1980年7月在丹麦首都哥本哈根召开的第二次世界妇女大会——笔者注）上的一个比较重大的事件，就是举行了《消除对妇女一切形式歧视公约的签字仪式》。康克清同志代表中国政府签署了公约。我国是首批签署公约的国家之一，这个公约是联合国为争取实现男女平等权利而制定的一个重要国际文书，它于1979年12月8日在第34届联大通过。1980年9月3日，在有20个国家向联合

① 《〈春天的信息〉——黄启璪谈妇女儿童工作》，第75页。

国秘书长递交了批准书和加入书后，公约开始生效。截至 1992 年 3 月止，已有 122 个国家批准和加入了该公约。”[①]除比较集中的介绍外，黄启璪在记录自己出访情况的几篇文章（如《法国妇女一瞥》《在美国国会讨论妇女问题》《国际人口问题的一个热烈议题》《我在纽约结识的姑娘》《难忘的墨西哥女友》）中，也对有关情况做了介绍。这些都为我们研究国际妇女运动的实践提供了重要参考。

**（二）正确总结妇女运动的实践经验**

妇女运动经验，既有具体经验，也有基本经验。这部文集对妇女运动经验的介绍和归纳，主要体现在两个方面。

一是，对若干方面工作经验的介绍和归纳。例如，1988 年 12 月 12 日，在《脱贫致富要以更新观念和智力开发为先导》的讲话中，黄启璪将全国贫困县妇联主任第一期培训班中，各地妇联主任介绍的经验集中起来，归纳为六个方面。其一就是“解放思想，更新观念”[②]。她讲道：“‘扶贫先扶志’，帮助妇女干部和妇女群众解放思想，更新观念是扶贫工作的先导。如果思想不开窍，治穷致富便无从谈起。”[③]因为，摆在我们面前的一个必须正视的严峻现实是，贫困地区一般地处偏僻，交通不便，经济基础薄弱，加之长期封闭的小农经济环境，使一些人易于因循守旧，安贫乐道，缺乏开拓进取精神，给发展商品经济造成了极大的阻力。“相当数量的妇女，除受社会大环境的影响外，还往往受封闭的小家庭制约，使她们传统观念更深，商品经济观念更为淡薄。”[④]正因为如此，帮助贫困地区妇女从传统观念的禁锢中解放出来，自强自力，开拓进取，就显得十分必要，同时，也就更说明了这一经验的宝贵。

二是，对若干基本经验的介绍和归纳。这集中体现在 1993 年 9 月 1 日，黄启璪代表全国妇联第六届执委会在中国妇女七大上所做的《全国妇女团结起来，为建设有中国特色社会主义努力奋斗》的报告中。在报告的第二部分，黄启璪把“具有中国特色社会主义妇女运动的基本经验”，归纳为六条。分别是：坚持中国共产党的领导，坚持走有中国特色的社会主义道路，是我国妇女运动沿着正确方向前进的根本保证；全社会树立马克思主义妇女观，是推动妇女进步与发展的重要前提；积极参与改革开放和现代化建设，推动社会生产力发展，是社会主义条件下妇女进一步解放的根本途径；维护妇女群众的

---

① 《〈春天的信息〉——黄启璪谈妇女儿童工作》，第 425—426 页。

② 同上书，第 50 页。

③ 同上。

④ 同上。

利益，促进男女平等，是妇女运动的基本宗旨；提高妇女素质，是我国妇女运动长期的战略任务；建设好统一的有代表性和权威性的妇女组织，是推动妇女运动发展的重要组织保证。[①] 虽然，该报告不是黄启璪个人的文章，但是报告的内容蕴涵了她的贡献，也代表了她的思想。

综上所述，虽然这部文集记录和反映的主要是20世纪80—90年代的中国妇女工作、妇女事业，但是，那段历史接续了此前，铺垫了后来。它是我们在全面建成小康社会的征程上，不断推进中国特色社会主义妇女事业和妇女理论的发展，所不能不关注的重要历史文献。

① 《〈春天的信息〉——黄启璪谈妇女儿童工作》，第384—385页。

# 从“占领华尔街”到“李双双”：从近来对美国第二波女权主义的反思来认识1950—1970年代社会主义妇女解放理论和实践的三个前瞻性的内涵

苏红军*

**摘　要**：新世纪转折时期，随着全球性的经济和金融危机，西方马克思主义、反种族主义和反帝国主义的女权主义对半个世纪以来引领美国和世界女权主义理论和运动的美国第二波女权主义进行了多层面的反思。本文从这些反思呈现的困惑和局限性来重新认识1950—1970年代中国社会主义妇女解放理论和实践中三个具有前瞻性的内涵，即一、以改造、废除私有制，建立社会主义所有制来铲除压迫妇女的根源来解放广大妇女；二、以改革家庭和婚姻制度，改变生产关系，和建构新型社区来整合性地建构男女平等的社会关系；三、以改造上层建筑来建构妇女的主人翁精神和社会主义新人。文章特别注意在当代新自由主义全球资本主义和中国特色社会主义的历史背景中审视这些前瞻性的内涵对妇女解放理论在新时期面临的新的挑战的现实意义。

**关键词**：美国第二波女权主义　新自由主义全球资本主义　私有制　单位社会主义　社会主义新人

---

* 苏红军，女，退休前曾任美国爱荷华大学亚太研究所研究员、美国北慈大学外文系客座副教授

新世纪转折时期,西方马克思主义、反种族主义和反帝国主义女权主义对半个世纪以来引领世界女权主义理论和运动的美国第二波女权主义反思的背景是同期兴起的新自由主义全球资本主义的发展。这些女权主义面临来自两个方面的挑战。第一个方面是对这个新的资本主义阶段的认识。不断推陈出新的科学技术的发展,特别是电子、生化、生育和基因工程等技术的发展激发了世界物质生产极大地提高和多元化,信息爆炸,消费增长,文化更加丰富多彩。西方主流思想界很多人因此认为,世界进入后工业、后阶级、甚至后帝国主义时期。美国日裔历史学者福山宣称当代世界不再存在任何能够替代自由民主制和资本主义的社会制度了。① 不少人认为,马克思对资本主义的分析过时了。美国新社会主义女权主义学者唐娜·海瑞维(Donna Haraway)认为科学技术的发展,而不是资本主义的经济体制,"决定资本主义本质性的变革"②。这些女权主义面临的另一个方面的挑战是正视新自由主义资本主义全球化的发展对人类社会造成的影响。1970年代以来,引领资本主义全球化的美国对国内和世界各国的经济结构进行了多层面的重组。旨在让资本主义经济更无拘束地发展,将国际资本的触角渗透到世界的各个角落。经过1990年代的经济繁荣之后,这个资本主义的新阶段的问题日益暴露:世界性的贫困加剧,地球的自然资源进一步枯竭,人类生活环境恶化,并导致新世纪初全球性的经济和金融危机。这些女权主义还发现,新自由主义全球资本主义的发展是通过加剧剥削和压迫全世界的妇女,特别是有色人种的劳动妇女的廉价劳动力来完成的。据统计,现在世界三分之二的生产劳动是由妇女完成的。在发展中国家,70%的劳工是妇女。这些女工,尤其是青年女工被残酷地剥削,工资过低。③ 2011年以纽约为中心,遍及美国全国的"占领华尔街"的群众运动的矛头是针对美国国内和世界范围内日益加剧的社会和经济的不公正和资本对政府的操控。这个运动是自1960年代蓬勃发展的反体制的群众运动衰亡后,西方发达国家的民众第一次从经济的角度,质疑现存的资本主义制度,提出经济再分配的诉求。在谈到这个具有历史意义的运动时,斯洛文尼亚哲学家斯拉沃热·齐泽克(Salvoj

---

① 本文的主要论点是新世纪以来在与美国德儒大学柏棣教授多次讨论中形成的。在此表示感谢。

Francis Fukuyama: *The End of History and the Last Man*; New York; Penguin; 1992.

② Donna Haraway: *Simians, Cyborgs, and Women: the Reinvention of Nature*; New York; Routledge; 1991: p. 165.

③ Teresa L. Ebert: *Ludic Feminism and After: Postmodernism, Desire, and Labor in Late Capitalism*; Ann Arbor; The University of Michigan Press: p. ix.

Zizek）指出，“资本主义现在以（社会的）弊病的形式再次出现”[①]。面临这两方面的挑战，这些女权主义更加意识到从经济基础和资本主义制度的角度审视当今社会现实的重要性，认识到女权主义比过去任何时候都需要马克思主义的理论。其中不少学者重提马克思的人类全方位的解放的愿景和社会主义的优越性。从这些女权主义对第二波女权主义和资本主义的反思中呈现的困惑和局限性中，笔者注意到1950—1970年代中国妇女解放理论和实践的三个前瞻性的内涵；即一、改造、废除私有制，建立社会主义全民所有制和代表广大人民利益的国家，从铲除男女不平等的根源和经济、政治基础来解放广大妇女；二、以改革家庭和婚姻制度，改变生产关系和建构新型的社区模式来整合性地建立男女平等的社会关系；三、从改造上层建筑来建构妇女的主人翁精神，和为全人类求解放的社会主义新人。

## 一、铲除男女不平等的经济根源——私有制，建立妇女当家做主的社会主义国家

西方女权主义创始人之一，弗尔吉尼亚·伍尔夫认为，女权主义一直认为妇女只有两条出路，一条出路是父权制的家庭；另一条出路是外出就业，进入公共空间。[②] 1963年美国贝蒂·弗瑞丹（Betty Friedan）的《女性的奥秘》一书彰显了美国中产阶级妇女改革家庭和婚姻制度，争取政治参与和经济独立的诉求。半个世纪以来，第二波女权主义实现男女平等的一个重点是妇女全面进入公共领域，在各行各业就业。但是在回顾这一场美国历史上最重要的妇女就业革命时，不少女权主义者意识到，这一重点适逢新自由主义资本主义在进行经济结构重组时需要大量妇女在两大领域就业：一是在服务业和低技术含量的制造业雇佣大量廉价的妇女劳动力；二是让受过高等教育的妇女进入高管、律师、医生等过去传统的男性行业和新兴的高科技行业。美国马克思主义历史学者海斯特·艾森斯坦（Hester Eisentein）和英国的马克思主义学者特里萨·埃伯特（Teresa Ebert）认为，妇女的这一家庭和就业革命被新自由主义全球资本主义操控了，造成全球性的劳动力贬值，妇女内部的

---

① Slavoj Zizek: *Occupy First. Demands Come Later*; The Guardian: September, 21, 2012.

② Virginia Woolf: *Three Guineas*; New York; Harcourt Brace; 1938.

阶级矛盾激化。[①] 美国马克思主义女权主义学者弗雷泽在引用《资本主义的新精神》一书中对灵活的、不断创新的新自由主义资本主义的描述后强调，当代全球资本主义一个新的特点，即在重要的历史时刻，善于把对资本主义的批评掉过头来重新指认，为资本的进一步积累服务。她认为，在妇女就业的问题上，第二波女权主义认为，妇女就业不仅能让她们获得经济上的独立，提高她们做人的尊严，而且能促使她们逐步从传统的性别建构中解放出来。但是这种美好的期冀被这种狡黠的资本主义新精神迂回地用来促进资本主义的发展，为资本主义结构性的改革提供合理性。[②] 因此这些女权主义学者非常认同伍尔夫的看法，即在现存的社会中，妇女只能在父权制和资本主义制度这两种邪恶之间做选择。要探索一条新的出路，女权主义必须坚决与资本主义的现代性"解除婚约"，并有意识地批判资本主义，并重提社会主义的可能性。[③]

中国的妇女解放理论和实践是建立在马克思主义和毛泽东思想的基础上的，认为男女不平等，妇女受压迫的根源是私有制。在《家庭、私有制和国家的起源》一文中，恩格斯在考察了人类早期发展的历史之后指出："历史上出现的最初的阶级对立，是同个体婚姻制的夫妻间的对抗的发展同时产生的，而最初的阶级压迫是同男性对女性的奴役同时产生的。"[④]因为，在原始时代，共产制家户经济是"普遍流行的妇女占统治地位的客观基础"[⑤]。马克思主义认为，私有制是社会不平等的根源，只有在共产主义社会里男女才能得到真正的平等。所以马克思在《共产党宣言》中宣称："共产党人可以把自己的理论概括为一句话，消灭私有制。"[⑥]

自19世纪末期西方女权主义产生以来，什么是妇女受压迫的根源一直是西方女权主义关注的一个核心问题，以此决定对其的斗争策略。1970年代在世界各国大学建立妇女学学科之时，女权主义理论界对这个问题进行了一场大辩论。主流的女权主义学者认为马克思主义忽视了男性权力的性质

① Hester Eisenstein: *Feminism Seduced: How Global Elites Use Women's Labor and Ideas to Exploit the World*; Boulder & London; Paradigm Publishers; 2009: p. 73.

Ebert: p. 113.

② Nancy Fraser: *Feminism, Capitalism and the Cunning of History*; New Left Review; vol. 56; Mar-Apr; 2009: p. 110.

③ Eisenstein, p. 220.

④ 恩格斯：《私有制、家庭和国家的起源》，北京：人民出版社 2009 年版，第 66 页。

⑤ 恩格斯：《私有制、家庭和国家的起源》，第 48 页。

⑥ 马克思、恩格斯：《共产党宣言》，北京：人民出版社 2009 年版，第 41 页。

和无处不在的特征。她们认为,父权制是人类最古老、最普遍、占首位的压迫制度。父权制超越历史，性别压迫先于阶级压迫。比较有代表性的观点是在美国女权主义人类学学者凯琳·萨克斯(Karen Sacks)的《重读恩格斯——妇女、生产组织和私有制》(1974)一文中表述的。在这篇文章中，萨克斯对马克思主义的论点采取既吸收又质疑的立场。她首先肯定恩格斯的主要论点是正确的,然后用当时最新的民族志的发现来质疑恩格斯在《家庭、私有制和国家的起源》中提到的这种历史假定,指出,私有制和阶级的出现不一定是性别压迫的根本条件。[①] 更著名的是美国女权主义人类学学者盖尔·鲁宾(Gayle Rubin)的观点。她在《女人交易：性的“政治经济学”初探》(1975)一文中指出,马克思对阶级压迫的分析是非常有力的，至今没有女权主义能像他分析阶级压迫那样来分析性别压迫。但是她认为,马克思主义对性别压迫的表述和思考是失败的，主要是阶级的视角。她试图用列维—施特劳斯的结构人类学和弗洛伊德的精神分析学来补充马克思的政治经济学的不足，首次提出了“性、社会性别制度”的概念。[②]《马克思主义和女权主义不幸福的婚姻》(1970)的作者、美国女权主义公共政策学者海蒂·哈特曼((Heidi Hartman)在这篇著名的文章中虽然肯定马克思主义加深了女权主义对资本主义的很多层面的认识，但是毫不客气地指出马克思主义是性别盲。但是六年之后,她修正了自己的看法。在她1976年发表的《资本主义、家长制与性别分工》一书中,通过对妇女在资本主义制度下的劳动过程和整个经济中的作用的结构和变化的全面论述,批判了主流女权主义把父权制与资本主义制度对立的二元论。美国女权主义政治学学者艾里斯·扬(Iris Young)认为，这篇著作发表以后，女权主义理论界再也没有人能否认资本主义制度是当代妇女受压迫和剥削的根源了。[③]

早在中国革命初期，毛泽东就从旧中国的半殖民地、半封建的具体国情出发，认为旧中国的妇女深受封建宗法制度的政权、族权、神权和父权“四个极大的绳索”的束缚,而“地主政权，是一切权力的基干”[④]。中国革命从1920年代起，在进行推翻半封建半殖民地政权的同时,首先在农村进行了土

---

① 凯琳·萨克斯:《重新解读恩格斯——妇女、生产组织和私有制》,王政、杜芳琴:《社会性别研究选译》,北京:三联书店1998年版,第1—20页。

② 盖尔·鲁宾:《女人交易——性的“政治经济学”》,王政、杜芳琴:《社会性别研究选译》,北京:三联书店1998年版,第21—81页。

③ 艾里斯·扬:《超越不幸的婚姻——对二元论理论的批判》,李银河:《妇女:最漫长的革命》,北京:三联书店1997年版,第91页。

④ 毛泽东:《湖南农民运动考察报告》,http://baike.baidu.com/view/762278.htm。

地革命，把土地的所有权归还给贫困的农民，做到“耕者有其田”。1949 年以后，逐渐实现了农村生产资料的集体所有制。在城市中，没收了外国和官僚资本的财产，并在 1956 年对民族资本和手工业进行了社会主义改造，逐步建立了社会主义公有制。在社会性别层面，这个中国五千年文明史上第一次废除私有制的革命的本质是解决财富的占有和分配层面的公正。因此，所有制的改造从经济制度上动摇了男女不平等的社会根基，为男女平等提供经济制度上的保障，使中国走上了没有剥削和压迫，人民，包括广大妇女，当家做主的社会发展轨迹。

在废除经济私有制的同时，中国妇女的解放是通过建立代表广大妇女利益的社会主义国家，并通过这个国家机器制定和实施相关的法律，改造其他压迫和剥削妇女的社会机制来逐步实现的。社会主义的法律，如毛泽东所说，“是劳动人民自己制定的。它是维护革命秩序，保护劳动人民利益”①的。新中国成立以来，中国政府通过对立法和政治制度的改革，为中国妇女在政治、经济、法律、婚姻、教育、意识形态以及社会的各个层面获得男女平等打下了坚实的基础。笔者注意到西方和中国妇女解放在 1950—1970 年代走了一条相似的道路，即走出家庭、就业，但是因为国家的性质不同，结果也大不相同。1960 年代以来第二波女权主义引领的妇女就业革命的一个主要策略是通过干预政府的立法来改变妇女的工作环境和社会地位，实现妇女就业方面的平等和公正。但是一路走来，这场就业革命阻力重重。美国妇女运动史学学者芭芭拉·艾普斯坦（Barbara Epstein）指出，迄今为止，美国社会的各行各业并没有接受男女平等这一女权主义的核心目标。② 比如在男女同工同酬的问题上，虽然美国在 1963 年也通过了男女同工同酬的法律，2009 年又进行了修正，但是半个世纪以来男女同工同酬始终无法广泛地实施。2009 年美国全职女性员工的平均收入仍然低于同等工作的男性员工收入的 20% 左右。③ 而西方一些主要发达国家直到 1970 年代以后才陆续颁布类似的法律。而在中国，同工同酬的诉求产生于 1950 年代初期广大农村妇女在建立农业合作社，参加生产劳动的历史时刻。是在 1950 年全国第一次人代会上，由中

① 毛泽东：《在省市自治区党委书记会议上的讲话》，《毛泽东文集》第 7 卷，北京：人民出版社 1999 年版，第 197 页。

② Barbara Epstein: What Happened to the Women's Movement?; *Monthly Review*; vol. 53, no. 1; 2001. http://monthlyreview.org/2001/05/01/what-happened-to-the-womens-movement.

③ U.S. Department of Labor, U.S. Bureau of Labor Statistics: Chart 1, Women's earnings as a person of men, full-time wage and salary workers, 1979—2009 annual averages; June, 2010: p. 3. http://www.bls.gov/cps/cpswom2009.pdf.

国第一个农村合作社——山西长治西沟村农村合作社副社长申纪兰首次提出来的。男女同工同酬在1954年被写入了新中国《宪法》。这一法律在颁发之前,就已在中国农村的不少地区实行。之后,很快在全国各行各业普遍实施。

1980年代，对中国通过国家机器实施各项男女平等的政策和法律、改造相关的社会机制,西方主流的女权主义有很多质疑。其中之一是认为中国没有像西方那样独立的、自下而上的妇女运动。男女平等是通过自上而下来实现的,是男性统治的国家对妇女的恩赐。在西方的中国妇女研究界，中国的妇女解放运动被界定为"国家女权主义"①。这个质疑首先涉及中国的妇女运动和中国革命的关系。中国的社会主义革命和建设与西方女权主义理论和实践的一个最大的区别是广大中国妇女从半殖民地半封建的压迫中认识到她们的解放与中华民族的解放，与广大劳苦大众的解放事业是交融在一起的。革命先烈向警予在中国革命早期就认为中国的妇女运动和工人运动是"天造地设的伴侣,"而不是西方女权主义与马克思主义之间的那种"不幸福的婚姻"②。历史证明，中国的社会主义革命和建设使妇女运动面貌焕然一新。这是因为，正如1950年代全国妇联书记处书记、妇女解放理论家罗琼总结的，中国妇女运动的"最大的特点之一，是妇女运动由少数上层妇女的运动，发展成为以女职工、农妇为主体的群众运动，并同工人运动紧紧联系在一起，参加以社会主义为前途的新民主主义革命，最终目标，实现社会主义、共产主义，消灭人剥削人的制度，解放压在社会最底层的劳动妇女。"③

其次，这个质疑涉及妇女与国家的关系。随着新自由主义资本主义在全球的扩张，不少西方女权主义，特别是发达国家国内的劳动妇女和发展中国家的女权主义,越来越深刻地体会到国家仍然对消灭男女不平等，改善妇女的生存状况起决定性的作用。在谈到1990年代发展中国家的贫困妇女的小额贷款时，弗雷泽指出，小额贷款虽然在实践中局部取代了一些发展中国家政府向贫困群体提供社会福利和救济的功能,但是无法解决大多数妇女的贫

---

① Lin Chun: *The Transformation of Chinese Socialism*; Durham & London; Duke University Press; 2006: p. 115.

② 罗琼:《天造地设的伴侣——工人运动和妇女运动的发展》,《妇女解放论丛》,北京:中国妇女出版社1990年版,第59页。

海蒂·哈特曼:《马克思主义和女性主义不快乐的婚姻》,《导向更进步的结合》,顾燕翎、郑至慧:《女性主义经典:十八世纪欧洲启蒙》,《二十世纪本土反思》,台北:女书文化1999年版,第323—328页。

③ 罗琼:《天造地设的伴侣》,《妇女解放论丛》,第59页。

困状况。要从根本上解决贫困需要政府宏观机制层面的努力。最终,小额贷款还是被全球资本主义用来恢复父权的官僚机制,维护市场化的合法性,巩固执行新自由主义政策的当地政府的权力。①

在这个背景中回顾1950—1970年代中国妇女的解放历程后,一些西方马克思主义女权主义学者再一次充分肯定中国社会主义的国家在促进男女平等中所起的重要作用。如埃伯特总结的,新中国通过中央政府"成功地废除了世界上对妇女的最深重的社会和经济剥削",其中包括弑女婴、学徒制、性奴役和妓女,并为妇女提供免费医疗、免费教育和就业机会。② 当时中国妇女的解放程度位于第三世界国家的前列,并且在城市妇女的就业率,生产领域的性别分工,同工同酬,为妇女提供育儿、产假和病假方面,比有些发达国家做得还好。③

## 二、以改革家庭和婚姻制度,改变生产关系和建构新型的社区模式来整合性地建立男女平等的社会关系

中国妇女解放的理论和实践的另一个前瞻性的内涵是在所有制公有化的同时,在婚姻家庭、生产关系和社区建设等层面进一步推进男女平等,提升妇女当家做主的主人翁地位。由于中国革命的背景是半殖民地半封建的社会,所以在婚姻和家庭层面,中国政府发布的第一部法律就是1950年的《婚姻法》。这部法律主要是针对中国封建家庭和婚姻制度中妇女的从属地位的,重点是解决压迫妇女的土地权、财产权和继承权的。这部法律特别强调给妇女以自由、自主的权利,以建立平等的夫妻关系。这部法律颁发以后,受到广大妇女的热烈欢迎,鼓舞和保护了很多妇女争取婚姻自由的奋争。当时很多的文艺作品,比如赵树理的《小二黑结婚》、沪剧《罗汉钱》等都折射了这部婚姻法对广大妇女的生活状况的深刻影响。这部婚姻法之所以得以迅速地实施的一个主要原因是所有制的变革和随之带来的生产关系的改革。正如恩格斯在《家庭、私有制和国家的起源》的1884年序言中指出的:"家庭

① Nancy Fraser: p. 112.

② Ebert: p. 224.

新中国通过国家机器解放妇女的另一个非常成功的实践是1950年代初期各级政府在短短的两三年内在全国各大中城市取缔妓院,并通过治疗和教育,把妓女改造成为社会主义的建设者。

③ Lin Chun: pp. 116—117.

制度完全受所有制的支配。”[①]

1970年代以来第二波女权主义采用参与立法的策略来帮助妇女外出就业。从这些策略的侧重可以看出美国妇女就业面临的很多阻力涉及变革生产关系和社会中人与人之间的关系，尤其是在男女同工同酬、禁止工作场合中的性骚扰、提供培训和晋升的机会、通过肯定行动加入传统的男性行业等层面。马克思主义认为，人是社会关系的总和。生产关系内含所有制的性质、劳动中人与人之间的关系和分配制度三个层面。[②] 笔者在美国生活了二十多年，觉得美国的自由民主制度主要是通过一人一票达到参与民主。在其他的社会层面，特别是在就业层面，人与人之间的关系是雇佣关系。平等和民主的程度取决于雇主的经济利益。因此如果不正视经济上的私有制和由其掌控和为其服务的政治制度，单靠通过参与立法，女权主义在改变人际关系层面的奋争是无法从根本上得到解决的。因此马克思在《共产党宣言》中强调，共产主义革命在消灭资产阶级私有制的同时，必须对“资产阶级生产关系实行强制性的干涉”以“变革全部生产方式”。[③] 中国的妇女解放一个具有前瞻性的理论和实践恰是在变革生产和社会关系层面的。一个重要的前提是广大劳动妇女走出家庭，参加生产劳动。恩格斯特别强调：“妇女解放的第一个先决条件就是一切女性重新回到公共的事业中去……”[④]据统计，1977年全国在全民所有制、集体所有制的企业、事业单位中女职工共有三千多万，占全国总职工人数的30%。八亿农民中有三亿多劳动力，妇女劳动力占1.5亿。[⑤] 当时很多妇女走出家庭，参加工作后最大的收获是不仅提高了她们的经济和政治地位，进一步改善了家庭中的平等关系，而且她们的献身精神、创造力和责任感获得社会的承认，因此提高了她们的尊严和主体性。

在生产劳动中，社会主义的企业和事业弘扬职工民主、平等的关系，充分体现劳动人民当家做主的原则。最有代表性的是1960年实施的“鞍钢宪法”。其主要精神是实行干部参加劳动、工人参加管理，改革不合理的规章制度，工人群众、领导干部和技术人员三结合，即“两参一改三结合”，用以克服官僚主义，充分发挥劳动者的主观能动性。如东方破晓指出的，“鞍钢宪

---

① 恩格斯：《私有制、家庭和国家的起源》，第4页。

② 毛泽东：《读苏联〈政治经济学教课书〉的谈话（节选）》，《毛泽东文集》，第8卷，北京：人民出版社1999年版，第135页。

③ 马克思、恩格斯：《共产党宣言》，第48页。

④ 恩格斯：《私有制、家庭和国家的起源》，第76页。

⑤ 罗琼：《天造地设的伴侣》，《妇女解放论丛》，第50—51页。

法”体现了毛泽东“人民观”的思想，是“中国工人阶级实现当家做主精神，参与企业乃至于全社会政治、经济事务管理的一个样板，是新中国社会主义社会里，建构新型的人与人之间的关系的一次成功探索”①。

除了在工作场合建构这种新型的人际关系外，在中国的社区建设中，城市中的单位制对深入妇女解放具有前瞻性的内涵。不少西方学者把中国的这一实践称为“单位模式”或“单位社会主义”②。1950—1960 年代在新建很多大型的全民所有制的企业时，生产区与职工的生活区是统筹设计和建造的。比如在工厂、机关、大学的周围建立了职工的居住区，以及配套的各种生活、社会和政府的服务设施。当时叫工人新村、教师或机关宿舍等。这些单位不仅负责生产，而且兼顾职工的生活，是一个独立经营的建制。在这些生活社区里，各种生活设施一应俱全，自成一体。北晚回忆的 1953 年建造的北京三里河国家计委大院就建在机关附近。院中有托儿所、幼儿园、小学、食堂、粮店、百货公司、公共浴室、邮局和招待所等。另外还有专供机关开会、演出和放电影的计委礼堂，“应有尽有，如同一个小城市，有人开玩笑说，差个‘火葬场’就齐了。人们不用出院，生活问题就基本得以解决，十分便利”③。

英国经济学者林春认为：“与西方的日常的政治和社会建制截然不同的是，这种单位社会主义是社会主义政治经济的最基层的组织单位。”④单位社会主义培养了职工的集体主义精神和与工作有关的归属感，并把生产关系中新型的人与人之间的关系弘扬到社会生活的各个层面。北晚认为，当时计委大院总共有近六千个孩子。虽然在历史上从计委大院出过朱镕基总理、陈慕华副总理、和“21 位国务院副总理、国务委员和 200 多名部长、副部长”，但是“计委大院的孩子很少去比较谁的父母官大，更少去比较谁的‘老子’参加

---

① 东方破晓：《工人阶级当家做主与”鞍钢宪法“的历史命运》，中国文革研究网：http://www.wengewang.org/read.php? tid=25670。

② Lin Chun, pp. 86—87.

Victor Shaw, *Social Control in China: A Study of a Chinese Work Unit*; Westport & Conn: Praeger; 1996.

Lu Hsiao-po and Elizabeth Perry, *Danwei: The Changing Chinese Workplace in Historical and Comparative Perspective*; New York; M.E. Sharpe; 1997.

Gu Xin, Unit Welfare Socialism and China's ‘Economic Development’; *Comparative Economic and Social Systems*; Beijing; vol. 4; 1998.

③ 北晚：《神秘莫测的北京计委大院里的那些事》，《美洲文汇周刊》2013 年 3 月 23 日，第 23 页。

④ Lin Chun, p. 87.

革命早晚”。这些孩子从不关心小伙伴“家长的身份和官职”①。

在建立人与人之间平等的关系上，解决妇女的家务劳动的负担与妇女走出家庭有特别密切的关系。在反思第二波女权主义运动中中产阶级妇女和劳动阶级妇女之间在就业和社会福利等议题上严重的分歧后，不少女权主义学者认识到，家务劳动是所有妇女外出就业，走上政治和经济解放道路必须面对的一个共同的难题。不少社会主义女权主义学者非常赞扬委内瑞拉和北欧等国政府在这方面的努力。比如艾森斯坦高度评价查韦斯政府在委内瑞拉妇女运动的敦促下修改了宪法，加入了保护妇女平等就业，承认家务劳动的价值，以及家庭妇女的老年退休金和福利等条款。②

在承认中国妇女解放取得伟大的成就时，有些西方女权主义总是不忘记指出中国妇女解放的实践的一个重要的局限是没有解决好妇女外出就业时面对的“双重负担”③。常用的一个例子是女作家谌容 1980 年发表的小说《人到中年》。这篇小说再现了眼科医生陆文婷在繁忙的工作之余，因沉重的家务劳动和紧张的生活节奏，最后导致心脏病发作。但是，笔者认为，中国妇女解放实践的一个主要成就恰是在创造性地解决家务劳动层面。其主导思想是通过家务劳动社会化来缓解妇女家务劳动的压力。上述女权主义提到的查韦斯政府采纳的这些法律条款，在西方国家被看做是带有“社会主义”色彩的福利政策。这个思路不仅再次凸显了国家在妇女解放中所起的关键作用，而且验证了社会主义是解决妇女的家务劳动负担的关键。但是，中国解决家务劳动的实践与上述西方女权主义的思路在本质上还是有根本区别的。这首先与对家务劳动产生的根源的认识有关。恩格斯在《家庭、私有制和国家的起源》中指出家务劳动的附属性源于私有制的产生：在史前社会，由于妇女的家务劳动是人类最重要的生产和生活活动，家务劳动保证了妇女在家庭中占统治地位。但是自从男性在外从事积累生活资料和财富的劳动后，妇女的家务劳动就成了无足轻重的附属品，导致妇女的地位变成从属性的、家务性的。④ 萨克斯等人进一步指出家务劳动价值化与父权制和私有制三者之间的关系：“妇女进行家务性劳动，男人从事交换性社会劳动，这种两分法的形成，产生了性别的划分，它成为统治阶级分而治之、性别统治政

① 北晚：《神秘莫测的北京计委大院里的那些事》，《美洲文汇周刊》2013 年 3 月 23 日，第 21 页。

② Eisenstein, p. 225.

③ Lin Chun, p. 121.

④ 恩格斯：《私有制、家庭和国家的起源》，第 168 页。

策的组织基础。”[①]因此可以说，在任何私有制的社会里，外出就业的妇女都有双重负担的压力。在谈到合作化后妇女参加农业生产时，毛泽东特别强调家务劳动社会化对解放妇女的重要性：“没有公共食堂，没有幸福院，托儿所，妇女仍然束缚在家务劳动中，其经济地位和政治地位难以得到根本的改善。”[②]所以，中国与委内瑞拉和北欧国家所走的道路的最本质的区别是社会制度不同。中国的家务劳动社会化是在逐步消灭私有制，在公共领域和家庭领域建构新型的人际关系的过程中逐步发展的。

其次，在实践层面，单位社会主义的社区机制为减轻妇女的家务劳动提供的各种服务设施进一步促进了家务劳动社会化。在全国范围内，家务劳动社会化已经成为中国妇女工作的一个侧重。1954 年罗琼在谈到农村妇女参加劳动时指出，妇联应该“帮助教育妇女适当地安排家务活和生产活，并在可能条件下，逐步举办帮助妇女减少家务牵累的公共事业（如托幼组织等），以增加妇女参加社会生产的可能。”[③]当时的妇联非常注意了解和鼓励全国各地在减轻妇女的家务劳动的负担方面的各种尝试。据统计，在 1949—1952 年三年间，国家机关、国有企业及农村互助组、农业生产合作社所举办的托儿所发展很快，30 个省两个行署 13 个市 1 个自治区，共有托儿组织（包括哺乳室、育儿园、托儿所、保育院、托儿站、农忙托儿组织等）65500 余处，受托儿童 457000 余人。受过训练的保健员、接生员共达 173000 人。[④] 鉴于 1949 年前中国托儿设施只在一些大中城市存在，数目非常有限，这一时期的成就是相当可观的。中国的这些实践，当时也受到了一些西方女权主义的肯定。[⑤]

## 三、从改造上层建筑来建构妇女的主人翁精神和为全人类求解放的社会主义新人

在最近反思第二波女权主义的局限性时，马克思主义、反种族主义和反帝国主义的西方女权主义指出，女权主义是西方资产阶级个人主义价值观的

---

① 萨克斯：《重新解读恩格斯——妇女、生产组织和私有制》，王政、杜芳琴：《社会性别研究选译》，北京：三联书店 1998 年版，第 17 页。

② 全国妇联党组：《中国共产党推进妇女解放八十周年》，《中国妇女报》2001 年 6 月 28 日。

③ 罗琼：《天造地设的伴侣》，《妇女解放论丛》，第 30 页。

④ 同上书，第 26 页。

⑤ 萨克斯：《重新解读恩格斯——妇女、生产组织和私有制》，王政、杜芳琴：《社会性别研究选译》，北京：三联书店 1998 年版，第 19 页。

最重要的表述。女权主义致力于维护妇女的经济权、政治权、民权和人权都基于抽象的个人权利的前提,而个人权利是资本主义发展的核心价值和先决条件。艾森斯坦认为,1970 年代以来由第二波女权主义引领的对美国社会产生深刻影响的妇女就业革命在本质上是一场事业有成的妇女的资产阶级革命。这些中产阶级妇女走进就业市场,旨在父权和资本主义制度内争得自己个人的利益和权力。这是第二波女权主义被新自由主义全球资本主义操控的一个最重要的成因。[①] 纵观美国的女权主义组织的发展,艾普斯坦和艾伯特等人注意到,女权主义学者在 1970—1980 年代进入学术界和大专院校后,很多人放弃了对世界资本主义结构性的质疑,扬弃了 1960 年代女权主义运动进行集体抗争的传统,走的是个人奋斗的道路,主要致力于在现存的教育制度内,通过发表论文提高个人的学术地位、名誉和权力。在人与人的关系上,不少女权主义学者表现得非常冷酷和自私。[②] 艾伯特进一步指出,1990 年代以来世界主流思想界流行的后现代主义思潮鼓吹没有任何束缚的个人的自主权、自由和欲望,无视这种个人自由是当代全球资本主义需要更无拘束的发展而对人的一种新的建构。她认为,这种受很多女权主义欢迎的思潮解构了马克思主义把人类从资本主义制度的剥削和压迫中解放出来的理论。[③] 尤其危险的是,这种被她称作“进攻性的”的个人主义导致新世纪世界主流女权主义成为美国全球霸权的同谋。[④]

这些质疑也从另一个层面验证了 1950—1970 年代中国以改造上层建筑来建构妇女是国家的主人、为全人类求解放的社会主义新人的思想和实践的前瞻性。在建立社会主义公有制和建构新型的人与人之间平等关系的同时,逐步地解构封建主义和资本主义的意识形态,特别是对个人的建构,建构社会主义的新人是那一时期中国妇女解放思想和实践的另一个不可缺少的组成部分。马克思主义认为,个人主义是资本主义社会对其所需要的劳动力的建构。在《共产党宣言》和《家庭、私有制和国家的起源》中,马克思和恩格斯不止一次地强调,资本主义社会与其之前的任何社会最大的不同之处是把人与人之间的关系建立在“自由契约”中。用恩格斯的话来说:“只有能够自由地支配自己的人身、行动和财产并且彼此权利平等的人们才能缔结契约。

① Eisenstein, p. 195.

② Epstein, http://monthlyreview.org/2001/05/01/what-happened-to-the-womens-movement. Elbert: p. 212.

③ Elbert, pp. 222—226.

④ Elbert, p. 225, Eisenstein: p. 196.

创造这种‘自由’而‘平等’的人们，正是资本主义生产的主要工作之一。”[①] 这种“契约”的关系导致资本主义社会人与人之间是利益关系，而这种利益关系激发了资本主义建构的“人”的最危险的冲动，如恩格斯描述的，“最卑下的利益——无耻的贪欲、狂暴的享受、卑劣的名利欲、对公共财产的自私自利的掠夺，……最卑鄙的手段——偷盗、强制、欺诈、背信……”[②]马克思进一步揭示了“自由契约”的另一个层面，即在资本主义社会，“资本具有独立性和个性，而活动着的个人却没有独立性和个性”[③]。为了生存，无产者没有不受剥削压迫的自由和独立性。这个所谓的“自由社会”，如恩格斯所说，“只不过是一幅区区少数人靠牺牲被剥削被压迫的大多数人而求得发展的图画罢了……”[④]

资本主义的私有制、生产方式和生产关系还导致人的异化和商品化。由于资本主义这两个层面对人的建构，马克思在《政治经济学批判大纲》中指出，虽然资本主义为人类全方位的发展创造了物质条件，但是已成为人类解放的障碍。因此他认为，在摧毁私有制及其从属的政治制度和生产关系的同时，必须摧毁资产阶级意识形态对个人的建构。这是人类全方位的解放的一个先决条件。[⑤] 这个社会工程的一个重要层面是无产阶级在革命实践中重视自身的改造，成为自觉的全方位解放的主体。在《共产党宣言》中，马克思在总结 19 世纪无产阶级革命失败的原因后指出，“共产党一分钟也不忽视”对工人的教育。[⑥] 鉴于世界各国的具体国情不同，马克思和恩格斯把在革命实践中建构“全方位解放的人”的路径留给了后人。中国那一时期的实践，特别是毛泽东的有关思想和领导就是一次有独创性的尝试。从中国革命一开始，毛泽东就非常注意革命队伍内部的世界观的改造，多次强调对各种封建思想和资产阶级思想的批判。长征结束不久，在《实践论》(1937)中，他再次指出世界观改造的重要性，“世界到了全人类都自觉地改造自己和改造世界的时候，那就是世界的共产主义时代”[⑦]。

毛泽东在这个层面的贡献有两个层面，首先是强调在斗争实践中建构

---

① 恩格斯:《私有制、家庭和国家的起源》，第 82 页。

② 同上书，第 101 页。

③ 马克思、恩格斯:《共产党宣言》，第 43 页。

④ 恩格斯:《私有制、家庭和国家的起源》，第 101 页。

⑤ Karl Marx: Grundrisse de Kritik der Politischen Okonomie. http://www.marxists.org/archive/marx/works/1857/grundrisse.

⑥ 马克思、恩格斯:《共产党宣言》，第 62 页。

⑦ 毛泽东:《实践论》，《毛泽东著作选读》上册，北京：人民出版社 1986 年版，第 136 页。

社会主义的新人的重要性。他在《实践论》中指出，“无产阶级和革命人民改造世界的斗争，包括实现下述的任务，改造客观世界，也改造自己的主观世界……”只有这样，他们才能“进入自觉的阶段”[①]。在《人的正确思想是从哪里来的》(1963)中，他把社会主义时期的斗争实践更明确地界定为“建设社会主义强国的三项伟大的革命运动”，即阶级斗争、生产斗争和科学实验。[②] 最近委内瑞拉“左派”人士麦克·罗波维兹(Michael L. Lebowitz)的“工人阶级在他们自己的斗争中成为革命的主体”的思想再次凸显了这一思想对当代世界反对资本主义的民众仍然具有现实意义。[③]

另一个独创性的做法是从新中国成立一开始就强调对上层建筑的改造，特别是在教育、媒体和文学艺术等领域。早在抗日战争最艰巨的1942年，毛泽东在《在延安文艺座谈会上的讲话》中就强调改造上层建筑的重要性，指出“无产阶级的文学艺术是无产阶级革命整个革命事业的一部分”[④]。他认为，经济基础决定上层建筑，但是上层建筑反作用于经济基础。一个有代表性的实践是1960年代以后对文学艺术领域的改革和文革时期的样板戏的创作。这个时期的文学艺术作品在一定程度上建构了中国特色的“全方位的解放”的“人”的雏形。1966—1976年的无产阶级“文化大革命”，虽然被主流思想和历史界否定，但是笔者认为，在当代全球资本主义的氛围中，当时毛泽东发动和领导的这场革命的初衷是值得重新评价的。为了防止中国走上修正主义和资本主义道路，他提倡全国人民用大鸣、大放、大字报、大辩论民主参与的方式，在全国范围内开展了一场思想文化领域的“触及人们灵魂深处”的革命。当时中国在上层建筑领域进行的这些尝试在世界社会主义国家发展的历史上是史无前例的。

社会主义新人的第一个前瞻性内涵是建构劳动人民，包括广大劳动妇女的新社会的主人翁精神。特别是在对女性的建构层面，毛泽东的“妇女能顶半边天”的思想把广大劳动妇女从中国封建社会的“三从四德”的束缚中解放出来。毛泽东在这句话里所指的“天”，在中国特定的历史背景中指的是皇权，即国家的政权。“妇女能顶半边天”强调在新中国，妇女和男性一样，

---

① 毛泽东：《实践论》，第135—136页。

② 毛泽东：《人的正确思想是从哪里来的?》，《毛泽东著作选读》下册，北京：人民出版社1986年版，第839页。

③ Michael L. Lebowitz: What Makes the Working Class a Revolutionary Subject; *The Monthly Review*; vol. 64, no. 07; December, 2012. http://monthlyreview.org/author/michaelalebowitz.

④ 毛泽东：《在延安文艺座谈会上的讲话》，《毛泽东著作选读》下册，北京：人民出版社1986年版，第543页。

是国家的主人。毛泽东的这一思想不仅提升了中国妇女的诉求，而且从一提出，就被世界各国的妇女认同,已成为表述世界妇女的诉求的一个重要的能指。电影《李双双》(1962)以李双双批评邻居拿了生产队的木头开始,通过她不顾老好人丈夫喜旺的反对，推荐他当队里的记工员、鼓励喜旺揭发外出工作的社员的多占行为、帮助落后妇女参加生产劳动等几个戏剧冲突彰显李双双爱管闲事的性格。在被质疑时，她自豪地说:“我是公社社员。”[①]可以说,李双双这种爱管闲事的性格的视觉艺术再现把中国妇女在中国社会中各个层面的主体地位的提升具体化、形象化了。

社会主义新人的第二个内涵是建构共产主义的世界观。这种世界观由两个相辅相成的层面组成。首先是如马克思所说的,“与传统的观念实现最彻底的决裂”，把人从一切剥削阶级意识形态的建构中解放出来。[②]在中国革命的各个时期，毛泽东特别重视对各种形式的个人主义和私有观念的批评。他在《为人民服务》《纪念白求恩》《愚公移山》三篇著作中总结了一种毫不利己、专门利人的共产主义和国际主义精神.。另一个层面是弘扬全心全意为人民服务的精神。1944 年抗战胜利前夕，毛泽东在《为人民服务》一文中开门见山:“我们这个队伍完全是为着解放人民的，是彻底地为人民利益工作的。”[③]虽然“人民”一词古已有之。在中国古籍中,“人民”一般泛指人，也指平民、庶民、百姓，但是毛泽东根据马克思主义，把“人民”界定为一个历史的、政治的范畴,把”主体”始终是从事物质资料生产的广大劳动群众的内涵注入了“人民”的概念中。[④] 在中国社会主义革命和建设的具体语境中,“为人民服务”的思想一反古代中国知识分子“学而优则仕”,为封建王朝服务的主流传统，明确了献身社会主义实践的主体的出发点。与游离于社会之外，为伸张社会正义而孤军奋斗的美国牛仔精神不同，毛泽东从张思德的事迹中提炼的为人民服务的精神还彰显了中国底层劳动人民从身边平凡的小事做起、任劳任怨的朴素的人生哲学和理想境界。鉴于社会主义国家的权力高度集中，新中国成立以来,毛泽东特别注意党和国家各级干部的思想建设，反复强调反对官僚主义、宗派主义和个人主义的重要性。1960 年代号召广大干部学习的河南兰考县县委书记焦裕禄就是这种新型的全心全意为人

---

① 电影《李双双》,http://www.youku.com/show_page/id_zfc2105c0babd11de97c0.html。

② 马克思、恩格斯:《共产党宣言》,第 48 页。

③ 毛泽东:《为人民服务》,《毛泽东著作选读》下册,北京:人民出版社 1986 年版,第 587 页。

④ 百度百科:http://baike.baidu.com/view/2193.htm.

民服务的执政党人的典型。①

笔者在“文革”中工作的上海市黄山茶林场在1969年7月发生特大的山洪暴发。邻队由两位上海女知青率领的11位青年为了抢救国家财产，在与洪水搏斗中英勇牺牲。她们就是活在笔者身边的、在建设社会主义新农村的实践中涌现的社会主义新人。她们的英雄事迹发生在当时学习毛泽东思想、群众性演唱样板戏的高潮中。当时笔者所在的生产队排演的是样板戏《海港》中的一场。方海珍教育青年工人韩小强，要“完全地、彻底地为全中国人民服务，为全世界人民服务，这就是我们最崇高的理想”，也许也激励了这些烈士们的成长吧。②

应该强调，共产主义世界观不是不重视个人利益，而是辩证地整合个人利益和集体、革命利益的关系。马克思和毛泽东都多次强调“人类解放”的前提，即“每个人的自由发展是一切人的自由发展的条件”③。总之，那一时期社会主义新人的建构把“女人”和“男人”都变成了“人”，即自觉的、从等级制的意识形态中解放出来的、全方位得到自由发展的人。只有在由这样的人组成的社会里，妇女才能获得与男性的平等。

2011年1月5日在“占领华尔街”运动的高潮时刻，曾经冒着生命危险，发起埃及反专制运动的女青年阿斯玛·玛哈弗兹(Asmaa-Mahfouz)来到纽约祖考缇(Zucotti)广场声援美国青年反对资本主义制度的斗争。她说：“我们应该团结起来，赋权人民。”④从她身上我仿佛看到了黄山11位烈士、李双双和方海珍等人的身影。她们承载的全世界人民联合起来的国际主义精神不仅与当今世界反对全球资本主义制度的革命者灵犀一通，而且将会继续激励将来全世界人民反对资本主义，实现人类解放的抗争。

## 四、问渠哪得清如许，惟有源头活水来⑤

在三十多年后的今天来审视1950—1970年代的中国妇女解放理论和实践时，应该强调，当时废除私有制、建立人与人之间的平等关系与社会主义

---

① 焦裕禄身患肝癌，忍着剧痛，全县干部和群众一起，与内涝、风沙和盐碱三害做不懈的斗争，努力改变兰考的面貌，被誉为“党的好干部”，“人民的好公仆”。

② 京剧《海港》，http:www.360doc.com/content/10/1124/20/4775652_72136082.shtml。

③ 马克思、恩格斯：《共产党宣言》，第50页。

④ From Tahrir to Wall Street: Egyptian Activist Speaks at Occupy Wall Street; *Democracy Now*; Oct, 25, 2011. www.youthtube.com/watch?v=kbXE3ZaZwXk..

⑤ 南宋·朱熹：《观书有感二首》。

新人的建构这三个前瞻性的思想和实践是相辅相成,缺一不可的。那一时期中国妇女的探索是发生在中国九千六百万公里的土地上，在占当时人类四分之一的人口中的一项历史上前所未有的、翻天覆地的社会工程的一个重要的层面，充满了中国妇女把人类最先进的思想，特别是马克思主义和中国的具体实践相结合的智慧和原创性。随着近三十年来中国特色社会主义的发展，妇女解放理论面临很多新的挑战。一个重要的挑战是怎么认识私有制的重新出现,和随之改变的人与人之间的关系，以及妇女对自己的生存状况的改变的新的认知。在建构新世纪中国特色妇女理论时，我们应该珍视1950—1970年代妇女解放理论和实践的这些前瞻性的内涵,坚持马克思主义。否则我们的理论将没有未来。

# “告别革命”和“去解放”；中国“妇女研究”产生的历史背景和社会思潮[①]

柏　棣[*]

**摘　要**：1980年代出现的中国“妇女研究”的一个明显特征是“重新社会性别化”。50年代到70年代，妇女解放的基本纲领是消除社会性别的“男女都一样”。“重新社会性别化”在否定批判的妇女解放纲领的基础上强调男女的社会差异，重建所谓女性意识。本文是对中国的妇女研究的一个框架性的思考，考虑的问题集中在两个方面，一是妇女研究出现的社会历史条件，二是妇女研究与社会主义时期妇女解放的关系，所涉及的历史时段是1980年代。

**关键词**：中国特色社会主义妇女理论　全球资本主义　告别革命　去解放　社会性别

新世纪以来，对妇女研究这个松散领域里的形形色色的思潮、叙述、表现等等进行理论性的梳理、整理以建立一种“中国特色社会主义妇女理论”已经成为一种学科共识。这种梳理的要求，无论是来自于政治的需要，政策的需要，文化的需要或是学术的需要，折射出的是妇女研究内在的、深层意义上的窘境和困境。中国的妇女研究始于1980年代。经过30年左右的发展，已

---

① 这篇文章的英文版是在美国纽约 Shulamith Firestone 妇女解放纪念大会的发言（2013年10月）。

* 柏棣，女，美国伯儒大学外文系教授，亚洲中心主任

经基本上体制化、学科化、精英化了的妇女研究还没有形成逻辑清晰的理论体系。因此学科内部正在经历自身的反省反思，不仅是一个颇为积极的现象，也为澄清妇女研究的社会任务和基本立场，提供了一个契机。本文是对这个梳理要求的一个响应，是我对中国的妇女研究的一个框架性的思考，考虑的问题集中在两个方面，一是妇女研究的社会历史条件，二是妇女研究与社会主义时期妇女解放的关系，所涉及的历史时段是 1980 年代。

马克思主义汉学家德里克（Arif Dirlik）在研究中国共产党的起源问题时，提到一个很重要的观点：一种社会思潮的出现，不是偶然的，都是内部动力和外部发展的压力合并的结果。事情的出现，自然有其内部逻辑，但是允许并促使事物出现的社会历史的大环境在很大程度上决定事情的实质和发展脉络。[①] 我们都看到这样的事实：一切现代的女性运动，无论是改良的还是革命的，都是当时主流社会思潮的一个组成部分，都是那个特定环境的特定产物。虽然女性运动有其独立之处，但是主流社会思潮不可质疑地规定、限制了女性运动的内容和发展方向。比如我们都熟悉的，西方的第二波女性主义运动、始于 1960 年代后期的法国学生街头运动和美国的民权运动、反战运动。这些运动的主体是左翼知识分子，运动的实质是资本主义社会内部的改良诉求。这些特征在西方第二波女性主义运动中反映得特别明显：无论多激进的流派，都是在资本主义内部运作，没有对资本主义形成制度批判。虽然开始时有劳动妇女的参加，但是很快其斗争策略发生了转变，朝学术的，学理的，精英的方向发展，然后进入社会主流，成为一种特殊利益集团。相比之下，1950—1970 年代中国的妇女解放是伴随着中国的新民主主义、社会主义革命的实践而发生发展的。因此妇女解放带有明显的革命性和阶级性。生产资料公有制引起的社会经济基础变革从制度上提供了消除父权制存在的条件，文化上提倡的“移风易俗”很大程度上是对中国社会性别关系的重新制定。这些给劳动妇女的生活带来根本性的变化。革命中的妇女解放主体是广大的劳动妇女，她们的政治经济文化上的“翻身”组成妇女解放的主旋律，而对资产阶级、小资产阶级女性的个人诉求形成一个较长时间的压抑状态。妇女运动是社会思潮的一部分，没有超出社会意识形态的能力。

妇女研究出现的 1980 年代无论在世界历史还是中国历史上都是一个极为重要的时段；1980 年代标志着社会历史意义上的革命的 20 世纪的结束，新自由主义全球资本主义的开始。英国马克思主义历史学家霍布斯鲍姆（Erik

---

① 参见 Dirlik：*The Origins of Chinese Communism*，《中国共产主义的起源》，第 3—15 页。

Hobsbawn)把20世纪称"短20世纪"(The Short Twentieth Century),有其足够的理由。20世纪的社会历史意义起始于1914年第一次世界大战,因为之后出现了以苏联为标志的社会主义制度的开始。接下来便是资本主义1930年代的经济大萧条,由此导致了第二次世界大战的爆发。二战结束后出现了一个社会主义阵营,世界在资本主义和社会主义的冷战架构内经历了20年重建和繁荣,然后便是前后相继的1970年代的资本主义危机和1980年代的社会主义危机,直到1989年柏林墙倒塌。"短20世纪"以冷战结束为标志而终结。当然,革命的"短20世纪"对于死里逃生的资本主义却是一个"长20世纪"(The Long Twentieth Century)。另一位马克思主义历史学者阿瑞吉(Giovanni Arrighi)无可奈何地承认,全球资本主义通过自身的调整,成功地把资本渗透到全球的各个角落,成功地瓦解了社会主义制度,这个正在上升的、乐观的全球资本主义会信心十足地迈进21世纪。正是在1980年代的最后一年,美国自由派学者福山(Francis Fukuyama)兴奋地提出这样的问题:难道历史终结了吗?"我们现在见证的可能不仅仅是冷战的结束,也不是一段特定的战后历史的过程,我们见证的是历史的终结。就是说是人类意识形态进化的终点,西方的自由民主是人类政治制度的最终形式。"[①]这似乎是一个共识:马克思主义所预言的资本主义的消亡没有成为现实;共产主义的未来似乎彻底地破灭,历史就停留在自由市场加民主政治的资本主义。的确,1980年代是一个历史性的界标,将近一个世纪的社会主义实践告一段落。两个世界变成了一个世界:一个全球化的资本主义世界。[②]

80年代的中国正豪情满怀地进入了一个改革开放的"新时期"。个人自由、权利、尊严、唯美等人文主义价值加上鼓吹现代化和世界主义,成为一段时间的主要思想潮流。这个思潮的另一个重要议题,就是对中国革命的否定,对中国革命的内容的批判。不仅要"告别革命""去革命",而且把革命描绘成"伤痕",妖魔化革命。所以在这种意义上说,中国的1980年代构成了一个连接当下与历史、"新时期"与50—70年代、当代与20世纪的枢纽时段。80年代的主题是与50—70年代相"断裂"的[③],以至于有人提出了"新新中国"的概念。80年代是中国"后革命"时期的开始。

任何时代思潮都有其"社会性别"意义,影响着社会的道德伦理、生活风

---

① Fukuyama:"The End of History",《历史的终结》, *The National Interest* (Summer 1989),第16页。

② 参见汪晖:《去政治化的政治:短20世纪的终结与90年代》,北京:三联书店2008年版。

③ 贺桂梅:《"新启蒙"知识档案》,北京:北京大学出版社2010年版,第1—2页。

范和男女关系。那么在这个剧烈变迁的80年代,中国的社会性别政治有了什么样的表现和特征呢?如果说,20世纪的革命孕育了妇女解放的理论和实践,提出了在生产资料公有制中男女平等的社会性别政治,那么在后革命的80年代社会性别政治的内容是什么呢?如果说,1950—1970年代妇女解放的中心议题是妇女走出家庭,参加社会主义革命和建设,在广阔的社会空间里,获得政治身份、经济利益和文化承认以消除父权/夫权制的社会性别角色,那么我们就会清楚地看到,作为解构中国革命的1980年代的社会性别政治以"去妇女解放"为纲领,从经济上、政治上、文化上和组织上全方位地推行"重新社会性别化"(regendering)。

在这里有必要温习一下社会性别的基本概念。"社会性别"是对父权/男权社会中人的性别角色形成的一种描述,最初包含着这样的认识:不平等的两性关系的形成经历了三个转变阶段。首先是从生理差异向社会差异的转变,然后是社会差异产生社会价值关系,这种价值引出不平等观念。举例说,女人能生孩子,男人不能生孩子,这就是生理上的性差异。但接踵而来的是既然女人能生孩子,能哺乳,女人就"应该"照管孩子,做家务,这就形成了社会性别的差异。社会性别差异引出了一系列价值关系。一般来说,男性所承担的社会分工被认为是更重要的,因此在经济上、政治上、文化上、道德上得到回报。而女性所承担的主要是家务劳动的社会分工被认为是次要的、附属的。社会价值的不平等导致了不平等的社会现象。建立在这种认识论基础之上,女性主义最基本的也是最根本的诉求就是要缩小以至于消除社会性别差异,通过这种"去社会性别"实现男女的社会平等。而中国的1980年代反其道而行之,通过一系列社会变革,调转了妇女解放的"去社会性别"方向,形成了向传统社会性别角色的回归。这就是"重新社会性别化"。

从经济上看,改革开放是由1980年初实行的"家庭联产承包责任制"正式启动的,亿万农村劳动妇女自愿或是被迫地回到了家庭。毛泽东时代的妇女解放实践重在为全体中国妇女特别是劳动妇女,农村的劳动妇女打开了一种公共的空间,这个公共的空间不光是政治上的空间、经济上的空间,也是文化上的空间,它是一个很广阔的空间,包括精神的和物质的。人民公社不仅为妇女提供了工作的机会,而且是她们政治生活、经济生活、文化生活的场所。在公社里,妇女的身份是多重的,而社会身份是最重要的。众所周知,家庭是父权制/夫权制的根本载体,随着人民公社的悄然解体,农村妇女的社会空间急剧地缩小,李双双们从人民公社、生产队的这种大空间的社会组织、大于家庭的组织方式退回到了家庭,从"人民公社社员""妇女队长"的政治身份退回了"屋里的""孩子他娘"的社会性别角色,可想而知,她们的地位处境会有什么样的改变。

从文化上看,万人空巷的电视剧《渴望》,完全颠覆了自1949年开始的"妇女能顶半边天"的文化叙述。在这里革命成为一个只有声音的背景,而出现在前台的一方面是对妻子、儿媳、母亲这些传统社会性别角色的向往,另一方面是对西方布尔乔亚生活方式的羡慕。80年代的女性文学,女性电影从一出现就显示出强烈的、充满激情的"重新社会性别化"的特征,迎合着"去革命"的意识形态的召唤,挑战革命,挑战中国革命带来的新的价值观和美学。1984年的《街上流行红裙子》挑战"不爱红妆爱武装"的革命审美,《爱是不能忘记的》宣扬女性固有的那种小布尔乔亚超然的爱情观,而《人到中年》则直接挑战妇女解放,把妇女参加工作表现得悲苦不堪,提出不合逻辑的所谓双重负担,否定妇女参加社会主义三项伟大的实践。所有这些有一个重要的社会性别特征:重新社会性别化的一个最重要的症候就是妇女空间的缩小,从广大的社会空间、革命的话语空间和革命的情感缩回个人的、私人领域的、私密的空间。这个过程是逐渐完成的。这也跟资本主义的狭隘空间有关系——因为是没有未来,就没有政治,去政治的政治,就是公共空间的缩小。从这个角度上看,妇女研究本身就代表着社会性别的分工。拥抱资本和资本主义带来的消费文化意识形态时,必然导致父权制的回归。

从组织上看,中国妇联的中心任务在1980年代有一个明显的转变。从妇联成立的1949年第一次全国代表大会到1978年第四次全国代表大会,组织的主要任务基本出发点都是"推动中国妇女运动","参加社会主义建设","发动组织广大妇女群众参加工农业生产和祖国各方面的建设"和"妇女运动的崇高任务"这样组织团结广大妇女群众参加社会主义革命和建设的任务。1983年9月,事情起了变化。在中国妇女第五次全国代表大会上,康克清做了题为《奋发自强,开创妇女运动新局面》的工作报告。报告中首次提出"四自"的概念。"四自"的内容在1988年9月的中国妇女第六次全国代表大会上做了最后的确定:自尊、自信、自立、自强。大会报告把"四自"说成是"改革竞争的大环境中"的"新女性意识"。"四自"标志着妇女联合会的基本任务的转型。

毛泽东时代的妇女解放有它自己很成熟的整体纲领,有它自己一套实践成绩。妇女解放"时代不同了,男女都一样"就是那个时期的典型思路,很显然,这里的男女不是生理意义上的男女,而是社会性别意义上的男女。新时期以来某些妇女研究否定"男女都一样"这个男女平等的命题,在很大程度上混淆生理意义和社会意义的男女差别，强调男女就应该不一样，从生理上不一样，社会意义上也应该不一样。这样才能表现所谓“女性意识”，所以才有了女性的所谓回归，又变成了女人。值得注意的是，在妇女研究中，这种妇女社会性别角色的回归的“重新社会性别化”，不但被论说成为中国女性意识的觉醒，而且被称誉为“女权主义”，比起“男女都一样”是一种时代的进步。这不仅是对中国社会主义时期妇女解放的反动，而且同西方女性主义的基本理论也是格格不入的。

“双重负担”是对妇女参加生产劳动从而政治解放经济独立的一种歪曲，从逻辑上是不成立的。这种指责无论从哪方面说都是站不住脚的。抛开政府积极地提供社会服务不说，劳动是“负担”，工作是“负担”，这本身就是非常奇怪的提法。它的逻辑在哪里？工作、劳动是保证人的生物性存在和社会存在的必要条件。“解放”难道应该是好逸恶劳吗？当时在国内备受崇拜的美国自由主义女性主义者贝蒂·弗里丹(Betty Friedan)的著名口号就是：“我什么都要，家庭事业我都要！”那就是有妇女意识的女权！为什么中国妇女就不能都要，要了就是负担了呢？这不是一个巨大的矛盾吗？

至于“被解放”论，更是历史虚无主义的自话自说，在逻辑上是不成立的。这种“被解放”论认为，中国妇女的解放不是妇女本身的诉求，而是中国共产党给带来的，而中国共产党是一个男权机构，那么由男权给予的解放就是“被解放”。而相比之下，美国和西方女性主义是女人自己的解放诉求，她们通过自己的女权运动而得到的权利才是真正的解放。这里起码有几层错误。第一，西欧和美国第一波的女权运动，都有男性的帮助，甚至是在男性的指导下进行的。另外，参与女权运动的人数很少，而且都是精英。按照“被解放”的逻辑，广大西方妇女也没有参加平权运动，也不想参加选举，也没有什么解放的诉求，她们的权利也是糊糊涂涂地得到的，她们也应该是“被解放”了？中国的妇女解放是一个历史过程，不但有男性提倡，也有很多女子参加和领导，比如辛亥革命的秋瑾、新民主主义革命时期的共产党员向警予等。如果说女人的权利是男权社会给的因此女人就是“被解放”，那么，全世界所有国家的女人都是“被解放”的。美国女性主义取得的所有成就和成绩不都是在说服男权的国家机构通过立法而达到的吗？如果所有的解放都是“被解放”，那么这个词就没有任何意义了。从更深的层次上说，人的所有权利和权力都是“被”给予的，都是社会给予的。社会不承认你，你再争取，你再有所谓主体性，也是没用的。中国毛泽东时代的妇女解放的伟大成就是举世瞩目的，一个代表广大劳动人民根本利益的政党，新中国成立以后，第一部法律就是

1950年的《中华人民共和国婚姻法》，几乎一夜之间，曾受着三座大山、四条绳索压迫的广大劳动妇女翻身做了主人！这在世界历史上独一无二。

诚然，80年代的妇女研究领域绝不是一个统一的协调的学科领域，因为学术惯性，马克思主义，作为中国妇女解放的成就的一种资源经常被提及。

1990年代以来，世界的政治格局发生了巨大的变化，被预言的资本主义的胜利没有出现，21世纪到来却是伴随着一次比一次严重的金融危机和经济危机。宣称“历史终结”的福山在2010年很识时务地提出“历史终结的终结”。资本主义风雨飘摇，资本主义就是危机，资本主义没有未来。马克思主义复活了，革命，包括占领华尔街运动重新被放在了社会道德至高点上。在这个背景之下，1990年以后中国的妇女研究出现了很大的变化。90年代以来由于北京世界妇女大会的召开，与世界接轨成为主题，伴随着本土化的呼吁。新世纪以来，妇女研究更呈现出多元性，认识论立场观差别巨大。但是80年代开始的“重新社会性别化”还是一个不可忽视的思想脉络和思维方式。我认为妇女研究想突破理论“瓶颈”，必须从反思“重新社会性别化”开始。

# 改革开放新时期中共妇女运动方针演变探究

## ——以1978年后历次全国妇女代表大会报告为主要内容的考察

王冬梅*

**摘　要**:从中国妇女“四大”到“十大”,妇女运动方针不断调整和改革,从以经济建设为中心到经济建设与政治路线的紧密结合;从依靠国家政权力量到国家政权力量与提高妇女素质相结合;妇女运动的政策目标越来越规范化、具体化,越来越注重其实践性。妇女运动方针的转变对妇联的工作指导方针、工作方式、工作机制及工作格局都产生了重要影响,建立社会化、开放式的工作格局,建立妇女运动的长效发展机制成为未来一个长时期妇女运动的必然趋势。

**关键词**:改革开放新时期　妇女运动　方针

妇女运动一般是指由妇女广泛参与,为解决特定的妇女问题并推动社会进步而发展的有组织、有目标、有一定规模和影响的社会群体运动。妇女运动以促进男女平等、妇女解放和发展为主旨。中共十一届三中全会后,妇女运动以经济建设为中心,围绕党和国家工作的大局,引导妇女参与改革,投身社会发展,其方针政策随着经济社会形势的发展不断调整和改革,对妇联工作产生了重要的影响。

---

* 王冬梅,女,中国农业大学思想政治教育学院近现代历史系副教授

## 一、改革开放新时期妇女运动方针演变的阶段及历史背景

新时期妇女运动方针从中国妇女第四次全国代表大会（简称妇女“四大”）到中国妇女第十次全国代表大会（简称妇女“十大）大致经历了四个阶段：

### （一）1978年9月妇女“四大”到1983年9月妇女“五大”

妇女“四大”是在党和国家的工作处于徘徊前进状态的历史时期召开的，当时揭批“四人帮”的斗争取得了伟大的胜利，1977年8月中共十一大提出“把我国建设成为社会主义现代化强国”[①]的任务。随后召开的五届全国人大一次会议也提出：“在本世纪内把我国建设成为农业、工业、国防和科学技术现代化的伟大的社会主义强国。”[②]但同时，党的一些领导人仍坚持“两个凡是”的方针，坚持“无产阶级专政下继续革命的指导理论”，这给人们的思想造成了一些混乱，使人们很难从“文革”的灾难中彻底摆脱出来。妇女“四大”就是在这种特殊的历史条件下召开的，它揭批了“四人帮”对妇联执行“修正主义黑线”的污蔑，提出“四个现代化需要妇女，妇女需要四个现代化”的工作方针，把妇联的工作重心转移到以生产为中心的轨道上来。但由于当时特殊历史时期的限制，这种转变不彻底，报告内容中还有在“三大革命运动第一线立新功”等一些较“左”的提法，带有一些“左”的思想和倾向。

妇女“四大”后不久，中共十一届三中全会召开，经过全面拨乱反正，中国实现了政治稳定，改革开放开始起步，党和国家领导人日益关心妇女工作和儿童工作，并要求从妇女、儿童的切身需要和切实利益出发开展这一工作。1979年9月29日，叶剑英《在庆祝中华人民共和国成立30周年大会上的讲话》中指出：“工会，青年团、妇联等团体是广大群众的重要代表，一定要积极主动地、独立负责的工作，……维护国家和集体的利益；同时一定要坚决维护自己所代表的群众的利益……”[③]1981年2月2日，中共中央书记处在第81

---

① 华国锋：《十一大上的政治报告》（一九七七年八月十二日报告，八月十八日通过）http://news. xinhuanet. com/ziliao/2003-01/20/content_696831

② 《五届全国人大一次会议报告》http://news. china. com/zh_cn/focus/2009lh/gdxw/11073554/20090209/15315577

③ 全国妇联办公厅：《中华全国妇女联合会四十年》（1949—1989），北京：中国妇女出版社1991年版，第212页。

次会议上指出:“全国妇联应把抚育、培养、教育三亿以上的儿童和少年作为自己工作重点。”[①]按照中央的指示,同年全国妇联领导人先后赴华东、东北、云南等地调查了解农村实行生产责任制后基层妇女工作的情况,农村儿童入学情况及家庭、婚姻等方面的问题;1982 年她们在北京月坛街道调查低年级小学生吃午饭难和婴幼儿入托难等问题,真正深入群众,为妇女、儿童服务。同年 9 月,胡耀邦在党的十二大报告中明确指出:“妇联应当成为代表妇女利益,保护和教育妇女,保护和教育儿童的有权威的群众团体。”[②]1983 年 3 月,党中央书记处从妇女群众和妇女运动的实际出发,确定妇女工作的方针和任务是:“坚决维护妇女儿童的合法权益,抚育、培养儿童少年的健康成长,充分发挥妇女在建设社会主义物质文明和精神文明中的重大作用。”[③]同年 9 月召开的妇女“五大”坚持这一方针。

**(二) 1983 年 9 月妇女“五大”到 1988 年 9 月妇女“六大”**

自 1982 年中共十二大后,中国社会主义建设的新局面全面展开。改革的重点从农村向城市转移,农村改革从 1984 年前实行联产承包责任制为主转变到农村经济管理体制方面的改革,乡镇企业迅速发展;城市主要进行了国有企业改革、价格和所有制结构方面的改革;同时,在 4 个经济特区的基础上进一步开放 14 个沿海城市。在改革开放各方面工作全面推进的情况下,党中央进一步探索有中国特色社会主义的道路,中共十三大系统阐述了关于社会主义初级阶段的理论,标志着党对中国特色社会主义建设道路的探索日趋成熟。

这种新形势既为妇女提供了参与改革的机会,也对妇女自身的素质提出了更高的要求,因此如何维护妇女权益,提高妇女素质,以充分发挥妇女在改革开放中的作用成为这一时期妇女运动的主题。1984 年 3 月,《全国妇联 1984 年工作要点》明确指出:“要进一步做好妇女群众的思想政治工作,突出抓好自尊、自爱、自重、自强的‘四自’教育,继续进行维护妇女儿童合法权益的工作,为妇女儿童办实事,办好事。”[④]1988 年 9 月妇女“六大”强调指出“必须围绕经济建设开展妇女运动,从社会发展中求妇女解放;号召 广大妇女

① 全国妇联办公厅:《中华全国妇女联合会四十年》(1949—1989),北京:中国妇女出版社 1991 年版,第 232 页。

② 胡耀邦《全面开创社会主义现代化建设的新局面——在中国共产党第十二次全国代表大会上的报告(一九八二年九月一日)》,http://news.xinhuanet.com/ziliao/2003-01/20/content_696989

③ 全国妇联办公厅:《中华全国妇女联合会四十年》(1949—1989),北京:中国妇女出版社 1991 年版,第 266 页。

④ 同上书,第 278 页。

‘自尊、自信、自立、自强’，全面提高自身素质”①。这是自妇女“五大”后，妇女运动方针的进一步发展。

**(三) 1988 年 9 月妇女“六大”到 1998 年 8 月妇女“八大”**

中共“十三大”后，1988 年 9 月至 1991 年底，中国经历了一个治理整顿的特殊时期，同时也经受住了 1989 年北京政治风波和苏联、东欧剧变的严峻考验。以 1992 年邓小平南方谈话和中共“十四大”为标志，中国历史进入了改革开放的新阶段。社会主义市场经济体制的建立，沿海、沿江、沿边大开放格局的形成，使得经济竞争日趋激烈，经济建设越来越转到依靠科技进步和提高劳动者素质的轨道上来，科学技术成为第一生产力。在这种情况下，为了适应改革开放不断深化，建立社会主义市场经济体制的需要，全国妇联联合其他部门在农村和城镇妇女中分别开展了“双学双比”“巾帼建功”等特色活动，大力推动妇女参与改革开放，坚决维护妇女儿童的合法权益。1993 年 9 月，中国妇女“七大”提出了新时期妇女运动的方针：“以建设有中国特色社会主义理论为指导，坚持党的基本路线，广泛动员妇女投身改革开放和社会主义现代化建设事业，大力提高妇女素质，依法维护妇女权益，全面提高妇女地位，以行动谋求平等和发展。”②妇女七大后不久，联合国第四次世界妇女大会及 95 北京非政府组织妇女论坛在中国成功召开。会议通过了《北京宣言》和《行动纲领》；这一时期，各级妇联也协助政府大力推动《中华人民共和国妇女权益保障法》《中华人民共和国未成年人保护法》及《中国妇女发展纲要》《九十年代中国儿童发展规划纲要》的实施和贯彻；深入持久地开展“双学双比”“巾帼建功”和“五好文明家庭”活动，及“巾帼扶贫”“巾帼创业”“巾帼扫盲”等一系列深化活动，动员妇女全方位投入改革和建设。1998 年 8 月，妇女“八大”进一步明确了妇女运动的指导思想：“高举邓小平理论伟大旗帜，坚持党在社会主义初级阶段的基本路线和基本纲领，坚持马克思主义妇女观，弘扬‘四有’、‘四自’精神，团结动员广大妇女全面参与有中国特色社会主义的经济、政治、文化建设，促进妇女的发展，为实现我国跨世纪的宏伟目标作贡献。”③

---

① 《全国妇女团结起来为建设有中国特色社会主义努力而奋斗——在中国妇女第七次全国代表大会上的报告(1993 年 9 月 1 日)》，http://www.women.org.cn/zhongyaowenxian/fudaihuiwenjian/di7jie/gongzuobaogao。

② 同上。

③ 《高举邓小平理论伟大旗帜 团结动员各族各界妇女为实现我国跨世纪的宏伟目标努力奋斗——在中国妇女第八次全国代表大会上的报告(1998 年 3 月 31 日)》，http://www.women.org.cn/zhongyaowenxian/fudaihuiwenjian/di7jie/gongzuobaogao.

### （四）1998年8月妇女“八大”到2008年10月妇女“十大”

1997年9月中共“十五大”后，党领导全国人民成功克服了东南亚的金融危机，加快以国有企业为重点的各项改革，成功把中国特色的社会主义事业推进到了21世纪。进入新世纪，世界多极化和经济全球化的趋势进一步发展，综合国力竞争日趋激烈，世界经济处于广泛而深刻的调整之中。中国面临的挑战前所未有，机遇也前所未有。党中央在十六大提出了全面建设小康社会的战略目标：经济方面，在优化结构和提高效益的基础上，国内生产总值到2020年力争比2000年翻两番；政治方面，社会主义民主更加完善，社会主义法制更加完备，依法治国基本方略得到全面落实；文化方面，全民族的思想道德素质、科学文化素质和健康素质明显提高，形成比较完善的现代国民教育体系、科技和文化创新体系、全民健身和医疗卫生体系。另外，还提出可持续发展能力不断增强，生态环境得到改善，资源利用效率显著提高等任务。

面对这样艰巨的历史任务，中国妇女运动在新世纪的近十年中，高举邓小平理论伟大旗帜，以“三个代表”重要思想和“科学发展观”为指导，团结动员全国各族各界妇女积极投身改革开放和现代化建设，努力实现妇女自身的进步与发展。这一时期，党和国家高度重视妇女和妇联工作，不断优化妇女发展的社会环境；各级妇联组织也紧紧围绕全党全国工作大局，认真探索新形势下妇女发展和妇联工作的规律，妇女工作方针注重法律、法规政策的贯彻实施，注重社会发展和妇女自身发展的和谐统一，妇联的工作方式、工作机制等发生了很大变化，各项工作取得了显著成绩。2003年8月，妇女“九大”提出妇联工作的指导思想和主要任务是：“高举邓小平理论伟大旗帜，以‘三个代表’重要思想为指导，深入贯彻党的十六大精神，紧紧围绕经济建设这个中心，积极推动落实男女平等基本国策和实施妇女儿童发展纲要，坚持一手抓发展、一手抓维权，努力提高妇女的思想道德素质、科学文化素质和健康素质，进一步团结动员妇女广泛参与社会主义物质文明、政治文明和精神文明建设，在全面建设小康社会的伟大实践中实现妇女的进步与发展”①。2008年10月，妇女“十大”提出此后五年妇联工作的总体要求是：“全面贯彻党的十七大精神，高举中国特色社会主义伟大旗帜，以邓小平理论和‘三个代表’重要思想为指导，深入贯彻落实科学发展观，围绕党和国家的中心工作，围绕实

---

① 《以“三个代表”重要思想为指导，团结动员全国各族各界妇女为全面建设小康社会而奋斗——在中国妇女第九次全国代表大会上的报告（2003年8月26日中国妇女第九次全国代表大会通过）》，http://www.women.org.cn/zhuanti/9da/dhwj/guxiulianbaogao。

现今后五年妇女发展的目标，更加注重解放思想、改革创新，更加注重统筹发展、依法维权，更加注重夯实基础、优化环境，大力宣传贯彻男女平等基本国策，推动实施中国妇女发展纲要和中国儿童发展纲要，扎实做好组织妇女、引导妇女、服务妇女和维护妇女儿童合法权益的工作，促进妇女全面发展，团结动员亿万妇女为夺取全面建设小康社会新胜利作出新的更大的贡献。"①

从以上可以看出，妇女运动方针或指导思想演变的四个阶段始终以党和国家的大局为中心，随着党和国家工作重点的转移而转移，在改革开放和社会主义现代化建设的大潮中寻求自身的发展和进步，寻求国家利益和妇女自身利益的统一。

## 二、新时期妇女运动方针演变的表现及主要特征

### （一）主要表现

妇女"四大"提出了"四个现代化需要妇女，妇女需要四个现代化"的方针，凸显了国家和集体利益的重要性，妇女"五大"则鲜明地指出："坚决维护妇女儿童的合法权益"，两者对比显示了党和国家妇女运动指导思想出发点的变化，从注重国家和集体利益需求为出发点，到注重妇女自身利益需求为出发点，这是一个重大的改变。

妇女"六大"方针相对于妇女"五大"有两个重要改变：其一，明确提出"围绕经济建设开展妇女运动，从社会发展中求妇女解放"，寻求妇女自身发展与社会发展的统一。其二，首次在妇女运动中提出"自尊、自信、自立、自强"的"四自"口号，这一口号凸显了妇女群众在妇女解放运动中的主体地位，是从依靠党和国家的政权力量解放妇女到以妇女群众自身为中心，发挥妇女主体地位，寻求自我解放的重大转变。自此，发扬妇女"四自"精神，全面提高妇女素质，成为一个长时期内妇女解放运动的战略任务。

妇女"七大"和妇女"八大"方针相对于以前的历次代表大会，其指导思想更加明确，邓小平理论、党在社会主义初级阶段的基本路线和基本纲领及马克思主义妇女观成为妇女运动的长期指导思想。同时，妇女"七大"和妇女"八大"方针也较完整地提出了妇女投身改革开放和社会主义现代化建设事

---

① 《高举中国特色社会主义伟大旗帜，团结动员全国各族各界妇女，为夺取全面建设小康社会新胜利而奋斗——在中国妇女第十次全国代表大会上的报告（2008 年 10 月 31 日中国妇女第十次全国代表大会通过）》，http://www.women.org.cn/zhuanti/9da/dhwj/guxiulianbaogao。

业与妇女自身发展的统一。

妇女“九大”和妇女“十大”则在前两次妇女代表大会的基础上突出了两方面的内容：其一，更注重从“两法”“两纲”及其他相关法律、法规和政策实施的角度，切实贯彻落实男女平等基本国策，注重夯实基础，优化环境。其二，更注重妇女在改革开放中的全方位参与和妇女自身的全方位发展。提出要“努力提高妇女的思想道德素质、科学文化素质和健康素质，进一步团结动员妇女广泛参与社会主义物质文明、政治文明和精神文明建设”，要“扎实做好组织妇女、引导妇女、服务妇女和维护妇女儿童合法权益的工作，促进妇女全面发展”。

**（二）新时期妇女运动方针演变的主要特征**

由以上妇女运动方针的演变可以看出其一些主要的特征：

其一，妇女运动方针从以经济建设为中心演变到经济建设与政治路线的紧密结合。妇女“六大”以前，妇女运动的方针主要提到“四个现代化”“经济建设”等，当时改革开放还处在起步阶段，有中国特色社会主义道路的探索还刚刚开始，还没有形成完整的理论和路线。自妇女“七大”开始，党逐步提出并不断完善中国特色社会主义的理论体系，中国特色社会主义道路及中国特色社会主义的制度体系，形成邓小平理论、“三个代表”重要思想、科学发展观一系列指导思想及社会主义初级阶段的基本路线、三步走战略步骤等光辉思想，为妇女“七大”后中国妇女解放运动的发展提供了重要的指导思想。

其二，从依靠国家政权力量开展妇女运动演变到依靠国家政权力量与提高妇女自身素质相结合。

新时期妇女运动始终与改革开放和社会主义现代化建设紧密相联，妇女在投身改革开放和现代化建设的进程中不断寻求自身的发展和解放，国家成为推动妇女参与经济、政治、文化、社会等各方面建设，保护妇女权益，贯彻和实施男女平等基本国策的重要外部力量和动力机制。然而，随着改革开放的深入发展和社会主义市场经济体制的建立，经济增长转移到依靠科技进步和提高劳动者素质的轨道上来，这种严酷的现实对于在文化、教育整体方面处于弱势的妇女群体极为不利，助长了一些妇女自轻自贱、妄自菲薄、依附别人的心理，封建主义和资产阶级的腐朽道德和腐化堕落现象开始在社会上出现，正是在这种情况下，妇女“六大”鲜明提出“自尊、自信、自立、自强”的“四自”口号，认识到妇女是决定自身命运的基本力量，也是决定妇女运动发展的基本力量。因此，妇女“六大”以后，党在妇女运动中既注重运用国家政权的力量，推动男女平等基本国策的实施，维护妇女合法权益；更注重从提高妇女自身素质着手，充分调动妇女自身的积极性、主动性和创造性，从内外两方面共同推动妇女运动的发展。

其三，妇女运动的政策目标越来越规范化、具体化，越来越注重其实践性。

1991年颁布《中华人民共和国未成年人保护法》(2006年重新修订)，1992年颁布《中华人民共和国妇女权益保护法》(2005年重新修订)，两部法律对妇女和未成年人在政治、文化教育、劳动权利、人身等方面的权益都有了具体的规定，成为保护妇女和未成年人权益的重要法律武器；同时《中国妇女发展纲要》(1995—2000及2001—2010)和《中国儿童发展纲要》(1991—1999及2001—2010)对妇女、儿童各方面的发展目标做出了具体规定，并建立了实施纲要的监测评估指标体系和联络员工作制度。“两法”“两纲”的颁布实施明确具体地提出了不同时期妇女和儿童发展的目标体系和指标体系，具有前瞻性、针对性和可操作性，推动了妇女事业的发展。妇女维权工作实践也实现了突破，妇联大力实施妇女儿童权益维护行动，建立了几千个维权中心，并全方位建立妇联维权工作机制，加强妇联信访网络、法律援助网络、维权监督网络及基层维权阵地建设。另外，90年代后，国家还不断推进男女平等的保障机制，政策支持体系、组织机构体系等不断健全。21世纪妇女儿童发展规划被纳入经济社会发展总体规划，以国务院妇女儿童工作委员会为核心机构的妇女儿童工作协调合作机制日趋完善，全社会支持妇女发展的力度进一步加大。

可见，妇女运动方针在改革开放后的30多年中发生了很大的变化，国家利益与妇女自身利益的统一，社会发展与个人发展的统一，依靠国家政权力量，优化妇女发展环境与提高妇女素质的统一等等成为这些年来妇女运动方针演变的主要趋向。

## 三、新时期妇女运动方针演变对妇联工作的影响

妇联是党和政府联系妇女群众的桥梁和纽带，是国家政权的重要社会支柱。新时期30多年的发展过程中，妇联始终围绕党的中心任务，独立自主地开展工作，并根据不同历史时期的任务，加强和改进自身建设。从妇女“四大”到妇女“十大”，随着妇女运动方针的调整，妇联的工作内容、工作方式、工作机制和工作格局都发生了很大的变化：

(一) 工作指导方针从维护妇女权益到围绕经济建设为中心，一手抓发

展,一手抓维权。

妇女“四大”和“五大”提出了妇女要在“三大革命”中立新功,在“两个文明”建设中发挥作用,但工作任务主要还是围绕后勤工作、恋爱婚姻、家庭、抚育子女等方面展开,重点强调维护妇女和子女的合法权益。妇女“六大”后,城乡改革的不断深化,社会主义市场经济体制的建立引起了经济领域的深刻变革,这种形势下,妇联鲜明提出了“围绕经济建设开展妇女工作”,以各种有效活动为载体,找到了妇联工作与经济建设的结合点,提出了“一手抓发展,一手抓维权”的工作思路,成为以后历次代表大会的指导方针。发展与维权是一种辩证关系,发展是维护妇女权益的基础,维权是促进妇女发展的保障。坚持在发展中促进维权,在维权中谋求发展。它符合中国的国情和广大妇女群众的愿望,成为妇联长期坚持的工作指针。

(二)工作方式从政治宣传、调查研究发展到“以有效活动为载体、以法律手段为保障,以建立可持续发展体系为目标的更丰富、更科学、更能发挥持久效益的方式。

思想政治工作是群众团体工作的传统方式,改革开放初期妇联继承并研究新形势下思想政治工作的方法,走群众路线,搞调查研究,这些方法对推动80年代妇联工作的开展起了很大作用,但随着改革开放形势的迅速发展,妇联工作的内容和领域不断拓宽,承担的任务也越来越重,为了更好地代表和维护妇女利益,提高效率,增强实力,妇联工作方式的改革成为当务之急。1989年全国妇联联合政府有关部门发起了全国农村妇女“学文化、学技术,比成绩、比贡献”(简称“双学双比”)竞赛活动;1991年又在全国城镇妇女中开展了做“‘四有’、‘四自’女性,为‘八五’计划建功”(简称“巾帼建功”)活动。“双学双比”“巾帼建功”再加上“五好文明家庭”成为妇联长时期的三项主体活动,后来的“巾帼扶贫”“巾帼创业”“巾帼扫盲”“巾帼成才”“巾帼文明”等系列行动都是在此基础上的深化和发展,这些活动把妇女工作的优良传统与时代精神相结合,采取多部门协调合作的方式,抓住了妇女工作与经济建设的结合点,成为贴近妇女群众需求的有效活动形式。与此同时,妇联日益意识到要保障妇女儿童的合法利益,保障妇女工作在国家民主政治生活中的地位和作用,必须要有妇联武器。因此,自90年代初妇联就协助政府大力推动“两法”“两纲”的实施和贯彻,积极参与有关法律法规的制定,配合各级人大开展经常性的执法检查和调查研究。进入21世纪,更加大源头参与和宏观维权力度,积极参与修改婚姻法、制订农村土地承包法和妇女权益保障法的执法检查,建立健全了妇女儿童维权联席会议等维权协调机制,建立了九千多个法律援助和服务机构，推动形成了社会化维权工作的格局。以有效活动为载体，以法律手段为保障，其目的就是在未来为妇联构建和完善妇女运动的理论体系、教育培训体系、社会化的妇女工作体系及妇女事业发展的支持体系，全方位、多层面推动妇女运动的创新性发展。

（三）工作机制从加强妇联自身的领导机制建设到多领域、多层面的协调互动发展机制。加强妇联领导班子建设，提高干部素质始终是妇联领导机制建设的最重要一环，在此基础上，要充分发挥妇联常委会、执委会的作用，以提高工作效能和决策的民主性、科学性。但仅有领导机制的建设还不能满足妇联工作任务日益复杂化和多样化的需求，妇联开始从服务机制、利益表达机制、维权机制等多方面加强工作机制建设，如“三项主体活动”中建立了工作协调机制，充分发挥协调领导小组会议的作用，以更好地打造有规模、有影响、有特色的妇联工作品牌；利益表达机制则是要通过完善妇联执委工作制，推广妇联发言人制度，拓展反映妇女利益的渠道，反馈妇女群众的呼声与诉求；维权预警机制，通过健全妇联五级信访网络，及时发现苗头性问题，争取将问题解决在萌芽状态中。另外，还在继续探索妇联组织与妇女群众互动合作的工作机制，妇联参与社会管理、社会公共服务的机制等等。良好的机制建设能使妇联在经济社会发展的严峻挑战面前，更好地履行职能，发挥优势，成为工作上有活力、组织上有凝聚力、社会上有影响力并为广大妇女信赖的群众组织。

（四）社会化、开放式工作格局的形成。随着社会主义市场经济体制的建立，政府职能进一步向服务型转变，社会资源配置方式进一步向多渠道转变，在这种情况下，妇联广泛吸纳各方面力量的参与，形成了社会化、开放式的工作格局。这主要表现在三个方面：其一，加大宣传教育力度，强化全社会的男女平等观念是推行妇联工作社会化的重要前提。马克思主义妇女观、男女平等基本国策进入各级党校、行政院校和高等院校的课堂，增强公务员尤其是领导干部和高知人群的男女平等观念，同时充分发挥大众传媒、互联网络等传播工具的作用，宣传妇女在推动经济和社会发展中的重要地位。其二，巩固纵向组织，拓展横向组织，完善立体式组织网络是建立妇女工作开放式格局的重要基础。纵向组织包括逐渐健全的街乡妇联和村居妇代会及适应城乡体制改革而建立的街道妇工委、社区妇联、村妇联等新型组织；横向组织指机关事业单位妇委会、非公有制经济领域中的妇女组织和团体会员，及各类女性协会、研究会、联谊会或农村妇女专业技术协会、专业合作组织等各种服务机构，形成多层次、多渠道的组织网络。其三，充分发掘社会人才、资金等资源，是建立妇联社会化、开放式格局的重要保障。要发展和壮大专职、兼职和志愿者相结合的妇女工作队伍，特别要发挥各界专业技术人员、专家学者、社会工作者的专长，同时广泛吸纳海内外社会资金，采用市场化、项目化的运作方式，大力兴办公益事业，为妇女儿童办实事。

由上可知，改革开放30多年来，妇联在工作指导方针、工作方式、工作机制及工作格局等方面都发生了很大变化，这是妇联面对新形势、新任务不断调整自己，不断加快自身改革和建设的必然结果。

## 四、历史经验和总结

改革开放以来30多年妇女运动的历史有很多宝贵的思想经验，总结这些经验，对未来中国妇女运动方针、政策的制定有重要意义，这些经验主要表现在以下几方面。

### （一）坚持妇女群众在妇女运动中的主体地位

妇女的彻底解放是一个长期漫长的过程，在这个过程中，不管在革命时期或建设时期的何种阶段，引导妇女、组织妇女、教育妇女都要尊重妇女的主体地位，从妇女最关心、最直接、最现实的问题出发才能真正调动妇女主体的积极性和创造性，促进妇女事业的长远发展。新时期妇联提出的“四自”口号，“一手抓发展，一手抓维权”的工作指针，“双学双比”等有效活动都是立足于妇女自身需求，充分发挥妇女自身潜力，依靠自身力量求得妇女经济和政治地位的提高，获得妇女自我解放的条件和基础。

### （二）坚持妇女运动的社会性、群众性和统战性

新时期妇女发展历程和妇联工作实践不断地说明，妇女工作是一项复杂的社会系统工程，单靠妇联组织的力量根本不可能完成这样一项系统工程。它需要党委、政府高度重视，有关部门齐抓共管，需要各级政府建立健全妇女儿童工作机构，这是做好妇女工作的重要组织保障；政府加大资金投入，不断整合运用各方面的资源，是做好妇女工作的物质保障；制定符合中国国情的妇女发展纲要和目标体系，并将其纳入国家的社会和经济发展总体规划同步实施，是做好妇女工作的策略措施保障；社会各界人士和社会机构或团体对妇女工作的大力支持，是做好妇女工作的社会保障。只有这种多方面的保障才能最大限度地调动一切可以利用的积极力量，维护妇女合法权益，促进妇女发展。

### （三）坚持性别平等意识教育，消除性别歧视，维护妇女合法权益

维护妇女儿童合法权益始终是妇联的重要职能，自1992年《中华人民共

和国妇女权益保护法》颁布实施后，各级妇联不断加大源头参与和宏观维权力度，建立了法律援助、法律服务机构及法律维权网络建设，在妇女维权方面做出了很大的成绩。然而，相对于实际维权措施来讲，性别平等意识的社会宣传还很不够，各种显形的或隐形的性别歧视大量存在于法律法规中，存在于人们的日常生活中。如果这种性别歧视得不到揭示，人们就会普遍缺乏对性别问题的敏感度，缺乏性别平等意识，损害妇女权益的现象就不可能从根本上得到解决。因而，全社会性别平等意识的宣传和教育应成为今后长时期妇女工作的一项重要战略任务。

**（四）坚持建立妇女运动的长效发展机制**

进入 21 世纪，国际竞争日趋激烈，科技进步日新月异。劳动者经济和科技素质的高要求对妇女参与社会发展提出了新的挑战，对妇联工作提出了更高要求。在这种情况下，单一的、零星的或临时的妇女项目或妇女活动已无法满足社会发展的需求，建立长远的妇女事业发展体系成为必需的目标。只有构建可持续发展的妇女教育培训网络、妇女维权网络、妇女经济参与和政治参与机制等，才能从根本上推动我国妇女运动的发展。

总之，自中国妇女"四大"到妇女"十大"，中共在妇女运动中始终坚持维护国家利益与维护妇女自身利益的统一，坚持依靠国家力量与提高妇女自身素质相结合，在经济建设和社会发展中求妇女解放，妇女运动的政策目标越来越规范化、具体化，越来越注重其实践性。在此基础上，妇联工作中也逐渐形成了"一手抓发展，一手抓维权"的工作思路，并在实践活动中与社会相关部门建立了多领域、多层面的协调互动发展机制，形成了开放式、社会化的工作格局。在未来国际、国内竞争日趋激烈的情形下，妇联仍需不断深化改革，探索妇女运动的长效发展机制，力求从根本上推进妇女解放的艰巨事业。

# 当今中国女性权利实现的理论思考

冯雅新*

**摘　要：**坚持马克思主义妇女理论的指导地位，是当今中国女性权利实现的理论基础。应在社会主义本质属性的框架内讨论中国女性权利问题，这是中国女性权利实现的基本前提。女性的自我觉醒、自主意识的增强是女性权利实现的根本动因。社会性别意识及性别平等原则的确立是当今中国女性权利实现的社会环境。在不断发展变化的社会条件下，由于经济独立并不自然带来女性政治地位和社会地位的提高，有时反而伴随女性地位的下降趋势。因此，进一步提高女性参与公共事务和管理，是中国女性权利实现的重要条件。

**关键词：**女性权利　自由全面　自我觉醒　中国特色

妇女平等权利和平等地位的真正实现，受到社会发展阶段和条件的影响和制约。经过百余年的奋斗，中国女性走出了一条有自己特色的解放道路。在全面建成小康社会的新的历史征程中，需要在实践中探索新的有中国特色的女性平等权利真正实现的道路，也需要形成新的有中国特色的妇女理论。理论的目的在于指导实践，实践则是检验理论是否正确的标准。

* 冯雅新，女，北京大学马克思主义学院副教授

## 一、必须坚持马克思主义妇女理论的指导地位，这是当今中国女性权利实现的理论基础

众所周知，中国共产党用以指导女性解放和实现女性平等权利的理论，是马克思主义妇女理论。马克思主义理论著述中虽然没有以女性问题为专门论题的著作，但却形成了完整的马克思主义妇女理论。

马克思主义关注全世界被压迫阶级和被压迫民族的解放与发展，提出共产主义社会是人类社会发展的理想王国。马克思主义理想中的社会主义和共产主义，是“自由人的联合体”，是人在得到了基本的生存权、自由权和发展权之后，再进一步从异化劳动中解脱出来，真正复现人的本性、尊严和创造力的“真正合乎人性”的社会。即在“不再有任何阶级差别，不再有任何个人生活资料的忧虑”的基础上，使人们“第一次能够谈到真正的人的自由，谈到那种同已被认识的自然规律相和谐一致的生活”①的社会。这里至少包含了三层意思。首先，人类最高理想社会中的人是“自由人”，这自由人不仅包括男人，当然也包括女人。女性早已纳入马克思主义理论视野中，是社会发展、人类进步必不可少的力量。因为“每个了解一点历史的人也都知道，没有妇女的酵素就不可能有伟大的社会变革。社会的进步可以用女性的社会地位来精确地衡量”②。其次，人类理想社会，是在消灭了私有制、消灭了阶级、消灭了剥削基础上的人的自由而全面发展的社会。马克思主义经典作家运用辩证唯物主义和历史唯物主义的世界观、方法论，对妇女社会地位的演变、妇女的社会作用、妇女的社会权利和妇女争取解放的途径等基本问题作出了科学分析和概括。这种妇女理论，是马克思主义理论体系的重要组成部分。

在对待马克思主义妇女理论的态度问题上，至少存在两种绝对化的倾向。其一是将马克思主义教条化、神圣化，盲目照搬马克思主义经典著作的词句，脱离中国实际。这种倾向在东欧剧变发生后，逐渐淡出人们的思维和视线，已不再表现为主流和大多数。其二是认为时代发展了，社会进步了，马克思主义妇女理论已经过时，不再管用，而去马克思主义妇女理论之外寻求理论支持，尤其是到西方寻求各种解决问题的办法。这种倾向成为近些年来的主要表现。殊不知，无论中外历史，女性问题解决得好的时期或国家，恰恰

---

① 《马克思恩格斯选集》第 3 卷，人民出版社 1995 年版，第 456 页。

② 《马克思恩格斯文集》第 10 卷，人民出版社 2009 年版，第 299 页。

是正确地坚持和发展了马克思主义妇女理论。相反,女性问题出现下滑甚至倒退,恰恰是错误地认识、不能正确地运用马克思主义妇女理论。一百多年的历史实践证明,马克思主义对妇女问题的认识和评说是正确的,它将妇女解放纳入到社会主义革命的轨道,大大加速了妇女解放的进程。因此,必须加强认识"马克思主义整个世界观不是教义,而是方法。它提供的不是现成的答案,而是进一步研究的出发点和供这种研究使用的方法。"①

在新世纪、新时期坚持和发展马克思主义妇女理论,首先必须坚持马克思主义的宽阔视野,将女性权利实现不仅与本阶级、本民族和本国家的命运和发展紧密联系在一起,同时将视野投向全世界,以全世界无产阶级的解放是全人类的最终解放作为标志,女性尤其是无产阶级女性的解放、权利实现更是全人类解放的重要标志。其次必须坚持马克思主义阶级分析的立场和观点,要充分认识世界范围内的阶级和阶级压迫及其意识形态斗争并没有消除。历史和现实的经验表明,一个国家、一个领域,绝不能没有占据主导地位的意识形态。这是因为,意识形态是一定阶级的文化在阶级利益上的反映与表现,它涵盖基本价值和逻辑基础。马克思说过:"如果从观念上来考察,那么一定的意识形态的解体足以使整个时代覆灭。"②第三,坚持马克思主义辩证唯物主义和历史唯物主义的科学方法。历史唯物主义要求我们历史地考察妇女理论形成的社会历史原因和时代精神实质,辩证唯物主义要求我们用发展的眼光看待问题,看到事物之间存在着的普遍联系。这就要求对女性解放理论的研究必须跟上时代前进的步伐。

## 二、在社会主义本质属性框架内讨论女性权利,这是当今中国女性权利实现的基本前提

根据一般的理解,"本质"是事物的根本性质,而"属性"则是这一事物在同其他事物的相互关系中表现出来的本质。按照列宁的观点,同一事物的本质在不同的关系中可以表现出多重属性,但多重属性中何者重要,何者次要,只有主体的社会实践才能确定。社会主义本质属性是社会主义本质在社会生活各方面表现出来的综合属性。

社会主义是一个不断发展和完善的过程,这决定了我们对中国特色社会

① 《马克思、恩格斯、列宁关于发展马克思主义论述摘编》,北京:学习出版社 2001 年版,第 5 页。

② 《马克思恩格斯全集》第 46 卷(下),北京:人民出版社 1980 年版,第 35 页。

主义的本质及其属性的认识，必然是一个依据实践发展而逐步深化的过程。在中国共产党确立社会主义目标信仰的相当长的时期里，对于社会主义的本质特征存在着某种误读，因而一度对于“什么是社会主义”“怎样建设社会主义”等问题未能科学地诠释。

改革开放以来，从中共第二代中央领导集体的核心邓小平的“社会主义本质论”，经过中共第三代中央领导集体的核心江泽民的“人的全面发展是社会主义本质要求”，再到以胡锦涛为总书记的党中央领导集体的“社会和谐是中国特色社会主义的本质属性”，它们之间有着内在的逻辑发展关系，是在不同条件、不同阶段对社会主义本质认识的展开过程。邓小平阐述了社会主义的本质是解放生产力，发展生产力，消灭剥削，消除两极分化，最终达到共同富裕。他指向的是中国特色社会主义的伟大事业，内在地包含了对社会主义发展的要求，孕育了和谐的思想，并明确社会主义的根本原则是共同富裕。“共同富裕”隐含了对社会主义革命和建设年代“共同贫穷”的重大修正。只有朝着共同富裕的方向发展或实现了共同富裕，才能“理直气壮地说社会主义优于资本主义”①。生产力发展水平的高低，固然是社会主义和资本主义两种制度优劣的重要评价尺度，却不是唯一尺度。同时还要看两种制度谁能实现社会公平正义和共同富裕，谁能实现经济社会的可持续发展和人的自由全面发展，谁能促进人与自然、人与社会的和谐。

社会和谐内在地要求人与人、人与自然、人与社会之间的和谐。在人与人的关系中，有男人与女人、女人与女人、男人与男人等相互关系。而作为社会主体和中心的男性和女性之间的和谐关系，成为其中的核心内容和重要条件。男性和女性只有互相扶持、共同发展，形成良性互动，实现了彼此间的和谐，才有可能实现人与人、人与自然、人与社会之间的和谐。即是说，两性和谐是人与人和谐的基础，而人与人的和谐，又是人与自然、人与社会和谐的基础，在各种和谐关系基础之上建立和谐社会。近年来，生态文明建设被日益放在了突出的地位，正在融入经济建设、政治建设、文化建设、社会建设的各方面和全过程。笔者认为，生态文明不只限于解决人与自然的关系，同样内在地要求解决人与人、人与社会之间的关系，以使各方面达到平衡，健康、协调、有序的发展。

在中国，女性权利实现必须强调中国，即实践特色、理论特色、民族特色和时代特色。中国女性权利的实现虽然经历了艰难和曲折，而今进入女性权

---

① 《邓小平文选》第3卷，北京：人民出版社1993年版，第225页。

利实现和发展最好的时期，这正得益于社会主义本质属性的不断成熟与完善。全球化时代的到来，使女性权利实现似乎表现出某种程度的普世性。这种普世性，应更多地从普遍适用的形式上去理解与借鉴，而非当作普遍适用的价值观而简单予以采纳。中国女性权利的实现植根于中国的国情、党情、民情，中国特色社会主义的道路、理论和制度即为中国目前最根本的国情、党情和民情，不断丰富和发展中国特色社会主义的实践特色、理论特色、民族特色和时代特色，是其题中应有之义。离开了社会主义本质属性而谈中国女性权利实现，试图跟随西方或言必称"与国际接轨"，必然造成丧失自我特色，迷失发展方向，无异于空中楼阁。

## 三、女性的自我觉醒、自主意识的增强是当今中国女性权利实现的根本动因

胡锦涛在纪念"三八"国际劳动妇女节100周年大会上的讲话中指出："必须坚持广大妇女的主体地位。妇女是决定自身命运的基本力量，也是决定妇女运动发展的基本力量。我国广大妇女勤劳勇敢、吃苦耐劳，蕴藏着无穷的智慧，是认识世界和改造世界、创造物质财富和精神财富、推动社会进步和历史前进的一支伟大力量。只有充分尊重广大妇女的主体地位，把广大妇女的积极性、主动性、创造性最充分地调动起来，把广大妇女的智慧和力量最大限度地凝聚起来"[①]，才能真正推动中国女性权利的实现。这就是说，女性的发展和权利的实现，不仅需要社会为其营造和谐的氛围和良好的环境，更需要妇女自身主体意识的觉醒，需要女性自己来解放自己。正如列宁所说的"女工的解放也应当是女工自己的事情"[②]，也正所谓外因要通过内因发挥作用。

回首中国女性解放和发展的进程不难发现，提出妇女解放的文化先驱、为妇女翻身摇旗呐喊、致力实现妇女平等权利的领军人物，主要以男性为主，男性起着主要推动作用。这使得中国妇女解放运动在总体上呈现出男性特色，即这种运动的兴起与发展并非首先出自女性自身的觉醒和自为，而更多地表现出由男性去唤醒女性、去解放女性、去带领女性争取各种权利。这成

---

① 胡锦涛：《在纪念"三八"国际劳动妇女节100周年大会上的讲话》2010年3月7日，《中国妇运》2010年第4期。

② 《列宁选集》第4卷，北京：人民出版社1995年版，第48页。

为中国女性解放和发展的特点，一方面中国的男性确实在某种程度上帮助了中国女性，另一方面却也在客观上出现了以男性已经获得的自由和解放为尺度来解放和要求女性的倾向，同时还造成了中国女性对中国男性一定程度、一定范围的依赖，并由此滋生了女性的等待心理，对已经获得的权利漠然处之，使女性性别一度成为不自强、不自立、不自救的保护伞。因此，必须充分认识到社会和男性只能解放女性生存和权利实现的外部环境，女性的自我解放和权利实现根本还要靠女性自己。

早在 1988 年 9 月中国妇女第六次代表大会工作报告中，全国妇联就提出了妇女观念解放的艰巨任务："当代妇女要争取自身的进一步解放，必须努力提高思想道德素质和科学文化素质，树立自尊、自信、自立、自强的新女性意识。"①这里所谓"新女性意识"，即是新的性别观念和新的性别意识，女性应当主动认识到自己并非男性的陪衬与附属，而是有资格有能力主宰自己的主人。有句话说得好，"社会革命将并不仅仅依靠事物的力量来实现，它要依靠意识和意志的活力"②，任何权利的实现，都仰赖于理念和思想，中国女性权利的实现，亦不例外。只有全体女性作为一个群体，提高整个女性群体的各方面权利意识，共同从深层次上面对与解决存在的问题，才能实现女性权利整体真正的实现，从而为实现整个人类的解放与发展做出贡献。

女性能把自己提高到什么程度，她就能获得多大的自由和解放，即女性群体素质的提高，与权利实现的程度成正比，正所谓"打铁还须自身硬"。女性须提高自身的思想道德素养、科学文化素养和心理健康素养。

## 四、社会性别意识及性别平等原则的确立是当今中国女性权利实现的社会环境

在以 2011 年 12 月 1 日为标准时点，由全国妇联和国家统计局联合组织实施的第三期中国妇女社会地位调查结果显示，尽管社会公众对男女平等基本国策的知晓率明显提高，但不利于妇女发展的观念及性别歧视现象仍相当程度地存在，"男主外，女主内"和"干得好不如嫁得好"等传统性别分工模式和性别不平等的观念有所回潮。

全国妇联主席陈至立从性别文化的角度分析指出："当前中国的性别文

① 《中华妇女联合会四十年》，北京：中国妇女出版社 1991 年版，第 482 页。

② 转引自王养冲：《十八世纪法国的启蒙运动》，《历史研究》1984 年第 2 期。

化在纵向的扬弃继承和横向的渗透融合中，呈现出多元化的态势，既有以性别平等为核心的先进性别文化，也有歧视妇女的落后、甚至腐朽的性别文化，如'男尊女卑'、'男主女从'等落后性别观念至今在一部分人的头脑中还根深蒂固。这些落后和陈腐的性别文化观念，影响着人们的思想、价值取向和行为方式，影响着人们对女性价值的正确认识和对女性能力的正确评价，不仅严重制约了男女平等和妇女发展的进程，而且对繁荣和发展社会主义文化也将产生消极影响。"①只有扭转和消除几千年来形成的性别偏见，使男女平等成为人们普遍遵循和认同的主流价值观，通过各种手段，形成全社会共同关心、共同尊重、共同维护女性工作和权利实现的良好社会氛围。在这样一种社会氛围中，有男性女性相同的个人发展机会，有自由交流情感、认知和思想的机会。其基础是每个成员自由参与并设定自身的目标和目的，每个人为这些目标的实现充分并自愿地做出贡献。

当然，社会主义社会矛盾是客观存在的。构建性别平等的和谐社会并非否定矛盾，而恰恰是以正视并实事求是地分析更为多样化和复杂化的社会矛盾为基础的。社会基本矛盾在社会主义初级阶段表现出的主要矛盾，是人民群众日益增长的物质文化需要同落后的社会生产之间的矛盾，这一主要矛盾在不同的发展水平和发展阶段上有不同的具体表现。研究者认为，现阶段其具体表现不再是所有物质产品的匮乏，而是人民群众日益增长的物质、政治、文化、生态需要同满足这些需要的公共服务产品相对提供不足的矛盾。这涉及社会资源、公共服务产品的合理配置问题。在社会关系上，它表现为不同群体之间的权益矛盾。这就提醒我们应当强调男女不平等的现实问题的解决，不是立足于突出利益的对抗和斗争来解决，而是立足于通过利益协调和整合来调控和化解。

2001 年 2 月我国加入《经济、社会和文化权利国际公约》，此公约规定，人人有权享有自由选择就业的权利以及其他劳动权利，而不得有种族、肤色、性别、语言、宗教、政治或其他见解、国籍或社会出身等任何区分。

令人欣喜和值得褒扬的是，此前我国一直处于有关女性权利的地方性法规和条例稍显滞后的状况在 2012 年 6 月 28 日开始被打破，深圳经济特区通过了中国第一个性别平等促进条例——《深圳经济特区性别平等促进条例》。此条例共 31 条，分别就条例制定原则、适用范围、组织机构及职责做出明确

① 陈至立：《深入开展先进性别文化研究，为社会主义文化大发展大繁荣贡献力量》，《妇女研究论丛》2012 年第 6 期，第 6 页。

规定和说明;对"性别平等""性别歧视"等做出概念界定,指出:"性别平等,是指在尊重生理差异基础上男女两性尊严和价值的平等以及机会、权利和责任的平等","性别歧视,是指基于性别而作出的任何区别、排斥或者限制,其目的或者后果直接、间接地影响、侵害男女两性平等权益的行为"。条例还就深圳市性别平等工作促进机构在一切涉及性别平等的法规、规章草案起草、通过、实施的全过程进行分析研究、出具影响分析报告和影响评估以及所有公共设施设立、教育教学内容、行业性别平衡、性别预算与统计等提出要求。《条例》进而明确指出"国家机关、企业事业单位、社会团体以及其他组织应当采取必要措施消除性别歧视,给予男女两性同等重视,保障男女两性享有同等机会,获得同等资源,得到同等发展"[①]。此条例已于 2013 年 1 月 1 日起实施,其他省市也在着手起草相关条例。这无疑是女性权利实现的新的良好起点,它将女性权利实现从法律、制度、政策层面向现实推进了一步,具有较强的针对性和可操作性,有助于形成全社会的性别意识,确立性别平等原则,培育女性权利实现的良好社会环境。

## 五、进一步提高女性参与公共事务和国家管理,是当今中国女性权利实现的重要条件

1990 年 3 月,江泽民在"三八"国际劳动妇女节 80 周年纪念大会上发表的题为《全党全社会都要树立马克思主义妇女观》的重要讲话中指出:"在我国当前的社会境况下,由法律上的男女平等到现实中的男女平等仍是一项十分艰巨的任务,需要一段相当长的时间才能实现。"[②]

现实中,中国女性的政治地位和社会地位不断得到重视和尊重。2007 年 3 月 8 日,全国人大常委会副委员长、秘书长盛华仁在作关于《第十一届全国人民代表大会代表名额和选举问题的决定(草案)》的报告时说,选举法规定,全国人民代表大会和地方各级人民代表大会的代表中,应当有适当数量的妇女代表,并逐步提高妇女代表的比例。此前五届、六届全国人大作出的关于代表名额和选举问题的决定中,没有涉及妇女代表比例问题。从七届开始,只对妇女代表比例作出原则性规定。比如,确定第十届全国人民代表大会代表时,规定"妇女代表的比例应高于九届的比例"。为落实选举法的有关

---

① 《深圳经济特区性别平等促进条例》,《深圳特区报》2012 年 9 月 14 日第 A07 版。

② 江泽民:《全党全社会都要树立马克思主义妇女观》,《人民日报》1990 年 3 月 8 日。

规定,决定(草案)规定“第十一届全国人民代表大会代表中,妇女代表比例不低于22%”。这是第一次对妇女代表的比例作出明确规定,有利于切实保障我国妇女的政治权利。如此对妇女代表的比例进行制度性明确,就是要使女性“多多地参加公共企业和国家的管理”①,为女性提供更高的平台、更大的舞台,其目的就是保障女性参政议政从政、参与公共事务和国家管理的地位与权利,这是值得肯定的,这无疑是国家立法对于女性群体高度关注的体现,是社会进步与文明程度提高的重要标志。

然而,笔者认为,现实中存在的显而易见的问题是,即使女性代表人数达到了规定的比例,这个比例远远低于男性代表人数的比例,且依然只是法律上、制度上、政策上的,而未必是事实上女性权利的充分体现和实现。在参政议政的群体中,女性从人数比例上、从现实作用上,均明显处于弱势,对各级决策并未起到真正的作用,甚至完全不能影响决策。陈慕华曾经强调:市场经济的本质并不排斥妇女,市场经济是优选型的经济,在选择过程中,调节的杠杆应该是劳动者的素质,而不是劳动者的性别,她特别强调:“参与是妇女发展的根本途径。”②因此,继续在可能的范围内不断加强女性在公共事务和国家管理中的参与比例,一方面着力扩大女性群体的知情权、参与权、表达权和监督权,另一方面确保女性群体的决策权、执行权和监督权,以制度使政治成为每个劳动妇女都能参与的事情。

问题还在于,能够真正参与公共事务和管理的女性毕竟还是少数,女性群体分层并非一种主观需要,而是一种客观存在。在社会主义市场经济条件下,女性群体的阶层分化日益明显,致使不同区域、不同群体、不同阶层女性在社会转型期的利益格局中,有着不同的具体利益。单纯依靠一定比例的女性代表参与到公共事务和国家管理中,尚不足以解决女性权利实现的现实问题。究竟设立什么样的机构、以怎样的方式等去面对现实中的不足,解决各个层次女性权利实现的具体问题,目前仍是需要继续探讨和研究并亟待解决的课题。

## 结 语

女性在创造人类文明、推动社会发展中具有伟大的作用。女性和男性同

---

① 《列宁全集》第38卷,北京:人民出版社1986年版,第170页。

② 中华全国妇女联合会编:《陈慕华妇女儿童工作文选》,北京:中国妇女出版社1999年版,第398页。

是人类历史前进的推动者，同是社会物质文明和精神文明的创造者，应该具有同等的人格和尊严、同等的权利和地位。在人类自身生产中，女性更具有特殊的价值，做出了特殊的贡献。“她们是家的基石，没有她们的经营与操持，一个个家庭就没有温馨与和谐；她们又是光荣的劳动者和建设者，没有她们的智慧和汗水，我国的改革开放和现代化事业就不可能取得今天这样的成就。”①尊重女性，保护女性，是社会进步的一个重要标志，是文明社会应有的法律规范和道德风尚。我们主张女性权利的目的，在于促进男女平等、社会和谐、共同发展。

列宁曾说过：“妇女获得经济平等和社会平等，而不仅是形式上的平等……这是一个要求根本改变社会服务技术和社会风气的”②长期任务。中国女性权利的实现如同女性解放一样，也是一个历史过程，我们既要仰望星空，更要脚踏实地。中国目前处于社会主义初级阶段，并将长期处于社会主义初级阶段，共产主义仍是远大的理想和目标。我们以马克思主义妇女理论为理论基础，坚持中国特色社会主义的本质属性，从全面提高全体女性的素养、树立新的性别意识做起，培育具有先进性别文化的社会环境，动员全体女性参与各级各类公共事务和管理，建立性别平等的和谐社会，使“人人有一个富足的衣食保障，并且人人能通过自己的劳作获得应得的社会财富的一部分；人人有一个安全的生活环境，并且不受外部的威胁而处于一种紧张、焦虑、自危的状况，人人有行动的自由、受教育的自由、思想言论的自由，乃至于拥有财产的自由，并且这些自由是公认的，受社会制度保障的，不受他人侵害的；人人有谋取其财富的平等权利，并且这种权利是神圣的、不可剥夺的”③。

---

① 《男女平等是一种现实权利》，《人民日报》2013年3月8日02版。

② 中华全国妇女联合会编：《马克思恩格斯列宁斯大林论妇女》，北京：中国妇女出版社1990年版，第309页。

③ 王建华：《共同富裕与充分就业》，《公共管理与高层论坛》2005年第1期。

# 论马克思主义妇女理论大众化与先进性别文化建设

李震雷[*]

**摘　要:**先进性别文化建设是社会主义先进文化建设的重要组成部分,加强先进性别文化建设是推动社会主义文化大发展大繁荣的题中应有之义。马克思主义妇女理论大众化与先进性别文化建设具有内在的一致性。准确把握马克思主义妇女理论大众化与先进性别文化建设的科学内涵,系统分析马克思主义妇女理论大众化与先进性别文化建设的相互关系,切实推进马克思主义妇女理论大众化带动先进性别文化建设健康发展对于推动社会主义文化大发展大繁荣具有重要的理论和现实意义。

**关键词:**马克思主义妇女理论　大众化　先进性别文化建设

党的十八大指出,全面建成小康社会,实现中华民族伟大复兴,必须推动社会主义文化大发展大繁荣,兴起社会主义文化建设新高潮。先进性别文化建设是社会主义先进文化建设的重要组成部分,加强先进性别文化建设是推动社会主义文化大发展大繁荣的题中应有之义。马克思主义妇女理论大众化与先进性别文化建设具有内在的一致性。马克思主义妇女理论大众化保证先进性别文化建设的方向,提供先进性别文化建设的内容,培养先进性别文化建设的队伍。先进性别文化建设具体化马克思主义妇女理论的内容,多

---

* 李震雷,女,西南大学副教授

样化马克思主义妇女理论的形式，通俗化马克思主义妇女理论的语言，使马克思主义妇女理论更好地走向大众。坚持马克思主义妇女理论大众化与先进性别文化建设互相促进对于推动社会主义文化大发展大繁荣具有重要的理论和现实意义。

## 一、准确把握马克思主义妇女理论大众化与先进性别文化建设的科学内涵

概念的内涵是概念所反映对象的本质属性的总和，所谓本质属性是一事物之所以为该事物以及区别于其他任何事物所固有的根本属性。把握了概念的内涵也就把握了事物之间的联系与区别。对马克思主义妇女理论大众化与先进性别文化建设的认识也是这样，应从分析它们的概念内涵开始。

### （一）马克思主义妇女理论大众化内涵

马克思主义妇女理论也称马克思主义妇女观，“是运用辩证唯物主义和历史唯物主义的世界观、方法论，对妇女社会地位的演变、妇女的社会作用、妇女的社会权利和妇女争取解放的途径等基本问题做出的科学分析和概括。这种妇女观，是马克思主义理论体系的组成部分”①。马克思主义妇女理论以辩证唯物主义和历史唯物主义为其哲学基础，科学揭示了妇女社会地位的演变、男女不平等的根源，阐明了妇女的社会作用、社会权利以及妇女解放的标准、条件与途径。它的主要内容有五个方面：“第一，妇女被压迫是人类历史发展的一定阶段上的社会现象；第二，妇女解放的程度是衡量普遍解放的天然尺度；第三，参加社会劳动是妇女解放的一个重要先决条件；第四，妇女解放是一个长期的历史过程；第五，妇女在创造人类文明、推动社会发展中具有伟大的作用。”②坚持马克思主义妇女理论，就是要坚持以马克思主义妇女观的立场、观点和方法看待和处理妇女问题。

马克思主义妇女理论大众化就是把马克思主义妇女理论与广大群众的实际相结合，通过多样的宣传和普及形式，用通俗易懂的语言、用群众喜闻乐见的方式把抽象深奥的马克思主义妇女理论说明白、讲清楚，使马克思主义妇女理论被广大人民群众所理解、掌握和运用的过程。

在中国，马克思主义妇女理论大众化是随着马克思主义在中国的传播，

① 江泽民：《全党全社会都要树立马克思主义妇女观》，《人民日报》1990 年 3 月 8 日。

② 同上。

主要由中国共产党人推动而逐步展开的。1919 年“五四”运动前后，中国共产党的早期领导人陈独秀、李大钊等在传播马克思主义过程中，开始运用马克思主义妇女理论来研究和解决中国妇女问题，发表了多篇关于妇女问题的文章。他们明确指出：妇女受压迫的根源是私有制，妇女社会地位、道德观念的变化都是社会经济制度变化的结果。妇女要获得解放，必须消灭私有制度，实现社会主义。同时，中国共产党早期其他领导人李达、向警予、瞿秋白、恽代英等也发表了大量运用马克思主义妇女理论研究探讨妇女解放问题的文章。他们的研究、宣传使马克思主义妇女理论开始在中国生根、发芽，并逐步走向大众。

**（二）先进性别文化建设内涵**

一般来说，文化的内涵有广义和狭义两种。广义的文化，是指人类在改造自然和改造社会的过程中所创造的物质财富和精神财富的总和。狭义的文化，是指作为观念形态的，与政治、经济并列的，有关人类社会生活的精神方面的内容。如思想理论、道德风尚、文学艺术、教育科学等。

性别文化是文化中的一个类别，“指的是基于男女两性社会特征、社会行为和社会关系而形成的价值观念、伦理道德、知识经验、风俗习惯、制度规范等意识形态及其表现”①。先进性别文化是相对于落后或腐朽性别文化的，先进性别文化这一概念是随着“先进文化”概念的提出而逐渐进入学术话语并成为学术研究的热点。2000 年 2 月，江泽民在广东考察工作时，第一次提出“三个代表”的要求，其中的“一个代表” 就是共产党要始终“代表先进文化的前进方向”。所谓先进文化“是符合人类社会发展方向、体现先进生产力发展要求、代表最广大人民根本利益、反映时代进步潮流的文化”②。对于先进性别文化的内涵，多数学者从先进文化概念延伸的角度来界定，代表性的表述为：“先进性别文化指的是与社会发展相适应的、有利于性别平等、公正、和谐生存与发展的文化。”③从这一界定的内涵看，先进性别文化包含于先进文化中，是先进文化的组成部分，它们是个别与一般的关系。据此，本文把先进性别文化建设界定为：先进性别文化建设是指构建符合人类社会发展方向、体现先进生产力发展要求、代表男女两性共同利益、有利于男女平等、和谐发展的文化。先进性别文化建设是先进文化建设的有机组成部分，先进文

---

① 谭琳：《论先进性别文化的构建》，《南开学报（哲学社会科学版）》2007 年第 2 期。

② 本书编写组：《毛泽东思想和中国特色社会主义理论体系概论》，北京：高等教育出版社 2009 年版，第 248 页。

③ 王金玲：《性别文化及其先进性别文化的构建》，《浙江学刊》2003 年第 4 期。

化建设为先进性别文化建设指明方向，先进性别文化建设促进先进文化建设，二者共同致力于社会主义文化大发展大繁荣。

马克思主义妇女理论大众化既是马克思主义妇女理论本身的内在要求，又是建设先进性别文化的实践需要。坚持马克思主义妇女理论大众化与先进性别文化建设互相促进，对于推动社会主义文化大发展大繁荣，兴起社会主义文化建设新高潮具有重要的理论和现实意义。

## 二、系统分析马克思主义妇女理论大众化与先进性别文化建设的相互关系

马克思主义妇女理论大众化是为广大妇女尤其是劳动妇女服务的，切实维护、实现广大妇女的利益是马克思主义妇女理论大众化的价值归属。先进性别文化建设是要构建代表男女两性共同利益、有利于男女平等、和谐发展的文化，其价值旨归是维护妇女利益，实现男女平等。二者的价值目标相同，具有内在的一致性，它们相辅相成，互相促进。

### （一）马克思主义妇女理论大众化是先进性别文化建设的内在要求

马克思主义妇女理论大众化保证先进性别文化建设的方向。先进性别文化建设是先进文化建设的有机组成部分，先进性别文化建设也必然要坚持先进文化建设的方向，而社会主义先进文化的精髓是社会主义核心价值体系，社会主义核心价值体系的灵魂是马克思主义指导思想，因此，马克思主义指导思想既是先进文化建设的指导思想也是先进性别文化建设的指导思想。具体地说，先进性别文化建设要以马克思主义妇女理论为指导，坚持科学社会主义方向。马克思主义妇女理论代表最广大妇女的利益，把实现人的自由全面发展作为最高目标。这里的"人"是指所有的人，包括男人和女人，本质上蕴涵着男女平等，共同实现自由全面发展的崇高理想。尽管以后出现的色彩纷呈的女权主义理论、社会性别理论等对马克思主义妇女理论的一些观点和看法提出质疑、反思，或进行了一定的修订和补充，但不能以此否定马克思主义妇女理论的科学性和指导地位。事实上，以唯物史观为其哲学基础，以实现共产主义为其崇高理想，有着鲜明阶级性、严密逻辑性和高度实践性的马克思主义妇女理论，至今没有哪一种妇女理论体系能够超越，其基本立场、观点和方法仍然是广大妇女争取男女平等、实现男女共同发展的强大思想武器。实践证明，马克思主义妇女理论大众化有利于提高广大妇女对落后、腐朽性别文化的鉴别力和抵御力，巩固马克思主义妇女理论在性别文化建设中

的指导地位,保证先进性别文化建设的方向。

马克思主义妇女理论大众化提供先进性别文化建设的内容。先进性别文化建设的核心是要倡导和建设体现男女两性平等、和谐发展的性别文化。这种性别文化既反对男性压迫女性,也反对女性压迫男性,而是主张男女两性在平等的基础上和谐共处、共同发展。马克思主义创始人马克思、恩格斯为实现男女平等、妇女解放提供了科学的理论武器。他们在《神圣家族》《德意志意识形态》《反杜林论》《共产党宣言》《家庭、私有制和国家的起源》等一系列重要著作中都论述过妇女问题。尤其是恩格斯的《家庭、私有制和国家的起源》是马克思主义妇女理论形成的标志。马克思、恩格斯从生产力与生产关系的矛盾运动来阐明妇女地位的历史演变,妇女的社会作用,妇女解放的途径和条件、妇女解放的道路等基本问题,使马克思主义妇女理论一开始就建立在唯物史观的基础上,有着科学的世界观和方法论。马克思主义妇女理论认为妇女受压迫现象是生产力发展到一定阶段的产物。在原始社会,生产力水平低下,妇女在生产和家务劳动中发挥主要作用,因此,男女之间的关系不仅是平等的,而且妇女享有崇高的社会地位。妇女受压迫、受奴役,是伴随着原始社会的解体,生产资料私有制和剥削制度的确立而同时发生的。随着生产力的发展,出现了社会大分工,妇女在经济活动中的主导作用被男子所代替。分工是阶级关系、私有制产生的基础,私有制、阶级确立的过程,也就是妇女被压迫地位形成的过程。妇女解放的根本途径是消灭私有制,妇女受压迫现象是随着私有制的产生出现的,它必将随着私有制的消灭而消亡。妇女解放的又一个重要先决条件是参加社会劳动,妇女只有参加社会劳动才能获得经济和人格的独立,才能在社会中占据主动地位,成为自食其力的劳动者和社会财富的创造者,而妇女参加社会劳动的先决条件只有在社会主义制度下才能充分实现。无产阶级解放的道路是妇女解放的根本道路,因为妇女解放和无产阶级解放的目的是一致的,妇女解放必须与民族和社会解放运动紧密结合。妇女解放是一个长期漫长的历史过程。“物质生活的生产方式制约着整个社会生活、政治生活和精神生活的过程。”[①]妇女解放是人的解放的组成部分,人的解放是一个历史过程,寓于人的解放过程中的妇女解放必然也要经历一个漫长的历史过程。马克思主义妇女理论第一次科学阐释了妇女地位的历史演变,指出了妇女的伟大历史使命,指明了妇女解放的正确道路,同各种唯心主义和剥削阶级的妇女观划清了界限,成为无产阶级劳动

---

① 《马克思恩格斯选集》第2卷,北京:人民出版社1995年版,第32页。

妇女争取解放的强大思想武器,为男女平等、和谐发展的先进性别文化建设提供了科学内容。

马克思主义妇女理论大众化培养先进性别文化建设的队伍。马克思主义妇女理论大众化是在中国共产党的推动下进行的,在这一过程中,共产党人非常重视通过培养妇女干部和发展女党员来传播马克思主义妇女理论,使马克思主义妇女理论走向大众。通过创办学校来传播马克思主义妇女理论、培养妇女干部和发展女党员是中国共产党的一条宝贵经验。中共成立不久就创办了第一所女校——上海平民女校。大革命时期,中共与国民党合作创办了各种类型的女子学校、训练班、讲习所等,共产党人利用这些合法阵地向女工、农妇、女学生等传播马克思主义妇女理论,启发她们的阶级和革命意识。在共产党人的积极努力下,女工、农妇、女性知识分子中涌现出一大批革命的积极分子,成为坚定的马克思主义者、妇女运动的领导和骨干。在土地革命战争、抗日战争和解放战争时期,共产党人通过举办识字班、妇女夜校、列宁小学、各种短期训练班,创办女子大学、妇女学校等形式提高妇女文化知识、理论水平和政治觉悟,为中国革命培养了大批优秀妇女干部。新中国成立后,马克思主义理论教育被纳入国民教育体系,妇女获得同男子一样的受教育权利,培养妇女干部、发展女党员成为中国共产党干部队伍建设的重要组成部分。改革开放以来,妇女干部培养、女党员发展逐步走上规范化、制度化的轨道。女干部方面,1954 年,在第一届全国人大中,妇女代表有 147 人,占代表总数的 12%,女常委有 4 人,占总数的 5%。截止 2009 年,"我国有女干部 1100 多万人,约占干部数的三分之一,这比新中国成立初期女干部总数增长近 30 倍,比例提高 17% 以上"①。女党员方面,建党初期女党员只有 2 名,1949 年建国时,女党员人数达到 53 万多人,占党员总数的 11.8%,到 2012 年底,全国有女党员 2026.9 万名,占党员总数的 23.8%。党在各个历史时期培养起来的女干部、女党员不仅是马克思主义妇女理论的忠实传承者和弘扬者,也是先进性别文化的积极倡导者和发展者,她们队伍的不断壮大成为先进性别文化建设的重要力量。

### (二) 先进性别文化建设是马克思主义妇女理论大众化的重要途径

先进性别文化建设推动马克思主义妇女理论内容具体化。先进性别文化建设的核心是要构建一种两性平等、和谐发展的文化。中国社会有两千多

---

① 周长鲜:《妇女参政:新中国 60 年的制度演进(1949—2009)》,北京:中国社会科学出版社 2009 年版,第 59 页。

年的封建统治,中国广大妇女深受封建礼教的束缚,毫无自由平等可言。要构建男女平等的先进性别文化,首先要冲破封建落后、腐朽性别文化的禁锢。五四时期,随着马克思主义在中国的传播,中国共产党早期领导人陈独秀、李大钊等高举民主与科学的大旗,掀开了一场反对封建专制、反对迷信的新文化运动。新文化运动猛烈抨击封建伦理说教,倡导男女平等,宣传妇女解放,吹响了先进性别文化建设的号角。在领导中国革命、建设和改革的过程中,中国共产党积极推进先进性别文化建设,通过先进性别文化建设具体化马克思主义妇女理论的内容。

在革命时期,先进性别文化建设是新民主主义文化建设的有机组成部分,突出反帝反封建内容,教育引导妇女参加革命,在阶级解放和民族解放中实现妇女解放,强调妇女是决定革命成败的重要力量。马克思主义妇女理论大众化的内容具体化为毛泽东新民主主义革命理论中关于妇女解放的思想。在社会主义建设时期,先进性别文化建设是社会主义文化建设的有机组成部分,突出集体主义、共产主义内容,教育引导妇女参加国家建设,在社会主义建设中实现男女平等,强调妇女是国家建设的重要人力资源。马克思主义妇女理论大众化的内容具体化为毛泽东社会主义革命和社会主义建设理论中关于妇女解放的思想。在改革开放新时期,先进性别文化建设是中国特色社会主义文化建设的有机组成部分,它突出机会平等、和谐发展的内容,教育引导妇女投身改革开放大潮,在建设中国特色社会主义伟大事业中促进男女平等,强调妇女是推动人类文明进步的重要力量。马克思主义妇女理论大众化的内容具体化为中国特色社会主义理论中关于妇女解放的思想。

先进性别文化建设促进马克思主义妇女理论形式多样化。先进性别文化建设的关键是要通过教育、舆论宣传等方式使男女平等、和谐发展的观念被广大人民群众接受,内化为群众的思想意识,外化为群众的实际行动。要使一种崭新的观念被人民群众所接受,在宣传教育上必须从人民群众的思想生活实际出发采用多种形式进行。中国共产党在先进性别文化建设过程中多渠道宣传马克思主义妇女理论,使马克思主义妇女理论大众化的形式多样化。

在新民主主义革命时期,共产党通过出版大量进步妇女书籍、报刊、杂志来抨击封建专制和封建伦理道德,宣传男女平等、妇女解放思想。针对劳动妇女文化素质低、封建迷信思想严重的特点,共产党通过举办识字班、讲习所、女子学校、女子夜校,采取集中培训等方法普及妇女文化知识,提高妇女思想政治觉悟。还利用书写标语、口号,编排民谣、民歌、快板、话剧、戏剧等直观明了老百姓喜闻乐见的形式进行宣传教育。新中国成立后,马克思主义妇女理论融入国民教育体系,得到广泛传播。新中国的新闻出版、广播电影、文学艺术等大力宣传新社会新风尚,号召妇女为建设新中国作出新贡献,形成歌颂男女平等、鞭挞重男轻女的强大舆论氛围。封建迷信思想以及虐待、歧视、轻视妇女的旧思想旧观念得到很大改造。在改革开放新时期,全国妇联根据中央关于加强精神文明建设的指示精神,在妇女群众中广泛开展精神文明建设活动。1990 年,江泽民在纪念“三八”国际劳动妇女节 80 周年大会上发表了《全党全社会都要树立马克思主义妇女观》的重要讲话,在全党全社会掀起了学习贯彻马克思主义妇女观的热潮。随着妇女主体意识和自我意识的增强、各种非政府妇女组织的成立以及网络等新媒体的出现,先进性别文化建设进入由政府妇女组织推动转变为由政府妇女组织和非政府妇女组织共同推动,由传统媒体宣传为主转变为由传统媒体和新型媒体共同宣传,由国办教育参与为主转变为由国办教育和非国办教育共同参与的新阶段。可见,先进性别文化建设立足时代发展要求多样化马克思主义妇女理论大众化的形式。

先进性别文化建设推进马克思主义妇女理论语言通俗化。先进性别文化建设的重点是要把男女平等、和谐发展的理论用简单明了、通俗易懂的语言表述出来,使广大人民群众听得懂、记得住、用得上。要使一种理论易于被人民群众理解、认同、接受、掌握和运用,必须把这种理论由系统的、深奥的学术语言转化成适合中国国情、贴近群众实际、具体化、通俗化、形象化的表述。中国共产党在建设先进性别文化过程中十分重视用生动形象通俗易懂的语言表述马克思主义妇女理论,推进了马克思主义妇女理论语言通俗化。

在新民主主义革命时期,共产党深入调查研究,用简明扼要、通俗易懂、生动形象的语言揭示反动统治对妇女的迫害,宣传男女平等、婚姻自由、阐明妇女解放与阶级解放、民族解放的一致性。毛泽东是把男女平等思想通俗化的典范。1928 年 1 月,他把中共江西遂川县委拟定的《施政大纲》中“废除聘金聘礼,反对买卖婚姻”的规定,改为“讨老婆不要钱”使其更加通俗易懂,深入人心。1940 年 3 月,他在延安“三八”纪念大会上的讲话中指出:“妇女的力量是伟大的。我们现在打日本要妇女参加,生产要妇女参加,世界上什么事情没有妇女参加就不成功。”[①]这种朴实的语言,把妇女的地位作用讲得清

① 中华全国妇女联合会编:《毛泽东、周恩来、刘少奇、朱德论妇女解放》,北京:人民出版社 1988 年版,第 49 页。

楚、明白,即使没有文化的人也能听得懂,也会受到教育和启发。在社会主义建设时期,1964年,在同青年谈话时,毛泽东提出"时代不同了,男女都一样,男同志能办到的事,女同志也能办到"①。这个内容后来被概括提炼为"妇女能顶半边天"的口号,生动形象地表明了妇女在新中国建设中的地位和作用。这一口号简单明了,易诵易记,老少咸宜,增强了妇女的自信心和自豪感,激励和鼓舞了几代妇女,直到今天依然是鼓舞妇女争取男女平等、自强自立、奋发有为的精神支柱。在改革开放新时期,邓小平一再强调马克思主义与中国实际和人民群众的生活实践相结合,实现理论的通俗化。他指出:"学马列要精,要管用的。长篇的东西是少数搞专业的人读的,群众怎么读?要求都读大本子,那是形式主义的,办不到。……马克思主义是很朴实的东西,很朴实的道理。"②关于妇女解放,邓小平强调,党的事业需要妇女群众,妇女解放也只有在革命和建设的胜利过程中逐步实现。用朴实的语言阐明妇女的地位以及妇女解放的途径。1995年9月,江泽民在联合国第四次世界妇女大会上代表中国政府郑重宣布:男女平等是我国社会发展的基本国策。把男女平等提升为基本国策体现了党和国家对妇女作用的高度重视。同时,"男女平等是我国的基本国策"这种简洁通俗的表达,有利于宣传普及,可见,在先进性别文化建设中用民族的、通俗的语言阐述马克思主义妇女理论,推进了马克思主义妇女理论语言的通俗化。

## 三、切实推进马克思主义妇女理论大众化带动先进性别文化建设健康发展

改革开放以来,随着社会主义市场经济体制的确立,西方文化的进入,意识形态领域多元化的趋势越来越明显,马克思主义妇女理论的主导地位受到多元文化的冲击。西方文化中的个人主义、享乐主义、传统文化中的重男轻女思想沉渣泛起,妇女回家论、妇女商品化论、女子读书无用论等消极落后思想有了一定市场。一些图书报刊、影视文艺作品为了商业利益迎合低级庸俗,对落后性别文化的传播起了推波助澜的作用。此种情势,必须引起我们的高度重视,切实推进马克思主义妇女理论大众化带动先进性别文化建设显

---

① 中华全国妇女联合会编:《毛泽东、周恩来、刘少奇、朱德论妇女解放》,北京:人民出版社1988年版,第67页。

② 《邓小平文选》第3卷,北京:人民出版社1993年版,第382页。

得尤为重要和紧迫。推进马克思主义妇女理论大众化带动先进性别文化建设是一项艰巨复杂的系统社会工程,需要调动全社会的力量共同参与,合力进行。具体而言,当前和今后一个时期,应在以下几个方面加以努力。

**(一) 强化马克思主义妇女理论教育**

党的十八大指出,推进马克思主义中国化时代化大众化,坚持不懈用中国特色社会主义理论体系武装全党、教育人民,深入实施马克思主义理论研究和建设工程,建设哲学社会科学创新体系,推动中国特色社会主义理论体系进教材进课堂进头脑。牢牢掌握意识形态工作领导权和主导权,坚持正确导向,提高引导能力,壮大主流思想舆论。马克思主义妇女理论为先进性别文化建设提供指导,保证先进性别文化建设的方向。必须牢牢把握马克思主义妇女理论在意识形态领域的主导地位,强化马克思主义妇女理论教育,保证先进性别文化建设沿着正确方向前进。尽管马克思主义理论已被纳入国民教育体系,并且成为一级学科得到加强,然而,马克思主义妇女理论教育却是薄弱环节。当前,只在女子院校、妇女干部培训学校和很少的一些高校开设了马克思主义妇女理论教育课程,大部分的高校和党政培训机构没有开设这门课程。而且,在马克思主义理论一级学科下面找不到马克思主义妇女理论教育的位置。近些年刚刚兴起的妇女学、女性学等学科大都归于社会学学科范围,这种状况,不利于马克思主义妇女理论教育的普及,不利于马克思主义妇女理论走向大众。因此,应把马克思主义妇女理论教育纳入国民教育体系,归于马克思主义理论学科范围,突出其马克思主义学科地位,通过发动高校、各级党校的力量,编写通俗易懂的教材、制定切实可行的教学计划,有计划、有步骤地普及马克思主义妇女理论教育,使马克思主义妇女理论通过学校教育更好地走向大众,成为广大群众鉴别抵制落后性别文化的思想武器,壮大先进性别文化建设的力量和舆论氛围。

**(二) 加大先进性别文化宣传力度**

政治思想和意识形态这块阵地无产阶级先进思想不去占领,资产阶级腐朽思想就会去占领。如果不对广大人民群众进行马克思主义妇女理论的普及教育,他们的思想就会被一些消极、落后、腐朽的性别观念所占领。先进性别文化建设就是要用马克思主义妇女理论的基本立场、观点和方法武装群众教育群众,坚决抵制封建落后性别文化和资产阶级腐朽性别文化的侵蚀,使男女平等、和谐发展的观念深入人心。应充分发挥新闻出版、广播影视以及网络等新媒体的作用,在全社会广泛深入宣传马克思主义妇女观,宣传男女平等基本国策,大力倡导男女平等、尊重妇女、保护妇女的进步观念,形成先进性别文化宣传的强大舆论氛围,坚决批判抵制落后腐朽的性别文化,提高全社会对妇女社会价值的认识,促进男女两性和谐健康地共同发展。当前先进性别文化的宣传教育要注意根据不同对象采用不同的内容和方法,增强针对性和实效性。对于广大妇女重点进行“四自精神”教育,把普及科学文化知识提高妇女自身素质作为突破点。对于广大男性重点进行男女平等、和谐发展的意义教育,把改变男性传统性别观念作为突破口。对于各级领导干部应重点进行男女平等基本国策教育,把提高各级领导干部对男女平等基本国策战略地位的认识作为突破口,增强领导干部贯彻执行男女平等基本国策的大局意识、责任意识。同时,应充分发挥学者、文化工作者尤其是知识女性的作用,组织力量开展先进性别文化的研究和讨论,使他们成为先进性别文化的积极创造者和传播者,让先进性别文化观念深入群众、深入人心,切实发挥先进性别文化对人们思想和行为的引导作用。

**(三)发挥妇女和妇联组织的作用**

广大妇女是先进性别文化建设的主体,也是自身解放的主要力量。妇女只有广泛参与国家经济社会发展,在社会劳动中实现自身价值,才能得到社会的承认,真正成为建设先进性别文化的主体。由于历史和传统的原因,我国许多妇女自卑依赖心理严重,自信心不足,认识不清自身的社会价值,自我定位较低,参与经济社会发展的主动性不强。因此,要帮助广大妇女增强自主意识和主体意识,克服自卑自贱和依附心理,弘扬自尊、自信、自立、自强精神,积极参与先进性别文化建设,敢于和善于维护自身的合法权益,提高主体参与意识,在参与中求平等,求发展,实现自己应有的社会价值。中华全国妇女联合会(简称妇联)是党领导下的人民团体,是党联系广大妇女的桥梁和纽带,激励、动员和引导各族各界妇女争当先进性别文化的传承者和建设者,是妇联组织义不容辞的历史责任。一是要发挥妇联宣传引导作用,切实加强妇女思想道德建设。要在广大妇女中大力宣传社会主义核心价值体系,教育引导妇女树立正确的世界观、人生观、价值观,做“四自”和“四有”新女性。二是要发挥妇联维权职能,切实维护广大妇女的合法权益。妇联要坚决反对歧视妇女的各种腐朽观念行为,要坚决打击侵害妇女权益的违法犯罪行为和社会丑恶现象,要坚决抵制不利于男女平等观念的信息和文化作品,要努力扫除影响妇女发展的思想文化障碍。三是要发挥妇联所属新闻媒体和新闻出版单位的作用,营造有利于男女平等、和谐发展的良好社会舆论环境。当前,由全国妇联主办的《中国妇女报》、中国妇女网以及由中国妇女研究会主办的《妇女研究论丛》等刊物和媒体成为宣传和研究妇女问题,促进男女平等、和谐发展的重要平台,它们在传播先进性别文化,抵制落后腐朽性别文化方面发挥了重要作用。四是要发挥妇联整合资源的作用,扩大先进性别文化建设的队伍。妇联作为党领导下的人民团体,具有联系面广的优势。妇联应加强与其他人民团体和社会组织尤其是妇女民间组织的联系,密切交流合作,增进了解,扩大共识,发挥凝聚、整合作用,为先进性别文化建设争取更多的资源和力量。

# 性别平等与社会发展、和谐关系解析

史春风*

**摘　要**：百年以来，中国的妇女解放运动经过了从“独立人格”“男女平等”到“性别平等”的历程，也带给了我们深深的思索。中国妇女的发展离不开社会发展，而社会发展需要的不是男子一枝独秀，而是男女同步发展；男女性别平等既是新时期妇女发展的阶段性目标，同样也是构建和谐社会的基础条件；和谐社会建设必将促进包括男女性别平等在内的社会公平、公正和正义，这是百年来的妇女解放运动告诉我们的真谛，也是我们建设和谐社会的题中应有之义。

**关键词**：性别平等　社会发展　和谐

科学发展、和谐发展，这是21世纪以来我们党提出的重要的执政理念。这对新时期中国妇女事业的发展既提出了新的、更高的要求，也提供了更加有利的环境、更多的机会和更加丰富的资源。百年以来，中国妇女解放运动曾经过了“独立人格”“男女平等”“性别平等”的艰辛探索，期间，有曲折，有奋进，有经验，也有教训，也给我们带来深深的思索，中国妇女的发展离不开社会发展，而社会发展需要的不是男子一枝独秀，而是男女同步发展；男女性别平等既是新时期妇女发展的阶段性目标，同样也是构建和谐社会的基础条件；和谐社会建设必将促进包括男女性别平等在内的社会公平、公正和正义，

---

* 史春风，女，北京大学马克思主义学院副教授

这是近百年中国妇女解放运动告诉我们的真谛。

## 一、从“独立人格”“男女平等”到“性别平等”

1915年,以《新青年》(原名《青年杂志》)的创刊为标志,一场中国思想界之空前的大变动由此肇始。在发现“人”、发现“人性”的过程中,新文化人不约而同地将目光聚焦于占中国人口半数而受剥削压迫最深重,最缺乏独立人格的女性。他们意识到,占人类二分之一的女性身心被摧残、才智受压抑、人格被剥夺的社会,是畸形的,“半身不遂”的社会,离开女性的解放,人的解放亦是不可能的。于是,新文化运动时期,“女性的发现”与“人的发现”几乎同时被提了出来,成为启蒙运动的重要内容。“重塑妇女独立人格”,“男女平等”,成为诸多新文化运动的思想家们的追求。

在对中国封建社会的批判和对传统文化的反思中,一部分五四思想家们提出通过思想改革、知识更新来实现女性的“个人觉醒”。于是,周作人号召妇女多读一些“硬性的书”,养成科学精神;胡适强调女性解放应立足于“常识”的普及和思想的启蒙,1926年,梁实秋把卢梭的“女子教育观”介绍到国内,他说:“卢梭论女子教育是根据于男女的性质与体格的差别而来。”“近代所谓的男女平等运动,其起源即由于不承认男女的差别。“人的身心各方面的特点既有差别,实即人格上的亦有差别。所谓侮辱人格者,既是不承认一个人特有的人格。卢梭承认女子有女子的人格,所以卢梭正是尊重女子的人格。抹杀女子所特有之特性者,才是侮辱女子人格。”“现代女子教育最显著的趋势,就是把女子训练得愈像男子愈好。这样的教育,是否徒劳而无功,很是一疑问。”[①]马寅初则力图把女子“天性”所具有的“爱”“美”“精细”“节省”等特长融入女子教育,“女子自有其所长,自有其特性,正不必强学男子,跟着他去跑”,“社会只能慢慢的去改造,不可实行急性的社会革命,推翻一切现存的社会制度”[②]。

用今天的眼光来看,五四思想家们对于女性“人格独立”“平等”的呼吁和呐喊对于千百年来备受屈辱的中国妇女而言不啻为先声。然而,在当时的历史条件下,在半殖民地半封建社会的中国,在国家尚未独立,民族遭受屈辱

---

① 梁实秋:《卢梭论女子教育》(1926),《梁实秋文集》第6卷,鹭江出版社2002年版,第346—347页。

② 马寅初:《女子之正当运动》(1927),《马寅初演讲集》第4集,上海:商务印书馆1928年版,第241页。

和蹂躏的近代中国,这样的妇女解放观却太过超前,它蕴含着连这些先行者们自己都觉得无法解脱的矛盾。周作人把“性的解放”作为女性解放的重要条件,目的是使女子不但明了“自己是一个人”,更能明了“自己还是一个女人”,妇女解放运动只有在此基础上运作,才能“依了女子的本性使她平匀(均)发展,不但既合天理,亦顺人情”。然而,现实使他逐渐改变了态度,“想来想去,妇女问题的实际只有两件事,即经济的解放与性的解放”。周作人实际上也开始意识到中国妇女求解放的斗争必须融合于国家民族求解放的斗争,然而此时的他却是矛盾重重:“我是不相信群众的,群众就只有暴君与顺民的平均罢了,然而因此凡以群众为根据的一切主义与运动我也就不能不否认,——这不必是反对,只是不能承认他是可能。妇女问题的解决似乎现在还不能不归在大的别的问题里,而且这不能脱了群众运动的范围,所以我实在是茫然了,妇女之经济的解放是切要的,但是办法呢? 方子是开了,药是怎么配呢? 这好像是一个居士游心安养静土,深觉此种境界之可乐,乃独不信阿弥陀佛,不肯唱佛号以求往生,则亦终于成为一个乌托邦的思想家而已!但是,此外又实在是没有办法了。”①

而在周作人写作《北沟沿通信》之前,他的哥哥鲁迅(周树人)也试图为中国的娜拉们寻找出路,他认为,出走以后的娜拉“从事理上推想起来”,“实在也只有两条路:不是堕落,就是回来”,或者还有一条,“就是饿死”。“所以为娜拉计,钱,——高雅地说罢,就是经济,是最要紧的了。自由固不是钱所能买到的,但能够为钱而卖掉。”“为准备不做傀儡起见,在目下的社会里,经济权就见得最要紧了。第一,在家应获得男女平均的分配;第二,在社会应该获得男女相等的势力。”而鲁迅与他的弟弟一样困惑:“我不知道这权柄如何取得,但知道仍然要战斗;或者也许比要求参政权更要用剧烈的战斗。”鲁迅也同样不相信民众的力量:“群众,——尤其是中国的,——永远是戏剧的看客。”“对于这样的群众没有法,只好使他们无戏可看倒是疗救。”他慨叹:“可惜中国太难改变了,即使搬动一张桌子,改装一个火炉,几乎也要血;而且即使有了血,也未必一定能搬动,能改装。不是很大的鞭子打在背上,中国自己是不肯动弹的。我想这鞭子总要来,好坏是别一问题,然而总要打到的。但是从那里来,怎么地来,我也是不能确切地知道。”②

---

① 周作人:《北沟沿通信》(1927),舒芜编录:《女性的发现——知堂妇女论类抄》,北京:文化艺术出版社 1990 年版,第 11—13 页。

② 鲁迅:《娜拉走后怎样》,《编年体鲁迅著作全本 插图本》(1923—1925),福州:福建教育出版社 2006 年版,第 25—29 页。

没有国家独立和民族的解放，没有社会的发展和进步，所有关于妇女解放一切理想只能是空谈。

五四思想家们的困惑，在新文化运动后期，在接受了马克思主义思想影响的李大钊、陈独秀那里，似乎得到了解决。李大钊等为代表的早期马克思主义者运用马克思主义的唯物史观和阶级斗争学说，深刻阐述和分析了女子受剥削和受压迫的社会根源，指出“在现在的经济制度之下，智识、技能、职业，并不是经济独立的要素”，“女子在经济上失了独立，是因为私有制度的发生和存在”，所以，“要得到经济独立，非打破这社会私有的经济制度不可”①。指出“私有的经济制度”是女性不能获得经济独立、人格独立的原因，“非打破这社会私有的经济制度”不能获得女子的独立，而不是资产阶级女权主义者所寄希望的在现有制度下教育权、职业权、参政权的获得。如同在沉沉夜雾中的一盏明灯，从此中国的妇女解放运动迈向了新的里程。

“劳动妇女的解放与整个阶级的胜利是分不开的，只有阶级的胜利，妇女才能得到真正的解放。”②1921 年 7 月，中国共产党成立。“救亡压倒启蒙”，激烈的社会矛盾，严峻的社会危机使得中国共产党成立之后的中国妇女解放运动，不得不也必须与国家和民族的生死存亡紧密联系，中国的妇女解放也必然从属于民族的解放大业。这成为整个新民主主义革命时期中国共产党妇女解放思想的主调。

中国共产党从成立之日起，就确认中国的妇女解放运动是中国革命的重要组成部分，只有阶级解放，才有妇女解放。广大的劳动妇女要想获得自身的彻底解放，只有投身于无产阶级革命的斗争洪流中。中国妇女解放运动的实践从正反两个方面证实了中国共产党这一理论的正确性。近代以来我国的妇女解放运动，无论是旧民主主义革命时期的先驱者们“不缠足”“兴女学”的努力，还是新文化运动初期男女平权、妇女教育权、参政权、婚姻自主权的号召，都由于没有触及压迫妇女的生产资料私有制和剥削制度这一根源而难以实现其目标。从此以后，在中国共产党领导下，广大中国妇女将争取自身的解放同争取无产阶级的解放和人民大众的解放运动、同争取中华民族的解放融为一体，在长期的革命战争中，同男子一样，抛头颅，洒热血，前赴后继，夺取了新民主主义革命的胜利，也迎来了中国妇女的历史性解放。

---

① 李汉俊：《女子怎样才能得到经济独立》，上海《民国日报》副刊《妇女评论》1921 年 8 月 17 日。

② 中华全国妇女联合会编：《毛泽东主席论妇女》，北京：人民出版社 1978 年版，第 4 页。

"妇女解放是制度的革命。非'阶级'的或性别的革命。"[①]新民主主义革命时期,这样的思想成为中国妇女解放思想的主流。在这样一个矛盾激烈、环境特殊的时代,中国的妇女解放运动被迫放弃了"性别"的特征,中国的妇女与男子一样,以"雄赳赳、气昂昂"的姿态为"铲除一切不平等的社会制度"而奋勇斗争。

妇女解放实际上应包括两个层面,一是其外部环境和条件。在近代中国的现实情形之下,也就是马克思主义者所言之通过社会革命、阶级斗争以实现妇女的整体解放,使妇女解放获得制度的支撑。然而,这样的解放并无法使妇女问题获得"根本的解决"。制度的解放仅仅是外在环境,对于妇女而言,女性的身内,女性作为性别的、主体意识的觉醒,使女性成为具有真正独立人格、生命价值的新女性,这更是妇女解放的重要的条件所在。然而,历史为近代中国的社会转型所带来的那种仓促、那种迫切,近代中国愈来愈激化的社会矛盾,使得这样的解放思想无疑成为奢望。

"时代不同了,男女都一样。"毛泽东的这句话成为新生的中华人民共和国国民对"男女平等"思想最深刻的印象。

新中国成立之后,"男女平等"思想不仅从国家意识形态层面,从制度和法制建设进程中加以落实,在实际生活中,中国的妇女解放运动也更是轰轰烈烈。走出家门的广大妇女投身于生产第一线,男女同工同酬,"革命生产两不误"。"飒爽英姿五尺枪,曙光初照演兵场。中华儿女多奇志,不爱红装爱武装。"新中国妇女以不输于男性的英姿展示于世人面前。

毋庸讳言,新中国成立以来,中国妇女地位得到显著提高。促进男女平等成为中国政府一个基本的发展目标,并在许多领域和地方成为一种现实。中华人民共和国的《宪法》《妇女权益保障法》《婚姻法》《继承法》等国家法律以及相关的政策措施从法律和实践上保护了妇女的权益。与此同时,各种推动社会经济发展的措施也促进了妇女地位的提高。中国女性在国家立法和强有力的政策干预之下,成为"男女平等"政策的最直接受益者。上世纪90年代以来,一个更加科学、更为全面、更符合时代需求的性别概念——"性别平等"概念开始被国人接受。

1995年在中国北京举行的联合国第四次世界妇女大会通过了《行动纲领》,确定将"社会性别意识纳入决策主流"(简称"社会性别主流化")作为促进性别平等的全球战略。

---

① 中华全国妇女联合会编:《毛泽东、周恩来、刘少奇、朱德论妇女解放》,第60页。

社会性别意识(或称性别平等意识)是20世纪六七十年代以来国际社会兴起的与人口意识、环境意识并列的现代意识之一,指在分析处理任何事情时,不仅要考虑对政治、经济、社会的影响,还必须从性别的视角考虑对两性利益的影响是否公平,必须平等表达两性的经验和需求,促进两性的协调发展和平等受益。社会性别主流化则是指将性别平等意识纳入政府和社会宏观决策的主流,即政府、社会组织或机构在制定、实施和评估任何政策、法律、规划、项目以及处理日常工作时,都要注意对两性利益影响的公平和平等表达两性的需求,并通过改变政策、制度、法律、文化和社会环境,消除性别歧视,使两性都能平等参与社会发展和受益。具体地说,所谓性别平等,就是不同性别的个体在人格上是平等的,在两性关系和家庭生活中拥有的权利和义务是平等的,在社会生活中的机遇、竞争和选择而前是平等的,最后在法律而前是平等的。男女平等是性别平等的第一步,而性别平等更重视对女性个体的关注,更注重对女性发展的人文关怀。对于女性的关注,从以往注重的婚姻、经济、政治权利的现实层面开始提升至女性尊严、价值的层面,更加关注人性、关注个人,关注人之为人的情感体验,而且,注重构建妇女保障体系,保障更加全面而立体,不仅仅是经济上的扶持救助,而且关注妇女生育健康、关注妇女的教育发展和权益保障,关注女性个体发展,全面推进妇女解放事业。

之后,“性别意识”“性别平等”“性别观点”逐步成为中国妇女解放运动的主流用语。

2005年,胡锦涛主席在纪念“北京+10”会议开幕式上的讲话中指出:“举办‘北京+10’纪念活动,以‘促进性别平等,实现共同发展’为主题,重温联合国第四次世界妇女大会精神,见证各国政府对促进性别平等、推进世界和平与发展的承诺,总结世界妇女事业发展的成果,探求进一步推动世界妇女事业发展的途径,具有十分重要的意义。”并列举中国政府在推进性别平等工作中所取得的成就:“注重保障妇女在政治、经济、文化、社会和家庭生活等方面享有同男子平等的权利,不断促进妇女全面发展;注重发挥妇女在国家政治生活中的作用,妇女参与民主选举、民主决策、民主管理、民主监督的水平不断提高;注重推进男女平等就业,妇女就业机会增加、就业结构趋于合理;注重缩小两性受教育水平的差距,女性的文化素质整体上明显提高;注重加强保障妇女权益的立法、执法、司法工作,坚决维护妇女合法权益;注重关心妇女的健康和生活,农村贫困妇女数量显著减少,城镇低收入妇女得到有效救助,妇女的健康素质和生活质量不断提高。”中国在《北京+10宣言》第23条郑重承诺:“实施性别观念主流化策略,为提高妇女地位国家机制提供充足的资源和强有力的政治支持。”国务院新闻办公室发表了《中国性别平等与妇女发展状况》白皮书，在书中开篇就强调：“促进性别平等和妇女全面发展，不仅对中国的发展有着重要意义，而且对人类的进步有着特殊影响。”“促进男女平等是中国的一项基本国策。近年来，中国政府将包括性别平等在内的公平正义作为构建社会主义和谐社会的重要内容，运用经济、法律、行政及舆论等多种措施，努力保障妇女在政治、经济、文化、社会和家庭生活等方面享有与男子平等的权利，不断促进妇女的全面发展。”

这一切都明确标志中国政府开始将性别意识纳入公共决策主流，使性别公正明确成为我国公共政策的基本价值目标，促进了我国政策理念的更新及与国际的接轨，增强了各级决策者的性别意识，为促进新时期决策的性别公正奠定了新的思想基础。

从“独立人格”到“男女平等”再到“性别平等”，中国的妇女解放运动，在艰辛的追索中逐步寻找到了中国妇女解放的正确路径。新时期以来，中国政府通过在公共政策理念、内容及体系多方面多层次的创新，为促进性别平等和妇女发展创造了良好的环境和条件，毫无疑问，中国妇女的解放和发展在这样良好的环境之下将获得令人瞩目的新成就。

## 二、性别平等与发展、和谐关系解析

### （一）性别平等和妇女发展是社会和谐发展的前提和基础

性别平等和妇女发展既是社会发展的重要组成部分，也是衡量社会进步的基本尺度。人类文明发展的社会实践无数次雄辩地证明，只有妇女与男子共同发展，并驾齐驱，才能推动历史潮流奔涌向前。建立平等和谐的两性关系对于维系人与自然的和谐、实现经济与社会的可持续发展、构建社会主义和谐社会至关重要。一方面，两性越平等、关系越协调，就越有利于促进经济社会的发展和人的全面自由发展，就越有利于形成充满生机与活力的社会局面；另一方面，如果没有占人口半数的妇女的积极参与，妇女中蕴藏的巨大人力资源就难以得到充分发挥，势必影响和谐社会的建设进程，如果没有妇女与男性的平等协调发展，社会和谐的目标也就难以实现。

众所周知，男女两性不平等，妇女受压迫是个历史范畴。远古时代的人类两性曾是平等的，只是当人类社会产生了私有制和阶级对立的时候，妇女才被剥夺了财产所有权，被排斥于社会劳动之外，沦为家庭的奴隶和男子的附属物。这种现象是一定历史条件的产物，因此它必将被新的历史条件下的男女平等所代替。

促进男女平等是我国社会主义初级阶段妇女发展的阶段性目标，也是一项基本国策。如前文所述，自1949年新中国成立以来，特别是20世纪70年代末实行改革开放政策以来，随着中国经济持续增长和社会全面进步，妇女与男子平等的权利和机会不断得到保障，妇女发展获得了前所未有的机遇。进入新世纪以来，中国政府将包括性别平等在内的公平正义作为构建社会主义和谐社会的重要内容，运用经济、法律、行政及舆论等多种措施，努力保障妇女在政治、经济、文化、社会和家庭生活等方面享有与男子平等的权利，促进妇女全面发展，推进男女平等。

胡锦涛同志指出："妇女问题，从本质上说是发展问题，也必须通过发展才能解决。"这里所讲的发展，既包括社会的发展，同时也包括妇女自身的发展。社会的发展要带来人的发展。人的发展从性别角度来说就是男女两性同时发展，而不是推进某一性别的发展，牺牲或阻碍另一性别的发展。那样的发展不是完整意义上的人的发展，更不是全面意义上的社会和谐发展。

一个可持续发展、和谐的社会，必然是一个注重男女公平、平等，男女享有同等的发展机遇和权利，各尽所能、各得其所的社会。妇女是创造人类文明和推动社会发展的一支伟大力量。男女两性同是社会发展的动力。男女两性的协作关系是人类最基本的协作关系之一。男人和女人以最优化的方式合作，才能充分发挥"动力"作用。这种最优化的合作方式基本的协作原则应该是平等，是男女平等地享有发展的资源和机会，都能够在一定程度上，充分自由地发展，这样才能以较高的总体发展水平促进社会的协调发展。社会和谐要求男女平等，男女平等促进社会和谐。在我国树立科学发展观、构建和谐社会的进程中，如果没有男女两性平等协调的发展，整个社会的全面、协调、可持续发展是不可想象的。贯彻落实男女平等基本国策，改变不合理的性别观念和性别分工，使男女各显优势，推进男女两性平等参与经济社会发展，平等享有发展的权利、机会和资源，平等分享经济社会发展的成果，协调发展，共同进步，是建设社会主义和谐社会必不可少的重要内容。

### （二）妇女参与并受益于发展是妇女发展与社会发展的重要途径

妇女问题，必须通过发展才能得到解决，但是社会发展并不必然带来性别平等，因此，对于妇女而言，只有与男性平等参与社会发展，同时又平等受益于社会经济发展，才能达到真正的男女平等。从世界范围看，在发展中求平等，将性别平等意识纳入发展议程，在发展的进程中建设男女两性的平等伙伴关系，是20世纪60年代以来国际妇女运动达成的普遍共识。妇女真正参与并受益于发展，这是男女平等的应有之义，是妇女发展与社会发展的共同要求，也是实现社会主义初级阶段妇女解放与发展的重要途径。在贯彻落实科学发展观，构建和谐社会的新时期，同样也是中国妇女运动的时代特点。

新中国成立以后，中国妇女在国家的大力推动和支持下，积极投入到社会劳动中，广泛参与社会主义现代化建设。“时代不同了，男女都一样，男同志能办到的事，女同志也能办到。”[①]这一思想对广大女性冲破性别差异的束缚，真正成为独立自主的人起了促进作用。在这种积极参与的过程中，广大中国妇女的经济地位和社会地位得到了显著提高。不过，显而易见，这一时期的男女平等思想之所以能够深入人心，其背后是国家意识形态的强有力干预和影响。而客观存在的种种原因，也导致特别是在“文革”开始之后的“男女平等”的实际进程受到了严峻挑战。

改革开放以来，随着社会主义市场经济体制的建立，经济社会的全面发展，加之广大妇女综合素质的提高，为我国妇女发展提供了前所未有的机遇和空间，妇女的经济和社会地位在诸多方面继续得到提高，但是，经济的发展并不必然带来妇女社会地位的提高，并不是经济发展了男女平等问题就自然而然解决了。尤其当前我国尚处于社会主义初级阶段，市场经济体制尚不完善，国家意识形态干预力量显然已经弱化，再加上传统性别文化的影响，在新时期，在激烈的市场角逐中，男女不平等在不少领域以新的形式表现出来，甚至在某些方面有所加剧。一部分妇女的生存权利与发展权利在某种程度上受到严峻挑战，不得不引起高度重视。

妇女是一支伟大的人力资源，离开了妇女，发展将是无源之水、无本之木。在发展中保障妇女的参与权和受益权，不仅是发展的目标、发展的动力，也是我们建设和谐社会的重要内容。不能只重视经济发展而忽视社会发展、社会公平，决不能以牺牲妇女利益来换取发展速度。因此，我们的各项发展战略应当将促进性别平等作为目标之一，并采取有效措施。在发展中必须保障妇女平等的参与权、受益权，这既是发展的目的、发展的动力，也是20世纪以来国际妇女运动的共识。在我国经济实力显著增强、改革开放成果日益丰硕的条件下，女性对社会生活的低度参与和对社会发展成果的低份额分享无疑使两性发展呈现不平等的状态。这种状态如果不能得到有效遏制，可持续发展所期盼的社会公平将是空中楼阁。

在贯彻落实科学发展观、构建和谐社会的新形势下，以人为本，重视公平

---

① 《人民日报》1965年5月27日。

的发展，为促进妇女发展和性别平等创造了良好环境。我们必须要在发展进程中，进一步纳入性别平等的意识，贯彻性别平等的原则，真正实现以发展求平等的目标。首先，妇女的平等与发展，在某种程度而言，更重要的是观念和思想的平等。向全社会宣传以人为本、公平正义的科学发展理念，向全社会、包括妇女灌输男女平等、共同发展的思想和理念，逐步祛除传统价值观的影响，营造有利于妇女参与发展、共享发展成果的社会环境，这对妇女的发展至关重要。其二，需要确保促进妇女发展、推动性别平等成为新时期我国社会经济发展战略的主要目标。例如，我国的"十一五"规划纲要首次专辟一节规划妇女发展和权益保护，"十二五"规划强调要改善妇女发展环境，注重妇女全面发展。将妇女发展纳入并作为国家经济社会发展规划的目标，充分体现了科学发展观和构建社会主义和谐社会的战略思想，也为保障妇女与社会同步协调发展创造了条件。第三，需要制定和实施有利于妇女参与发展、共享发展成果的法律政策，从策略上保障妇女的发展权益，促进性别平等。我国目前已经形成了一整套保护妇女权益和促进性别平等的法律体系，国家司法机关也在不断加强执法力度，依法对各种侵犯妇女权益的违法犯罪行为予以制裁。这都将为妇女与社会发展起到保驾护航的作用。

**（三）公平与效率相统一是性别平等与社会公正的重要保障**

保障妇女享有平等的参与机会和公平分享社会发展的成果，不仅是妇女运动的奋斗目标和男女平等的必然要求，也是社会公平正义的题中应有之义。公平与效率相统一是性别平等与社会公正的重要保障。

公平与效率是社会经济发展的基本问题。公平正义是社会和谐的基本条件，是社会主义本质的内在要求，是国家长治久安的根本保障。公平性原则是科学发展观的本质特征。目前，一部分企业单位由于自身效率低，即以此排斥公平，并造成对包括女性在内的弱势群体的歧视和挤压，这一点在平等就业、公平收益、劳动保障等权利方面表现最为突出，这也是当前我国社会矛盾比较突出的原因之一。1992 年，邓小平在南方谈话中明确指出："社会主义的本质，是解放生产力、发展生产力、消灭剥削、消除两极分化、最终达到共同富裕。"①邓小平关于社会主义本质的论述为我们处理公平与效率的问题奠定了理论基础。科学发展观为妥善解决公平与效率提供了宏观的政策指导。改革开放之初，为迅速打破平均主义吃"大锅饭"的低效率局面，党中央提出要优先强调效率，"在促进效率提高的前提下体现社会公平"。随着改

---

① 《邓小平文选》第 3 卷，北京：人民出版社 1993 年版，第 373 页。

革开放的深入,公平与效率范畴无论在外延还是内涵上都得到了不断丰富和发展,对二者关系的认识也不断深化、发展。中共十七大对社会公平给予了高度重视,在党的文件中第一次旗帜鲜明地指出"实现社会公平正义是中国共产党的一贯主张,是发展中国特色社会主义的重大任务"。并强调,"初次分配和再分配都要处理好效率和公平的关系,再分配更加注重公平",充分表明了当前促进社会公平的必要性和重大意义。政府在制度上保证竞争机会的公平,通过加强科技教育文化环境保护等社会事业建设以及提供公共服务和公共产品,切实维护和调节好人与人之间、个人与社会之间的利益关系,切实保证女性与男性一样具有平等参与的机会,又能充分发挥自身的潜能,创造更高的劳动生产率和更好的物质精神和生活条件,由此才能促进社会主义物质文明、政治文明和精神文明建设,推动人与社会全面的发展与进步。

社会公平主要体现在两个方面:一是公平对待社会中的各个群体和阶层;二是倾斜性地对待社会中的弱势群体。性别平等是社会公平的重要内容,同样具有两层含义:首先是在政治、经济、社会、文化及家庭生活的各个方面公平对待男女两性,保障妇女与男性享有平等的权利和机会;其次是倾斜性地对待弱势群体,尤其要重视由于妇女在教育、就业等方面的机会不平等而产生的弱势群体,例如,失学女童、失业妇女等,还要重视由于社会中存在的基于歧视妇女的文化习俗而产生的弱势群体,例如,在一些地方和家庭中受到歧视的女婴、女孩和因生育女孩受到歧视的母亲、遭受家庭暴力的妇女、在劳动力市场上受到排斥的女大学生等等。具体地说,社会公平框架中的性别平等不仅要求充分尊重男女两性作为社会主体和家庭成员的权利,而且要保障男女两性作为社会主体和家庭成员的平等权利和机会,使性别平等成为党和政府积极引导的、社会公众普遍认同的社会文化规范和价值观的有机组成部分。能否保障男女两性作为社会主体的平等权利和机会是一个社会能否在民主法治的基础上实现男女两性社会成员诚信友爱、社会安定有序、充满活力、人与自然和谐相处的前提和条件。换句话说,公平的社会更有利于调动社会成员的积极性和创造性,更有可能产生活力和效率。

一般地说,效率越高,发展速度越快,实现社会公平的物质基础就越充分,同时,也越需要考虑如何将日益充足的物质财富公平地分配给社会成员,也就是说,高效率要求更高程度的公平。反过来说,公平正义、公序良俗、社会和谐又是社会高速发展的必然要求,也就是说,公平正义是提高效率的内在要求。将公平与效率割裂开来或对立起来,本身就不符合马克思主义的基本原理。公平和效率的统一绝不是一句抽象的口号,而是要在对多元社会主体充分尊重和不歧视的前提下，在对其所承载的人力资源和社会资源深入分析的基础上，运用公平公正的政策和机制，最广泛、最充分地调动一切积极因素，发挥各方面的创造活力，不断推动经济社会发展。

因此，新时期的妇女运动首先要促进全社会充分认识妇女的主体地位，争取妇女参与政治、经济和社会发展的平等权利和机会。其次要关注妇女发展的特殊需要和利益诉求，使妇女能够平等地分享发展的成果。第三，要坚持以人为本的科学发展观，促进全社会发展理念的转变，主张公平与效率的统一，积极促进以公平为基础的社会和谐。

**（四）建立在平等、公平、正义的基础上的和谐是性别关系的真正和谐**

社会主义初级阶段妇女解放和发展的目标，是在实现我国社会主义现代化建设宏伟目标的进程中，进一步推进男女平等，实现妇女的继续解放和不断发展。建立在男女性别平等、公平、正义基础上的和谐才能达到真正的性别和谐。

第一，两性平等基础之上的和谐是和谐社会的应有之义。

和谐是要在以人为本原则下妥善处理和协调各种利益的关系，要充分发挥人的能动性和创造性，努力营造一个人与人、人与社会互惠共生、协调发展的和谐关系。党的十六届四中全会第一次把构建社会主义和谐社会放到同经济建设、政治建设、文化建设并列的突出位置，拓展了全面建设小康社会的奋斗目标的总体要求。

在我们的现实生活当中，人们讨论男女两性关系的时候，也经常使用和谐一词。但是对“和谐”的理解却存在歧义。不少人认为，新时期“男主外，女主内”“男主女从”是和谐的，“男强女弱”“夫唱妇随”、男性挣钱女性治家也是和谐的，因此认为和谐社会应当提出两性和谐而非两性平等，否则男性一旦反感，势必造成两性对立。离开平等追求所谓“和谐”的例证在历史和现实中都不少见。例如，每当就业形势紧张时，社会上就有人提出“妇女回家”的论调，要求妇女放弃工作回归家庭，并认为这样符合“男主外、女主内”的传统文化，是所谓“和谐”的表现。实质上，这样的“和谐”是以牺牲妇女就业权利和机会换来的“和谐”，也是不讲公平、只讲“和谐”的具体表现。对于那些自愿放弃职业而“回家”的妇女来说，毫无疑问地应该尊重其个人选择。但是，对于那些不愿意放弃工作的妇女来说，如果被强行要求“回家”，则侵犯了她们的工作权和发展权。这样的妇女即使回家了，也难以得到所谓的“和谐”生活。可见，离开了平等谈和谐，就可能会使和谐失去方向，甚至背离平等与公平正义的基本原则。

两性携手和谐发展是我们为之奋斗的目标，也是当今构建和谐社会的题中之义。但是，这种和谐必须建立在两性平等的基础上而不是一方居高临下，另一方依附、顺从为前提。当然，和谐也是相对的，和谐是稳定协调的标志，和谐也始终处在变化发展的状态，在人类社会的进展中，和谐是在不断由低级到高级、由局部到全面的发展中。从总体上来讲，因为时代的不同，生产力发展水平的不同，文化背景不同等等，和谐会呈现出多样化、分层次、有阶段性的特点，其形态也呈现着不断发展、不断变化和不断完善的趋势。几千年中国传统的性别文化在两性关系所形成的夫为妻纲、男主女从，男人是第一性，女人是第二性的这种"和谐"带给女性的是她们作为人的权利的丧失，带给社会的是社会发展的畸形和倒退。

男女两性的平等发展是构建社会主义和谐社会的重要基础和必要条件，缺乏平等前提和原则的所谓"和谐"是以牺牲妇女的主体地位换取的，是不真实的、虚幻的。真正的性别和谐，应该是以性别平等为前提和原则的和谐，是以平等和公正为基础的和谐。我们追求的是协调发展，而不是把男性作为对立面。我们也承认并尊重男女两性的生理差别，不是男女绝对都一样，不是均等，但也不应因生理差别而歧视妇女。在这样的关系中，男女两性是相互尊重、相互信任、相互依赖，同时又相互独立的主体，享有平等的权利和机会，互相帮助，共同进步，平等分享发展成果。这样的和谐关系一旦建立，便是真实的，对男女两性都是有利的，是男女两性都可以依赖的。男女平等基础上的两性和谐是人类社会性别关系的一种理想状态，是新时期妇女运动所追求的目标。它不仅符合公平正义的社会原则，也符合人类彻底解放的趋势，是一种真正的和谐。

第二，在科学发展、可持续发展、全面发展的进程中推进两性平等。

如前文所述，在新时期，男女发展的不平等、不平衡与历史上的男女不平等在表现形式上出现了明显的不同。今天的男女不平等某种程度上说，它也是我国在发展过程中诸多社会矛盾、社会问题的一种，而且也常常与我国在发展进程中出现的其他诸多矛盾互相交织，它通常已经不再独立出现，而是以阶层差异、城乡差异、区域差异、年龄差异的形式，或者是与其他社会不平等现象交织在一起出现的。因此，我们既不要将男女平等问题和其他社会问题孤立对待，也不能绝对分出等级、分出差别来认识，更不应主观上造成男女两性的直接对立，而是要用全面性、系统性思维和全民性、系统性策略，在相互关联的社会政策体系中对男女平等问题进行全面调节。

一个全面、协调、可持续发展的社会，必然是建立在社会、经济、人口、资源、环境相互协调和共同发展的基础上的一种发展。科学发展观要求我们要站在新的高度来重新认识和理解发展中的全面性。只有将妇女发展与男女平等纳入政治、社会、经济、人口、环境及文化的大系统之中,在科学发展、可持续发展、全面发展的进程中才能真正推进男女平等。

第三,平等基础上的真正和谐为每个人的自由而全面的发展开辟了道路。

马克思指出,社会的发展是以人为本位的发展,“任何一种解放都是把人的世界和人的关系还给人自己”。平等基础上的和谐之所以是真正的和谐,是因为它超越了性别关系的二元对立,以人的全面而自由发展为特征。在这种关系模式下,法律的平等已成为一个默认的原则,公平正义也得到了普遍实现,社会不再要求牺牲某些人的利益,而保证另一些人的发展;不再主张以牺牲公平来换取所谓的效率。在这种状况下,个人发展与人类发展已互为前提,每一个人都具有了知情选择和自主选择的权利,获得了平等的发展机会。对于女性来说,这样的发展才能使其身心获得彻底解放。对于男性来说,同样也会从这样的发展中获得身心解放,不再被男女不平等的社会规范要求承担社会和家庭的“顶梁柱”的双重责任。和谐社会的终极目标是人的全面发展,建立在平等基础上的两性和谐关系可使男女两性平等地参与发展,公平地分享成果,自由地选择生活。男女将在自由平等的基础上相互尊重,互利共赢,和谐相处,共同进步,它实现了真正意义上的性别和谐与人的全面发展。

平等、发展与和谐作为新时期妇女运动发展的主题,是相互联系、相互促进的统一体。我们倡导的性别平等是发展进程中的平等,与全面建设和建成小康社会、构建社会主义和谐社会的目标高度一致;我们主张的妇女发展是逐步缩小男女的发展差距,完全符合社会公平正义的普遍原则;我们期待的性别和谐是平等基础上的真正和谐。回顾百年来中国妇女解放运动的历程,我们应更加珍惜中国妇女解放运动所取得的成就,社会各界应团结起来,共同为实现性别平等与真正和谐积聚力量,创造条件,从而为推动和谐社会建设,为社会主义初级阶段男女平等目标的实现,为妇女的彻底解放和自由和谐而全面发展、为每个人自由而全面的发展开辟道路。

# 试论马克思主义妇女观与男女平等基本国策

徐雅芬*

**摘　要**:马克思主义妇女观是马克思主义理论体系的一个重要组成部分,是指导世界妇女解放运动的重要理论武器,它包含着丰富的内容。马克思主义妇女观与男女平等基本国策有着密切的关系:马克思主义妇女观是男女平等基本国策的理论基础;男女平等基本国策是马克思主义妇女观在当代中国的成功实践;男女平等基本国策丰富和发展了马克思主义妇女观。

**关键词**:马克思主义妇女观　男女平等　基本国策

马克思主义妇女观是马克思主义理论体系的一个重要组成部分,而男女平等基本国策则是中国共产党人在新的历史条件下,以马克思主义妇女观为指导,根据妇女发展的时代要求,着眼于当代中国现实的妇女问题,并批判地吸收了西方女权主义的性别意识而提出来的,这二者之间有着密切的关系。本文即拟结合马克思主义妇女观的形成及其主要内容,和男女平等基本国策的提出及内涵,对二者之间的关系进行剖析。

## 一、马克思主义妇女观的形成及其主要内容

19 世纪 40 年代,在创立马克思主义学说的过程中,伴随着对无产阶级解

---

* 徐雅芬,女,厦门大学马克思主义学院教授

放规律的探索，马克思、恩格斯探讨了妇女受压迫的原因、妇女解放的途径和条件、妇女解放的标志，以及妇女在人类历史中的重要作用，形成了马克思主义关于妇女解放的基本理论。这一理论集中体现在马克思、恩格斯合著的《德意志意识形态》《共产党宣言》，马克思的《法兰西内战》《摩尔根〈古代社会〉一书摘要》《给路德维西·库格曼的信》，以及恩格斯的《英国工人阶级状况》《家庭、私有制和国家的起源》等著作中。特别是《家庭、私有制和国家的起源》一书，可以说是恩格斯在马克思《摩尔根〈古代社会〉一书摘要》一书思想的基础上，运用辩证唯物主义和历史唯物主义的世界观和方法论，系统阐述马克思主义关于妇女解放基本理论的一部代表作，它标志着马克思主义妇女观的形成。此后，这一理论成为指导世界妇女解放运动的重要理论武器，并随着妇女解放运动的发展而丰富和发展。

1990 年，江泽民同志在纪念“三八”国际劳动妇女节 80 周年大会上发表了《全党全社会都要树立马克思主义妇女观》的重要讲话。在这篇讲话中，江泽民同志把马克思主义关于妇女解放的基本理论精辟地概括为“马克思主义妇女观”，并对其概念和内涵做了科学的诠释。他指出：“中国共产党用以指导妇女运动的理论，是马克思主义妇女观。马克思主义的妇女观，是运用辩证唯物主义和历史唯物主义的世界观、方法论，对妇女社会地位的演变、妇女的社会作用、妇女的社会权利和妇女争取解放的途径等基本问题做出的科学分析和概括。”具体地说，这种妇女观主要包括以下内容：

### （一）妇女受压迫是一个历史的范畴

马克思主义妇女观认为，妇女被压迫不是从来就有的，而是人类历史发展到一定阶段才出现的社会现象。在远古时代，人类两性是平等的，只是当人类社会产生了私有制和阶级对立，妇女被剥夺了财产所有权，排斥于社会劳动之外，才沦为家庭的奴隶和男子的附属物。

在科学社会主义创立之前，许多资产阶级的学者都片面地强调，是妇女的生理特点决定了妇女被压迫的地位。马克思主义指出，人不是单纯的生物学上的人，而是生活在一定的社会关系中的社会的人。男女两性间的性别差异，只是构成妇女被压迫的自然基础。男女两性间的社会差异，才是导致妇女被压迫的真正原因。为此，恩格斯强调：对妇女问题的研究，必须研究它赖以产生的社会历史条件及它在历史发展中的地位与作用，才能得出科学的结论。马克思、恩格斯运用历史唯物主义的方法，从人类社会发展史的角度，具体、科学地考察了妇女地位的演变，揭示了妇女被压迫的根源。

第一,私有制。马克思主义认为,原始社会生产力十分低下,人们过着原始共产制的生活,当时妇女在生产劳动中的主要作用和在婚姻家庭中的重要地位,决定了男女两性是平等的,甚至"在一切蒙昧人中,在一切处于野蛮时代低级阶段、中级阶段、部分地也处于高级阶段的野蛮人中,妇女不仅居于自由的地位,而且居于受到高度尊敬的地位"①。到了原始社会末期,随着生产力的发展,剩余产品的出现,私有制的产生和阶级的形成,母权制过渡到父权制,妇女被压迫的现象随之产生。恩格斯分析说:"母权制的被推翻,乃是女性的具有世界历史意义的失败。丈夫在家中也掌握了权柄,而妻子则被贬低,被奴役,变成丈夫淫欲的奴隶,变成单纯的生孩子的工具了。"②

第二,一夫一妻制家庭。恩格斯指出,历史上由对偶婚发展而来的个体婚制即一夫一妻制,只是对妇女而不是对男子而言的。一夫一妻制家庭的确立,使女子处于从属的地位。为了确保男权的统治地位及其子女的财产继承权,妇女在婚姻家庭关系上处于被压迫的地位,成了男人的私有财产和附属品。恩格斯说:"个体婚制……是作为女性被男性奴役,作为整个史前时代所未有的两性冲突的宣告而出现的。"③

更为重要的是,这种性别的压迫是与阶级的压迫同步的,这种同步性也使得性别压迫同时具有了阶级压迫的性质。恩格斯说:"在历史上出现的最初的阶级对立,是同个体婚制下的夫妻间的对抗的发展同时发生的,而最初的阶级压迫是同男性对女性的奴役同时发生的。个体婚制是一个伟大的历史的进步,但同时它同奴隶制和私有财富一起,却开辟了一个一直继续到今天的时代,在这个时代中,任何进步同时也是相对的退步,一些人的幸福和发展是通过另一些人的痛苦和受压抑而实现的。"④

通过对妇女地位的演变和妇女被压迫根源的分析,恩格斯得出结论说:私有制是导致妇女被压迫的决定性因素,私有制是妇女受压迫的根源。

**(二)妇女解放的道路与无产阶级解放的道路是一致的**

基于对妇女被压迫根源的科学认识,马克思、恩格斯进一步探讨了妇女解放的道路。

在阐述人类解放和实现共产主义的历史必然性时,马克思、恩格斯指出,在过去的各个历史时代,我们几乎到处都可以看到社会完全划分为不同的等

① 《马克思恩格斯选集》第4卷,北京:人民出版社1972年版,第43页。
② 同上书,第52页。
③ 同上书,第61页。
④ 同上。

级,但是在资产阶级时代,阶级的对立变得简单化了,“资产阶级不仅锻造了置自身于死地的武器;它还产生了将要运用这种武器的人——现代的工人,即无产者”①。无产者是现代工业发展的要求,“现代工业愈发达,男工也就愈受到女工的排挤。对于工人阶级来说,性别和年龄的差别再没有什么社会意义了。他们都只是劳动工具”②。可见,现代化大工业生产迫使妇女加入了无产阶级的行列,因而,妇女的解放也就越来越体现出作为整个被压迫阶级——无产阶级解放的要求。换言之,妇女解放是无产阶级解放的组成部分,没有妇女的解放,就谈不上无产阶级的解放。正是在这个意义上,恩格斯充分肯定并高度评价了空想社会主义者傅立叶关于“妇女解放的程度是衡量普遍解放的天然尺度”的思想。

私有制是产生人压迫人的根源,妇女受压迫是从私有制的出现开始的,妇女解放的根本途径就是消灭私有制。恩格斯指出,生产资料转归社会所有,将使“男子的地位无论如何要发生很大的变化。而妇女的地位,一切妇女的地位也要发生很大的转变”③。妇女解放必然随着消灭私有制而共同发展。在以私有制为基础的社会里,妇女被压迫是阶级压迫的一种特殊表现形式。无产阶级是先进生产力的代表,它所要完成的理想,就是要消灭私有制,消灭阶级,实现共产主义,它的目的最终是要实现整个人类的解放,包括妇女的解放。

因此,妇女解放只有在消灭了私有制和阶级的社会里才能得以实现,妇女的解放与整个无产阶级的胜利分不开,妇女解放只能走无产阶级解放的道路。

**(三) 妇女解放的先决条件是参加社会生产劳动**

历史唯物主义认为,人们在社会和家庭中的地位,归根到底是由人们在社会生产中的地位决定的。随着私有制的出现和一夫一妻制家庭的确立,妇女被排除在社会生产之外,只限于从事家庭的私人劳动,而这种家务劳动“失去了自己的公共的性质。它不再涉及社会了。它变成了一种私人的事务;妻子成为主要的家庭女仆,被排斥在社会生产之外”④。也就是说,由于家务劳动性质的改变,妇女在社会生产中的地位也随之下降。

基于此,马克思主义妇女观认为,妇女的解放,其先决条件就是妇女要重

---

① 《马克思恩格斯选集》第1卷,北京:人民出版社1972年版,第257页。

② 同上书,第258页。

③ 《马克思恩格斯选集》第4卷,北京:人民出版社1972年版,第72页。

④ 同上书,第69—70页。

新回到社会生产劳动中来，参加社会生产劳动。其原因在于，参加社会生产劳动是人们经济独立的途径，而经济独立又是人们生存与发展的物质基础。妇女的经济独立，可以使得妇女不仅成为生产资料和生产过程的主人，而且还成为生产产品的主人。因此，恩格斯明确指出："妇女解放的第一个先决条件就是一切女性重新回到公共的劳动中去；而要达到这一点，又要求个体家庭不再成为社会的经济单位。"①他进而强调，只要妇女仍然被排除在社会生产劳动之外，只限于从事家庭的私人劳动，那么妇女的解放，妇女同男子的平等，无论现在或将来都是不可能的。

那么，妇女如何才能重新回到社会生产劳动中来，参加社会生产劳动呢？对此，恩格斯认为，妇女参加社会生产劳动的前提是家务劳动的社会化。他说："妇女的解放，只有在妇女可以大量地、社会规模地参加生产，而家务劳动只占她们极少的功夫的时候，才有可能。"②他还十分肯定地说："我深信，只有在废除了资本对男女双方的剥削并把私人的家务劳动变成一种公共的行业以后，男女的真正平等才能实现。"③这里所讲的妇女参加的社会劳动，从内容上说，既包括生产性劳动，又包括非生产性劳动；既包括经济，也包括政治、文化、科技等社会生活的方方面面。从时间上说，必须是一个连续的过程。因此，妇女只有持续地参与社会劳动，才能真正实现经济和政治上的独立。从这个意义上说，妇女解放是一个长期而艰巨的历史过程。

**（四）妇女解放的标志是男女平等**

马克思主义妇女观认为，男女平等不是抽象的、绝对的平等，而是在承认性别差异基础上的男女两性的平等。恩格斯在批判杜林不顾社会历史前提的抽象的平等观时指出，两个人甚至就其本身而言，也可能在性别上是不平等的。所谓"性别上的不平等"，即指男女两性存在着生理差异。恩格斯通过追溯"平等"观念的历史发展过程，揭示了资产阶级的平等只是形式上的自由与平等，实质上的不自由和不平等，进而阐述了无产阶级平等观的基本要求。他指出："无产阶级平等要求的实际内容都是消灭阶级的要求。任何超出这个范围的平等要求，都必然要流于荒谬。"④换言之，在阶级社会中，只有消灭剥削阶级，人类的平等包括男女两性的平等才有可能。

马克思也指出，在共产主义社会的初级阶段，平等权利主要表现在按同

① 《马克思恩格斯选集》第4卷，北京：人民出版社1972年版，第70页。
② 同上书，第158页。
③ 同上书，第452—453页。
④ 《马克思恩格斯选集》第3卷，北京：人民出版社1972年版，第146页。

一尺度、以同一标准竞争,个人天赋的差异决定了不可能有绝对的平等。“权利永远不能超出社会的经济结构以及由经济结构所制约的社会的文化发展。”[①]因此,在社会主义社会,男女平等重在使用相同的尺度,也就是男女权利和地位的平等,即男女在政治、经济、文化教育以及社会和家庭中,享有同等的地位和权利。但即使这样,在马克思看来,这种“平等”依然带有资产阶级法权的特征,它不可能成为无产阶级解放包括妇女解放的终极目标。马克思认为,只有到了共产主义社会的高级阶段,生产力高度发展,物质财富充分涌流,分工不复存在,脑力劳动与体力劳动的差别消失,劳动成为人们生活的第一需要,社会实行“各尽所能、按需分配”的条件下,平等才能完全超出资产阶级法权的界限,成为彻底的、真正的平等。到那时,妇女和男子一样,成为自由而全面发展的共产主义新人,妇女解放的最终目标才能真正得到实现。

**(五)妇女在创造人类文明、推动社会发展中具有重要的作用**

马克思、恩格斯在关注资本主义私有制条件下的社会不平等时,不仅同情无产阶级妇女的状况,指出妇女解放的道路,而且高度重视妇女在创造人类文明、推动社会发展中的重要作用。

马克思、恩格斯认为,人类社会的历史是人民群众创造的,人类社会的生产包括两个方面,即生产(物质)资料的生产与人类自身的生产——种的繁衍,这两种生产具有不可分割的联系,其中物质资料的生产起着决定作用。在人类的这两种生产中,妇女不仅对物质资料的生产有巨大作用,而且对人类自身的生产有着特殊贡献。简言之,她们是推动社会进步的伟大力量。基于此,马克思主义者给予妇女高度的评价:“每个了解一点历史的人也都知道,没有妇女的酵素就不可能有伟大的社会变革”[②],“任何一次重大的解放运动都不能没有妇女直接参加”[③]。

马克思、恩格斯关于妇女在社会发展中的伟大作用的观点,在我国得到了发展。毛泽东认为:中国妇女是一种伟大的人力资源,必须发掘这种资源,为了建设一个伟大的社会主义国家而奋斗。他提出了“全国妇女起来之日,就是中国革命胜利之时”的著名论断。江泽民同志也指出:“妇女在创造人类文明、推动社会发展中具有伟大的作用。妇女和男子同是人类历史前进的推动者,同是物质文明和精神文明的创造者。因此,妇女与男子应该具有同等

---

① 《马克思恩格斯选集》第3卷,北京:人民出版社1972年版,第12页。

② 《马克思恩格斯全集》第32卷,北京:人民出版社1975年版,第571页。

③ 《斯大林全集》第5卷,北京:人民出版社1957年版,第48页。

的人格和尊严，同等的权利和地位。在人类自身生产中，妇女作出了特殊的贡献。尊重妇女，保护妇女，是社会进步的一个重要标志，是文明社会应有的法律规范和道德风尚。”①

## 二、男女平等基本国策的提出及其内涵

20 世纪 70 年代以来，妇女发展的问题日益受到国际社会的重视。联合国通过调查研究，认识到社会的发展不会自然带来妇女的发展和妇女地位的提高，由此提出，应将妇女的发展纳入整个社会发展规划。随后，妇女发展问题被纳入联合国的议程。从 1975 年到 1995 年，连续四届的世界妇女大会都明确提出，要“把性别意识纳入决策主流”。此外，世界银行、世界卫生组织和联合国人口基金会等国际性组织，均把男女两性在健康、教育、就业等各个领域差距的大小，作为评价一个国家和地区发展程度的重要指标。男女平等在国际社会已不再被简单地看作是女权问题，而是人权问题、发展问题，妇女的发展状况也随之成为衡量一个国家的人权和综合发展状况的重要指标之一。

90 年代以来，我国改革开放进入一个新时期，中国特色社会主义的建设需要全体社会成员包括妇女的参与，为此需要将妇女的发展问题，提升到整个国家社会经济发展的高度予以规划，以充分发挥妇女建设中国特色社会主义的积极性和创造性。在这一时期，一方面，我国社会主义市场经济体制的确立，强化了男女平等意识，为实现男女平等提供了可能和空间；另一方面，在建立社会主义市场经济体制的过程中，我国妇女的发展面临着许多新情况和新问题，例如：妇女劳动就业保障弱化；下岗女工包括女大学生就业难；女性较多集中在低职位、低收入岗位，难以进入高新技术、高层管理等领域；妇女参政面临新的挑战；婚姻家庭领域妇女的权益日益受侵害，等等，这些问题表明，社会主义市场经济的发展不可能自然而然地带来妇女的发展，解决男女平等发展问题，需要以制度和政策来保障。

同时，我国根据联合国《21 世纪议程》中关于国际合作要走人类可持续发展道路的要求，在《中国 21 世纪议程》中制定了可持续发展的战略。江泽民同志在党的十四届五中全会的讲话中要求，在现代化建设中，必须把可持续发展作为一个重大战略。可持续发展强调社会各要素的协调发展，其中也包括男女两性的协调发展。从可持续发展的战略视角来思考人类社会发展，

① 江泽民：《全党全社会都要树立马克思主义妇女观》，《人民日报》1990 年 3 月 8 日。

男女两性发展的公平问题、协调问题,就并非只是男女两性性别之间的问题,而是整个社会发展的公平问题、协调问题。从这个意义上说,男女平等是我国实施可持续发展战略的内在要求。

正是在这样的背景下,江泽民同志在第四次世界妇女大会开幕式上,代表中国政府向全世界庄严承诺:“把男女平等作为促进我国社会发展的一项基本国策。”至此,男女平等的基本国策在我国正式确立。

男女平等基本国策涵盖了“男女平等”和“基本国策”两个概念,但不是这两个概念的简单叠加,而是对“男女平等”概念的丰富和发展。“男女平等”强调男女两性都有平等的机会参与国家的政治、经济、社会和文化的发展,并且平等地享受其成果。对妇女来说,“平等”意味着实现某些由于文化、体制和行为等方面的歧视而被剥夺的权利,因此,“男女平等”是指男女两性在社会生活的各个领域享有平等的权利和地位。值得注意的是,“平等”不是“等同”和“完全相同”,它是就人的价值、人的作用的高度而言的,是在承认个体差异前提下的相对平等。具体来说,它包含两层意思:其一是法律上的平等,即男女两性在法律上拥有同等程度的权利和地位;其二是实际生活中的平等,即男女两性在实际生活中拥有与法律规定相吻合的同等程度的权利和地位。男女平等的实质是缩小男女两性间的距离,促进妇女的发展。它是妇女解放的重要目标,是社会进步的一项指标,也是整个社会平等的一个重要组成部分。而“基本国策”是一个国家为解决带有普遍性、全局性、长远性的问题而确定的根本性的政策,它在国家的整个政策体系中居于最高层次,对其他政策起着导向和制约的作用。它的适用范围大,稳定程度强,能够长时期起着指导作用。男女平等的基本国策主要包括以下内容:

第一,突出妇女的发展权。作为基本国策的男女平等,首先强调的是妇女的平等发展权,它要求:其一,妇女在得到应有的生存权、人身权的同时,应享有与男性同等的发展权,包括发展机会和发展资源等。如果妇女得不到这种发展机会和发展资源,就不是真正意义上的男女平等;其二,应当从妇女发展与社会协调发展的高度,来认识妇女的发展权,即把妇女的发展与人口、资源、环境等人类社会生存发展的基本问题,放在同等重要的位置,提升到基本国策的高度予以重视。

第二,重视男女的性别差异。实施这一基本国策的前提是尊重女性生理和心理特征,在人的全面发展的目标上实现男女平等。这种在承认性别差异基础上的男女平等,既体现了对女性的尊重,避免了在男女平等问题上“左”的倾向和绝对的平均主义,又体现了在实现男女平等问题上的唯物主义态度。

第三,关爱和帮助女性。男女平等体现的是相对的性别公平和公正,而不是绝对的男女等同。由于历史和现实因素的消极影响,目前我国妇女整体素质普遍低于男性,性别歧视依然存在,男女两性占有的资源仍不平衡,男女两性的社会地位差异依然存在,因此,国家和社会有责任关爱和帮助女性,并给予她们必要的性别倾斜。

第四,强调男女历史作用的同等。男女平等基本国策不是简单地将女性作为一个需要援助的弱势群体,而是强调并重视女性在整个社会历史发展中的作用,把妇女作为重要的人力资源,作为创造和推动历史的重要力量,进而将男女平等的含义由权利、地位的平等,提升为男女两性历史作用的同等。

综上所述,我们可以看出,男女平等基本国策的提出,既基于探讨导致男女两性不平等的社会原因,又提出了男女两性平等发展的目标,并使之居于我国政策体系的最高位置,因而它具有权威性、普遍性和长期性的特点。在实践中,我们应该充分认识到:第一,男女平等是国家各项法律、法规以及政策的制定和实施的基本原则,国家和地方制定的法律、法规和政策,不得与男女平等基本国策相抵触;第二,男女平等基本国策在我国政策体系中居于最高层次,它不仅规范和引导所有的政策法规,而且适用于我国社会生活的各个领域;第三,男女平等基本国策是我国长期实行的根本性政策。由于从人类社会发展的历史和我国社会主义初级阶段的国情来看,我国的妇女解放将是一个长期的历史任务,所以男女平等基本国策也将在一个较长的历史时期存在并发挥作用。

## 三、马克思主义妇女观与男女平等基本国策的关系

马克思主义妇女观与男女平等基本国策有着密切的关系:马克思主义妇女观是男女平等基本国策的理论基础;男女平等基本国策是马克思主义妇女观在当代中国的成功实践;男女平等基本国策丰富和发展了马克思主义妇女观。

### (一)马克思主义妇女观是男女平等基本国策的理论基础

马克思主义妇女观是中国共产党用来指导妇女运动的科学理论。马克思主义妇女观是科学的理论观点,因为它抛开了资产阶级妇女观的简单的男女对立,运用辩证唯物主义和历史唯物主义的世界观和方法论,把妇女置于整个社会历史进程中,置于生产力和生产关系的矛盾运动中去考察,具体分

析了妇女地位与两种生产的关系，妇女与社会经济、政治以及历史发展进程的关系等等，从而揭示出妇女被压迫的历史根源，寻找到妇女解放的现实途径。将这一理论运用于指导中国妇女运动，有利于引导中国妇女把妇女解放与阶级解放、社会发展结合起来，使广大妇女在争取民族解放和参与社会发展中，赢得自身的解放和发展。

当前，我国仍处在社会主义初级阶段，受经济、社会发展水平的制约和封建思想观念的影响，现实中还存在着男女两性发展不平衡等许多问题。改革开放以来，建设社会主义市场经济，从体制上为妇女的发展提供了与男性平等发展的机遇，但市场经济并不能自然而然地带来社会公正，带来男女两性的平等发展。因此，在市场经济条件下，如何促进妇女与社会的协调发展，成为一个新的课题。

男女平等基本国策的提出，正是中国共产党人在新的历史条件下，以马克思主义妇女观为理论基础，结合当代妇女问题的新情况和新理念，为妇女运动发展提供了新内容和新视角。它将新时期妇女发展的问题纳入社会发展的整体规划，不仅提升了妇女在国家民族发展中的地位，而且对国家的其他政策起着导向和制约作用，这正是马克思主义妇女观的基本要求。

**（二）男女平等基本国策是马克思主义妇女观在我国的成功实践**

马克思主义妇女观主张，私有制是妇女受压迫的根源，只有消灭私有制及以私有制为基础的阶级压迫，妇女的解放才有可能。而要实现这一目标，对广大妇女来说，先决条件就是要参加社会生产劳动，由此实现妇女经济和政治上的独立，进而追求与男性之间在权利和地位上的平等。

将男女平等作为基本国策，正是遵循马克思主义妇女观的要求，把寻求男女平等立足于妇女自身的发展，把妇女作为发展主体，突出了妇女解放的主体性，使广大妇女从被动解放转为主动进取，激活了中国妇女发展的内在动力，也极大地提高了妇女在社会中的地位。男女平等基本国策的提出，在坚持妇女发展依靠妇女自身努力的同时，突出强调了社会对妇女发展的责任，强调了国家政府宏观调控机制的作用，指出了在社会主义市场经济条件下妇女发展的有效途径。

将男女平等作为一项基本国策，充分利用和发挥社会主义制度优越性，运用国家和政府的力量，以基本国策的方式推动妇女解放，将性别意识纳入决策主流，不断完善维护妇女权益的法律体系，制定并实施妇女发展纲要，建立健全促进性别平等和妇女发展的国家机制，加大资金投入，加强社会动员，努力促进妇女与社会的全面、协调、可持续的发展，大力推进社会性别意识主流化的进程，为妇女发展创造更加有利的社会环境，这无疑将促进男女两性的真正平等发展。

以上事实都说明，男女平等的基本国策，是马克思主义妇女观在社会主义初级阶段的具体运用和成功实践。它充分体现了党和国家对妇女地位的尊重和对妇女的重视，对进一步推动我国妇女解放事业，乃至世界妇女运动的发展，都将产生深远的影响。

### （三）男女平等基本国策丰富和发展了马克思主义妇女观

马克思主义妇女观作为马克思主义理论体系的一个组成部分，是一个不断发展的理论。恩格斯明确指出，我们的理论是发展着的理论，而不是必须背得烂熟并机械地加以重复的教条。马克思主义妇女观应随着实践的发展而发展。当前的妇女问题与一百多年前马克思主义产生时的妇女问题，有了很大的变化，比如当前我国就存在着女性就业率降低、农村女性受教育水平与男性差距较大、女性参与国家和社会事务的比例偏低等。这些问题在马克思主义妇女观中找不到现成的答案，需要我们以马克思主义妇女观为指导，来加以分析和解决。关于这一点，恩格斯说得很清楚："马克思的整个世界观不是教义，而是方法。它提供的不是现成的教条，而是进一步研究的出发点和供这种研究使用的方法。"①

男女平等基本国策是对马克思主义妇女观的丰富和发展，具体体现在：第一，它运用马克思主义妇女观的立场、观点与方法，在科学地分析当前我国妇女问题的基础上，探索实现男女平等的途径，从妇女与社会协调发展的高度，来认识妇女的发展权，即把妇女的发展与人口、资源、环境等人类社会生存发展的基本问题，放在同等重要位置，提升到基本国策的高度予以重视。这样，不只是把妇女作为解放的对象，赋予她们应有的地位和权利，而且是从促进社会协调发展，实现中华民族伟大复兴的高度，将男女平等作为社会发展的战略来实施，从而赋予男女平等以更加丰富的内涵和深刻的意义。从这个意义上说，男女平等的基本国策也是党和国家对妇女发展认识上的一次飞跃。

第二，马克思主义妇女观主要以阶级分析的方法和视角，来思考和解决男女两性的平等问题。男女平等基本国策在继承这一方法和视角的基础上，批判地吸收了西方女权主义（女性主义）的性别意识，借鉴性别意识来分析和解决男女平等问题。所谓性别意识，是指从性别的视角观察社会、政治、经

---

① 《马克思恩格斯全集》第39卷，北京：人民出版社1995年版，第406页。

济、文化和环境状况，并对其进行性别分析和规划，以防止和克服不利于男女两性平等发展的因素。它包含三层含义：其一是平等意识，即承认女性具有与男性平等的权利与尊严。其二是差异意识，即从性别的角度审视男女两性在社会现实中的特点和定位。其三是协调意识，即强调男女两性的协调发展。将性别意识纳入男女平等基本国策，为马克思主义妇女观注入了新的内涵，开拓了新的研究视角。

总之，妇女的解放，男女平等的真正实现，是一个长期的历史过程。在这个过程中，我们应该始终坚持马克思主义妇女观，积极贯彻、落实男女平等基本国策，促进男女两性的和谐发展，在实践中不断丰富和发展马克思主义妇女观。

# 全球化视阈下女性主义与马克思主义的再联姻

石红梅*

**摘　要**:20 世纪 60 年代以来,女性主义理论蓬勃发展,其中关于女性主义与马克思主义的结合问题成为理论界讨论的热点。但第二波女性主义在资本全球化进程中有选择地铸造了主流的女性主义,其重要的斗争目标和策略有助于全球资本及其政治势力对全球的统治,加剧了世界女性阶层之间的不平等和贫困女性的边缘化。女性主义所倡导的社会公正在全球化的利益角逐中必唤起对马克思主义价值理念的关注,实现他们之间的再联姻。

**关键词**:全球化　女性主义　马克思主义

## 一、女性主义与马克思主义的结合

基于马克思主义理论本身孕育的强烈的批判性和对于人类不平等现象的关注及对未来实现全人类解放的目标,女性主义与马克思主义的结合具有内在的必然性。这种结合可追溯到空想社会主义的代表人物傅立叶,他第一个表述了在任何社会中,妇女解放的程度是衡量普遍解放的天然尺度。女性主义与马克思主义的结合亦可通过上个世纪 60 年代西方女性主义运动的实践得以呈现。

---

* 石红梅,女,厦门大学马克思主义学院副教授

20世纪60年代以来，女权积极分子在介入美国民权运动的过程中认识到自己的处境与众多弱势群体类似，激发了女权主义者为实现自由、民主与平等的理想，为消灭性别歧视而斗争的愿望。20世纪60年代爆发的以寻求社会变革、追求民主自由理想的“新左派”和反主流的大规模群众性运动，既为妇女运动的兴起创造了条件，也在很大程度上起到了催化剂的作用。[①] 但“新左派”的民主社会中，强调个人在社会政治生活中的重要地位，忽视性别不平等和妇女利益等问题，至70年代中后期，女权运动的实践要求女权主义理论回答一系列理论问题：妇女问题应如何解决？如何看待妇女在社会变革中的地位，如何确立妇女解放的目标，如何进行妇女解放斗争等？在与马克思主义的结合中，女性主义者形成了许多有价值的思想。

（一）家务劳动可比价值说。女性主义者利用马克思主义阶级、生产与再生产、价值、剩余价值、劳动力价值等概念，讨论家务劳动到底是生产性的还是非生产性的，它具有使用价值还是具有剩余价值，妇女的家务劳动与工资的关系如何等问题，这些讨论涉及女性劳动的解放策略，因而开启了一个看待妇女压迫与妇女解放的马克思主义视角。本士顿在《妇女解放的政治经济学》中提出了家务劳动社会化应优于妇女介入公共事业的主张，让人们认识到家务劳动的重要性。科斯塔（Marisrosa Dalla Coata）和詹姆斯（Selma James）认为，妇女的家务劳动不仅创造了使用价值，而且根本上就生产了剩余价值。妇女的家务劳动以及作为生产劳动者这一特殊商品，使得妇女成为潜在的剩余价值的源泉，资本家通过向工人阶级丈夫支付工资来占有这种剩余价值。因而后者便成了剥削妇女的工具，“妇女是工资的奴隶，对主妇的奴役保证了对她丈夫的奴役。正因为如此，工人阶级妇女反抗自身家庭的斗争是至关重要的”[②]。她们宣称妇女的家务劳动与生产劳动者一样重要，是创造剩余价值的劳动，理应获得工资。沃格尔认为“马克思的经济范畴确实为理解家务劳动和资本主义经济中的妇女作用指明了方向；马克思提供了把妇女与家庭问题放在社会一般再生产与资本主义特殊生产方式的关系中进行讨论的理论基础”[③]。

（二）资本主义与父权制结合论。女性主义者通过性/性别结构和阶级

---

① 转引自王恩铭：《20世纪美国妇女研究》，上海：上海外语教育出版社2002年版，第253页。

② Rosemary Hennessy and Chrys Ingraham(ed), *Materialist Feminism——A Reader in Class, Difference, and Women's Lives*, Routledge: New York: New York, 1997, p. 50.

③ Lise Vogel, *Marxism and the Oppression of WomenToward a Unitary Theory*, Rulgers University Press, New Jersey, 1983, p. 69.

关系的探讨来解释资本主义与父权制如何对妇女施加压迫，以及如何改变在资本主义条件下妇女受压迫和剥削的问题，她们重新思考了生产、再生产、价值、阶级、意识、劳动等马克思主义的关键概念。包括哈特曼、乔多萝、哈丁、巴雷特等在内的女性主义者围绕着性别劳动分工、妇女劳动价值、性别文化生产与母职、育儿模式、家庭组织等等问题从宏观和微观层面展开了富有深度的理论探讨。沃格尔（Lise Vogel）也认为，资本主义不可能使妇女解放，只要资本主义生产方式占着统治地位，剩余劳动与必要劳动之间、工资劳动与家务劳动之间的对立必将存在。即使为平等权利的斗争会把家务劳动中的性别差异减至最小程度，也仍然会把过多的责任分派给妇女，让她们担当孩子养育者和为男性至上体制提供潜在的物质基础。不管民主扩大到多大范围，都不可能消除资本主义剥削，也不可能解放妇女。[①]"如果不同时向资本主义和父权制两种制度提出挑战，就不可能发生革命性变革，如果没有认识到这两种制度及其相互关系，就不可能产生关于当代人类社会的理论。"[②]

（三）重视妇女在家庭受压迫的物质生产关系和家庭意识形态对妇女地位的影响。20 世纪 70 年代中期，女性主义开始从激进女性主义和社会主义女性主义向文化女性主义转向。文化女性主义把"教育、文化行动、甚至文化革命看作社会变革的动力……对于他们来说，女性主义大体是文化运动，新的意识形态或新的意识"[③]。一些女性主义借助马克思主义历史唯物主义的观点，反对把文化看作是社会整体，而是把它视为社会再生产的一个领域，因而文化斗争只是女性主义斗争的一个领域，而不是全部。但是女性主义学者米切尔也认为家庭意识形态在女性意识形态形成中的作用，还对家庭进行了结构主义分析，提出妇女受压迫在于生产、再生产、性生活和儿童社会化四个方面，只有改变这紧密结合的四大结构，妇女才能获得真正的解放。巴雷特也认为妇女受压迫主要发生在家庭中，家庭起意识形态作用，家庭通过确立社会性别认同和按性别的劳动分工，使妇女处于不平等的地位中。家庭是妇女受压迫的核心场所，也构成了生产关系的一种重要组织原则。这样的研究拓展了影响女性地位的物质生产关系维度，强调了非唯物因素对妇女地位的影响，使历史唯物主义的分析理论进一步丰富起来。

---

① Lise Vogel, *Marxism and the Oppression of WomenToward a Unitary Theory*, Rulgers University Press, New Jersey, 1983, p. 172.

② 转引自秦美珠：《女性主义的马克思主义》，重庆出版社，2008 年版，第 59 页。

③ Rosemary Hennessy and Chrys Ingraham (ed), *Materialist Feminism—A Reader in Class, Difference, and Women's Lives*, Routledge: New York: New York, 1997, p. 7.

## 二、女性主义与马克思主义的不幸福婚姻

自哈特曼1979年发表《马克思主义与女性主义的不幸婚姻:迈向更有进步意义的联合》一文以来,女性主义与马克思主义的不幸婚姻问题引起人们的关注与讨论。在哈特曼看来,在女性主义与马克思主义相结合时,马克思主义与女性主义两者之间地位是不平等的。马克思主义认为,女性主义没有阶级斗争重要,因为女性主义会造成工人阶级内部分裂;而女性主义者则指责马克思主义是性别盲,因为马克思主义忽视了广泛存在的性别歧视。上个世纪80年代中期至90年代初,马克思主义与女性主义结合遇到了前所未有的挑战。"在非社会主义国家的第一次女性主义运动浪潮中,阶级分化是如何使其分裂和丧失殆尽的;在社会主义的女性主义中,女性主义又是如何明显地从属于阶级斗争的。"①

### (一) 妇女解放目标与阶级斗争、国家和民族的独立解放

女性主义者认为马克思主义主张以经济基础作为突破口,力图主要以阶级斗争的形式推翻资本主义制度实现国家和民族的独立解放来实现妇女解放,因此妇女解放成为工人阶级推翻资本主义制度的一个组成部分,把妇女的目标置放在推翻资本主义制度的实践中,妇女问题就从属于工人阶级的问题,女性主义面临着失去存在的危险;如果把妇女问题独立于工人阶级问题来解决,马克思主义女性主义又面临失去其理论支点的危险。扬提出,在女性主义与马克思主义的结合中,只要将劳动活动中的物质社会关系理论让位给传统马克思主义,女性主义和马克思主义之间的婚姻就不可能是幸福的。哈特曼试图在平等的基础上重建马克思主义与女性主义婚姻的努力最终朝向的是马克思主义而不是女性主义,当不偏不倚地强调父权制与资本主义两重因素的时候,导致的是把性别关系和性别压迫的理论让位给马克思主义,倾向于把妇女受压迫问题看成是对马克思主义主要问题的一种单纯的补充。这种分析可能造成的结果,正如扬所指出的,承认家长制和资本主义明显处于同一社会和经济结构,它们就属于一种,而不是两种制度了②,这与二元制分析认为妇女同时受着两种制度的压迫的初衷相矛盾。女性主义在以马克思主义为分析工具的过程中把阶级、分工、异化、价值、人类自身生产等概念

---

① 王政等主编:《社会性别研究选译》,北京:三联书店1998年版,第87页。
② 李银河:《妇女:最漫长的革命》,北京:三联书店1997年版,第81页。

从性别视角进行了有利于他们的改造。性别化的倾向可能造成无论在理论出发点还是理论观点上偏离甚至歪曲了马克思的思想，沃格尔就曾指出过，不管这些马克思主义女性主义怎么承诺坚持社会主义，他们的不同起点导致其理论重点偏离了马克思和恩格斯的理论。[①]

**（二）同一性与差异性**

借用马克思主义阶级的概念和分析方法可视妇女作为一个有特殊需求特殊利益的阶层，有利于揭示妇女所受的特殊压迫，而且有利于把妇女团结在同一旗帜下。但妇女除了性别外，还有不同的特征，比如，种族、民族等。著名黑人女性主义者胡克斯曾尖锐地提出，西方女性主义理论不是来自于受压迫最深的黑人劳动女性，而是白人中产阶级女性的无病呻吟。[②] 如果考虑到阶级、人种、民族和性别的差异，个体和家庭面临的问题不尽相同，不存在着统一目标。对工人阶级来说，贫困可能是比性别问题更迫切的问题，对黑人妇女来说，种族歧视比性别歧视更为迫切。当我们重视差异时，有时可能会形成消解斗争的结果。因为性别问题会被贫困问题或是被其他问题遮盖。

**（三）妇女解放与公私领域的划分**

马克思主义与女性主义结合后试图通过经济上的或意识形态上的变革达到男女平等，但由于性别分工导致女性被陷于家庭中的地位使得她们在劳动力市场中处于不利的地位，她们往往就职于辅助性的、报酬低的工作，难以找到工作，又极易失业，女性试图通过工作获得经济上的平等，但由此必须付出的代价是必须承担家庭与工作的双重负担。所以对女性来说，在现有的社会结构中追求成功意味着要在公领域的职业中获得经济报酬，但同时要承担在私领域的家务劳动，而由于对家务劳动而言，女性主义承认它非常重要，但实际上又不受重视，他们并没有探究家务劳动边缘化的根源。那么对于成功的女人而言，就意味着工作和家庭两个领域都成功，但更重要的是成为男人，亦即获得公领域中社会承认的工作，或放弃成功，担当女性的传统角色。这要求女人做出非此即彼的选择。对于妇女利益和妇女解放而言，对于人类的解放而言，这似乎不是理想的选择。

**（四）妇女解放与物质基础及意识形态的关系**

女性主义的马克思主义分析以马克思主义的物质基础为前提，同时又认

---

① Lise Vogel: *Marxism and the Oppression of Women Toward a Unitary Theory*, Rulgers University Press, New Jersey, 1983, p. 36.

② 鲍晓兰主编：《西方女性主义评价》，北京：三联书店 1995 年版，第 3 页。

为必须补充意识形态、心理学或文化方面的思考，认为妇女受压迫不仅体现在对妇女劳动力控制等物质层面，还体现在心理、意识形态层面。尽管米切尔强调妇女受压迫的综合原因，她还是在经济斗争与意识形态斗争之间作了人为区分，马克思主义作为阶级斗争理论，心理分析作为分析父权制的理论。[①] 巴雷特提出，不能把意识形态与经济关系分开来讨论，但她特别强调意识形态在妇女受压迫的建构与再生产过程中的重要作用，女性主义要向前发展，必须理解社会中的精神方面，应对包括福柯话语理论在内的各种知识的挑战。[②] 受福柯话语理论的影响，亨尼西试图建立唯物主义话语理论，但她探寻的结果似乎离她的目标越来越远，正如巴雷特批评的那样，后结构主义的解构理论、精神分析学以及后现代主义权力和话语理论，使实践经典的唯物主义的女权主义越来越困难，这种倾向具有的危险性如希拉·吉弗瑞斯(Sheila Jeffreys)指出的那样，后现代主义在政治上把语言提到突出的地位上，使语言变成了现实，文化批评家变成了政治活动家，受家庭暴力迫害的家庭主妇反而在权力的蜘蛛网中消失了。[③]

## 三、全球化视阈下马克思主义与女性主义婚姻的进一步消解

在资本主义条件下，资本的原则和关系渗透在政治法律制度、经济制度甚至文化制度中，成了统治人类一切活动的原则。马克思主义在讲到工人受资本统治的时候，同页注中写道："从这时可以看到，资本为了自行增殖，是如何地掠夺那种为消费所必须的家务劳动。"[④]

"20 世纪 70 年代普遍承认资本主义全球化是一个'事实'。"[⑤]全球化在当今世界就是资本主义渗透到生产、流通和消费的全部过程。"急剧发展的全球化资本主义经济给各国妇女带来的影响，资本主义的商品全球化、消费文化和文化生产等过程与社会性别的关系，包括伴随倾销西方商品而建立的西方男权中心对女性的垄断审美观对全球各地妇女身体的掌控与摧残。"[⑥]

---

① Valerie Bryson: *Feminist Political Theory: An Introduction*. The Macmillan Press Ltd. 1992, p. 249.

② Donna Landry and Gerald MacLean: *Materialist Feminisms*, Blackwell publishers, 1993, p. 21.

③ 苏红军等:《西方后学语境中的女权主义》,桂林:广西师范大学 2006 年版,第 21 页。

④ 《马克思恩格斯全集》第 23 卷,第 433 页。

⑤ 〔美〕J. K. 吉布森—格雷汉姆:《资本主义的终结——关于政治经济学的女性主义批判》,陈冬生译,北京:社会科学文献出版社 2002 年版,第 154 页。

⑥ 王政:《越界—跨文化女权实践》,天津:天津人民出版社 2004 年版,第 197 页。

借用女权主义马库斯的强奸范本，吉布森—格雷汉姆发现，在强奸语言和资本主义全球化语言之间有许多明显的相通之处。“强奸替换为全球化，男性替换为资本主义或它的代理者跨国公司，女性替换为资本主义的‘另类’——包括并非完全资本主义的经济或领域、不是由资本主义生产所生产出来的非商品化交易或商品，以及引导超越经济范围的文化习俗。”①

从历史上看，马克思主义与女性主义相结合的时期也是女性主义发展的第二个阶段。这个时期的女性主义开始强调女性和男性差异，追求差异基础上的平等。第一波女性主义是把女性作为与男性不同的规定性争取与男性同样的权利，他们认为男女之间现有的或者潜在的共同性是男女平等的基础，第二波女性主义相较第一波女性主义更加注重差异，甚至强调女性特点的优越，多样性、个体的自由与平等、个人民权的实现等概念是第二波女性主义主要的理念。在理论上说，第二波的女性主义一些思潮的兴起正在逐步地瓦解女性的同一性，“对差异和特殊性的认可已经危害到女性主义政治的基础”②。在一定程度上消解了马克思主义与女性主义的联合。

若把女性主义斗争与全球化经济政治的发展联系起来，我们还可以发现，在第二波女性主义发展的过程中，新自由主义经济的浪潮形塑了主流的女性主义，使女性主义成为全球资本及政治势力统治世界的共谋，并为70年代以来美国及全世界日益加剧的不平等提供合法性。以美国为例，70年代后，美国为了刺激国内经济发展，以哈耶克和弗里德曼为首主张的新自由主义经济模式逐渐取代了凯恩斯的经济学说，私人经济迅速发展。各个行业为了降低劳动力成本，雇用了大量的廉价女性劳动力，并开始了资本的全球化扩张。在强调市场竞争的新自由主义市场经济中，贫困妇女特别是有色人种妇女成为新的无产阶级，中产阶级的妇女与有色人种和劳动妇女之间进一步分化。全球化趋势影响下的经济自由化和一体化，使劳动力市场变得更加灵活、短期和兼职化，一些国家的就业增长往往是以不合常规的就业形式实现的，如外包工、分包工、非全职工、在家工作等，妇女就是这些职业的主要承担者，就业性质的改变使得劳工立法的适用性降低了，或者因为政府没有实施规章制度，或者因为企业可以超越或绕过这些规章制度，能为女工要求平等服务的工会运动也因此而削弱。与此同时，有些企业为了增强竞争力，吸纳

① 〔美〕J. K. 吉布森—格雷汉姆：《资本主义的终结——关于政治经济学的女性主义批判》，陈冬生译，北京：社会科学文献出版社2002年版，第153页。

② Moya Lloyd. *Beyond Identity Politics—Feminism, Power and Politics*. London: Sage Publications, 2005, p. 7.

受过高等教育的妇女进入高管、律师、医生等过去传统的男性行业和新兴的高科技行业,导致妇女内部的进一步分化。新自由主义下的自由贸易对第三世界国家的妇女生存造成巨大威胁。贾格尔认为:“新自由主义全球化虽然使得很多妇女生活得更好了,然而它却使更多的妇女生活得更加贫困。世界上很多最穷和最边缘的妇女的生活不仅在相对恶化,而且在绝对地恶化。”①

面对新自由主义资本主义对妇女就业需求以及随之对家庭的重新建构,这一时期的女权主义运动还在斗争目标和策略层面迎合了资本的需求。相较60年代的民权运动和妇女集体抗争,70年代第二波女性主义运动特别强调种族、性别、年龄等方面的差异,强调以个体为单位的权力的获得,所谓个体就是政治,就是典型的新自由主义思想的表现。这段时期主流的女性主义强调政府立法干预,争取妇女就业方面的公正,尤其是在男女同工同酬、禁止工作场合中的性骚扰、培训和晋升机会、通过肯定行动加入传统男性行业,以及工作场合的平等权利等方面。这些斗争都逐渐地远离了组织、工会和与资方的谈判。以个人替代集体的抗争策略无视大多数妇女从事低收入工作的现实,导致贫困妇女与主流女权主义的进一步分化。著名美国民权和妇女行动者希瑟·布斯(Heather Booth)总结道,女权主义运动在总体上犯的错误是,“我们把目标放在高层”,而不是放在最贫困的妇女所在的低层。② “在底层阶级主体被抹去的行动路线内,性别差异足迹被加倍地抹去了。”③“妇女受到双重掩盖”④——她们既受父权制压迫,又受资本全球化压迫。

主流女权主义通过“公民社会”“非政府组织”和“社会性别主流化”等机制来赋权妇女改善底层妇女的生活。很多女权主义者通过非政府组织项目,在提高妇女的觉悟,教育妇女生育的自决意识,培训、提供小额贷款,以及帮助妇女创业方面做出了很大的成绩。但有些非政府组织在发展中国家成了政府向贫困人群提供社会福利和救济的组织,成为发展中国家政府控制社会的工具,更有甚者,有些非政府组织蜕变成官僚化的福利组织。墨西哥女权主义学者西尔维娅·马科斯(Sylvia Marcos)指出:“我一开始是个很激进的行

---

① 〔美〕艾莉森·杰格尔:《全球化对妇女“GOOD 吗?》,胡友珍编译,http://www.ptext.cn/home4.php?id=1360.2007-04-30。

② Booth, Heather. *Remarks*, *Meeting of the Veteran Feminists of America*, Columbia University Faculty House, New York City, November 13, 2006.

③ 〔美〕加亚里特·斯皮瓦克:《底层人能说话吗?》,载陈永国等编:《从解构到全球化批判:斯皮瓦克读本》,北京:北京大学出版社2007年版,第107页。

④ 同上书,第108页。

动者，我们后来却变成了很出色的帝国主义女权主义的工具。”①赋权妇女是通过国际资金注入满足发展中国家的个人需求和社会福利项目中，女权主义干预金融组织其实质上削弱第三世界国家政府领导的发展。欧美的公民社会与权力、欲望及本土化结构之间存着共谋关系，因此必须注意避免欧洲主体试图生产“一个能巩固一种内在的东西即自身主体地位的他者”。

因此，在全球化的进程中，我们需要认真思考妇女的解放和未来公正社会的建立问题。我们是认同类似于美国主流女性主义有助于改善世界各国妇女生活状况呢？还是用后现代女性主义强调全球化对世界破坏性恶果，并且怀疑女权主义是种空洞的宏大叙事。是否存在另一种女性主义的出路，即批判资本主义和父权制，又坚信有另一个可以替代资本主义的世界的可能性。

## 四、女性主义与马克思主义的再度联姻

马克思主义与女性主义能否成功结合？马克思主义女性主义者哈特曼指出马克思主义的阶级概念是性别盲，必须结束马克思主义与女性主义的婚姻；艾里斯·扬提出女性主义应当接受马克思主义的理论，而不是嫁给马克思主义，把女性主义嫁给马克思主义注定他们之间的婚姻不可能幸福；马克思主义女性主义者谢尔顿与阿格断言，马克思主义不仅仅是一种阶级理论，而且是一种所有事物、包括女性的理论，她们确信马克思主义在最高意义上是女性主义。马克思指出政治解放是人类解放必不可少的条件，但政治解放却不是人的真正的解放，人类解放就是结束抽象的资本原则。女性解放不仅仅是女性的解放，也是男性的解放，是全人类的解放。

（一）女性主义与马克思主义相结合，就要充分认识妇女的同一性与差异性。一方面我们可以在历史和全球化进程中把所处边缘地位、追求公正平等目标的价值理想视为女性的同一性身份认定，这样有利于揭示妇女所受到的特殊压迫，有利于妇女团结。另一方面我们要认识到女性除了性别之外，她还属于不同阶级、民族、种族，具有复杂的差异性。我们不能因为女性的差异性而否认同一性，也不因为女性的同一性而否认女性的差异性。女性主义与马克思主义相结合的目的是要大家不要过分强调差异，强调自由，而是充

---

① “Anna Praise UN Women's Panel of 60$^{th}$ Anniversary of Beijing ‘Ahead of Its Time’”, *UN News Service*, November, 10, 2006.

分地意识到妇女之间能够结成政治联盟实现社会变革。对此贾格尔(Alison Jagger)从妇女立场出发论证了妇女政治联盟的可能性与意义。妇女立场并不意味着妇女具有共同看法,而是强调妇女被社会关系组织排除在外;从妇女立场出发有利于发展一种对世界的清晰可行的理解,比从男性立场出发更加客观、更少偏见,因为妇女的从属地位使得她们不需要把现实神秘化,使得妇女能够发展出"对现实的系统再现,这个再现是没有受到歪曲的,它不需要通过把男人利益凌驾于妇女利益之上来歪曲现实"[①]。妇女立场不可能只通过创立不同于主流男性意识形态系统理论而自动达到,因为从妇女立场出发再现世界必须要求推翻物质上的男性统治,这是男性难以理解与接受的。因此必须通过长期的政治和科学斗争,只有通过这样的斗争才能揭示系统、复杂的男性统治的现实。[②] 在新的情境下,我们更加强调一种复杂身份的联合,一种流动的联合,可以是基于相同价值观和目标的共同体的联合,可以是在历史、多元的分析框架中探讨当今世界处于不同种族、阶级、宗教与民族中女性的联合,亦可探讨建立跨国的女性主义团结的可能性和必要性,并且组织反资本主义活动。

(二)女性主义与马克思主义结合要避免二元论,充分认识妇女问题的多元复杂性。妇女问题往往置于其他的问题之中,种族歧视、性别歧视和阶级偏见即便是理论上可以分开,实践上也无法把它们完全分开。这些压迫形式中的任何一种都不可能提前被铲除,不可能在与之相连的其他压迫形式被消灭之前寿终正寝。[③] 从这样的意义上说,妇女解放与国家民族的解放不是二分的关系,不是非此即彼的问题,而是一个连锁的系统。以压迫为特征的国家制度背后实质上是一种强制性和等级制的权力关系,这种权力关系是性别不平等的关键,妇女解放必须以结束这种不平等的权力关系为前提。如果把这种不平等的权力关系扩充到对帝国主义、殖民主义、人类中心主义与生态危机的分析中,我们发现,随着跨国资本运动的扩展,全球经济关系和信息技术的渗透,帝国主义从其政治形式转化为新殖民主义经济关系,改变了传统的国家主要概念,公民权利、国籍与文化认同都受到了挑战,历史和多元的

---

① 〔美〕罗斯玛丽·帕特南·童:《女性主义思潮导论》,艾晓明等译,武汉:华中师范大学出版社 2002 年版,第 182 页。

② Alison M. Jaggar, *Feminist Politics and Human Nature*, Rowman & Littlefield publishers Inc. p. 384.

③ 转引自约瑟芬·多诺万:《女权主义的知识分子传统》,赵育春译,南京:江苏人民出版社 2003 年版,第 216 页。

分析方法提醒我们只有在与帝国主义、与全球生态危机的联系中来研究女性的压迫与剥削,性别歧视问题才有解决的可能。布赖森认为:我们强调女性主义与马克思主义的结合,要特别注意:第一,性别平等问题不能通过抽象的原则来解释,而必须放在历史环境中;第二,反对把妇女解放仅仅理解为社会不公正的结果,而是理解为资本主义物质利益与经济需要;第三,妇女解放必须以充分的经济平等为前提,妇女达到经济独立是妇女解放的一个源泉;第四,妇女解放的条件必须在现有的社会中得到发展;第五,为性别平等的斗争与经济阶级斗争密不可分;第六,必须在社会的基础上将家务劳动和孩子养育组织起来。①

(三)马克思主义与女性主义结合要注意妇女解放中的意识形态影响。马克思主义者强调意识形态对于妇女解放的重要性。"马克思主义理论解释了历史和经济状况,而精神分析学说与用辩证唯物主义所已获得的意识形态概念相结合,是理解思想意识形态和两性关系的手段。"②父权制的意识形态所起的作用不亚于资本主义经济,不仅如此,其影响还难以消除,生产领域或制度物质层面的父权制会随着资本主义消亡而消亡,但意识形态、父权文化等精神层面的父权制则在资本主义前、中和后会普遍存在。巴雷特认为"女性主义要向前发展,必须理解社会中的精神方面,应对包括福柯话语理论在内的各种知识的挑战,不仅包括与马克思主义意识形态分析和阶级分析的直接联系,而且包括对马克思主义意识形态分析与阶级分析的转变"③。享尼西直接把妇女问题的讨论置身于意识形态、文化实践、知识生产中,探寻话语与非话语之间的关系,从种族、阶级、性别、性行为等差异中理解妇女话语的形成,及其与剥削性的社会安排与再生产之间的共谋关系。她主张把话语理解为意识形态。通过理解资源分配、劳动分工、权力形成的复杂途径;能够认识到通过相互联系的物质实践,像父权制与种族歧视这样的社会总体的系统运作;这些总体又界定了社会构成的许多领域如劳动分工、国家干预、民事权利、生产、消费场所的流动、殖民占领的重新想象与想象的殖民化等。④ 在享尼西看来,把话语理解为意识形态可以为女性主义理解权力/知识关系的物

---

① Valerie Bryson, *Feminist Political Theory: An Introduction*, The Macmillan Press Ltd, 1992, pp. 82—83.

② 罗伯特.戈尔曼:《新马克思主义研究辞典》,北京:社会科学文献出版社 1989 年版,第 299 页。

③ Donna Landry and Gerald Maclean, *Materialist Feminisms*, Blackwell publishers,1993,pp.21.

④ Rosemary Hennessy, Materialist Feminism and the Politics of Discourse, Hennessy Routledge, New York 1993, Preface.

质性提供系统的理论,为推进女性主义的政治目标提供框架。但当我们把话语的权力、意识形态的作用变成了重要的功能来强调时,文化成为影响妇女解放非常重要的因素,具体的鲜活的现实在这个过程中逐步地淡出了,社会生活变成了语言的争夺,底层的议题往往被忽视。这亦在提醒我们要小心防范文化资本主义,消费主义文化的渗透,提醒我们始终要关注人们的物质生活关系中的权力世界。

## 五、新的可能性和相关的思考

有学者认为当下的女性主义趋向表现为“反思近代和现代女性主义对女性同一性( identity)或者女性身份的研究,批判性地吸收后现代主义思潮的观点,并重新重视马克思的唯物主义理论,进一步展开对社会性别的社会建构的批判性分析”①。

女性主义在资本主义全球化的过程中通过不断的反思,形成对资本主义独特的批判,“向当代资本主义的统一性、独特性和整体性发出挑战,并提出要从语言上和实际行动上打碎它们,终结这种资本主义的活力”②。赵凯在阅读《资本主义的终结——关于政治经济学的女性主义批判》一书后认为对于阶级斗争和性别斗争的关系如何界定的问题可以使用这样的方法,即“将阶级定义为‘剩余劳动占有和剩余劳动分配的社会过程’,用‘剩余劳动’来分析出男性对女性的性别压迫和性别剥削、资产阶级对无产阶级的经济剥削、发达资本主义国家对第三世界的经济剥削,这样的经济分析有助于个人廓清对性别剥削、阶级剥削等多样化剥削的认识,强化被剥削的个人的阶级主体意识,把所有遭到剥削和压迫的被边缘的力量联合起来”③。而面对未来的世界,女性主义者的策略不是被动的适应,而是不断地吸收马克思主义理论宝贵丰富的财富,重视历史唯物主义和未来人类解放的公正目标,当代西方女性主义学者对全球资本主义的否定和批判,实际上正是马克思主义辩证法批判本质当代效应的自觉显现,在全球化影响下的当今世界,女性解放需

① 强乃社:《超越女性同一性与回归马克思主义——论第三波女性主义哲学思想中的一种倾向》,《社会科学辑刊》2007 年第 2 期。

② 陈学明:《西方女性主义的马克思主义对资本主义全球化的独特批判》,《毛泽东邓小平理论研究》2007 年第 1 期。

③ 史巍、韩秋红:《改革开放以来我国理论界对西方马克思主义女性主义的研究综述》,《东南学术》2008 年第 6 期。

要以更复杂的方式跟国家和市场协商,一种新的女性主义政治正具生长的空间。

中国的妇女理论和妇女运动走到今天,我们也应该进行认真的反思,对于改革开放以来的小额贷款、性别工作、非政府组织和社会性别主流化在中国也有所实践,这些活动的成效和问题在哪里?若联系资本全球化进程和新自由主义在全球范围内尤其是第三世界国家的全面渗透,我们应如何审视中国的女性主义的发展,中国女性主义的意识形态和话语与资本主义全球化是什么关系?宏观的经济和政治理论框架对于中国妇女意味着什么?社会性别的概念在中国的普及和中国女性主义兴起也与改革开放、中国经济与世界接轨同期。这是不是偶然?说明了什么问题?女权主义的最终目标是什么?是中产阶级妇女就业状况的改善,还是应该回归到所有妇女和全人类的社会公正?

# 妇女发展实践探索与理论思考

# 党领导妇女工作基本方式探析

金沙曼*

**摘　要**：党领导妇女工作的方式，形成于延安时期，发展于社会主义建设时期，创新于改革开放时期。党领导妇女工作的基本方式，既是党的执政理论研究中的课题，也是中国特色妇女理论研究中的需要。坚持一脉相承，与时俱进，改革和创新党对妇女工作的领导方式，对全面提高党的建设科学化水平，用科学方法推进妇女工作具有重要意义，同时是传承中国妇女事业优良传统和基本经验，发展中国妇女运动鲜明特点，推进中国特色社会性别主流化的现实要求。

**关键词**：党的领导　妇女工作　基本方式　发展创新

党的领导方式和执政方式，是党的执政理论研究中的基本范畴。改革和创新党的领导方式和执政方式，是提高党的建设科学化水平，加强和改善党的领导，在执政实践中探索党的执政规律、遵循党的执政规律的最为引人关注的课题之一。虽然各国政党的执政模式不同、活动方式不同，他们的性质、信仰、纲领、执政理念和社会基础千差万别，但从世界政党政治的实践看，都必须要赢得广大群众的支持，要在推动社会发展上有所作为，都必然要选择适当的领导方式和执政方式，实行有效的领导和运作。

党领导妇女工作的方式，形成于延安时期，发展于社会主义建设时期，创

---

* 金沙曼，女，西安培华学院女子学院副院长、女性教育研究所所长，教授

新于改革开放时期。经过延安13年,党在局部地区执政的条件下,领导陕甘宁边区的妇女广泛开展了政治、经济、思想文化方面的解放运动,奠定了中国共产党领导妇女运动方式的基础;经过社会主义建设时期,在引导广大妇女投身社会主义革命和建设中,进一步发展了党领导妇女运动的方式;经过改革开放30多年,坚持加强国际交流合作,推进我国妇女事业发展,为世界妇女运动做出贡献,开拓了党领导妇女运动方式的新局面。

本文试就中国共产党在为实现妇女解放和男女平等孜孜以求的奋斗过程中,为我国妇女事业提供坚强领导和重要保证形成的领导中国妇女运动的基本方式进行探析。笔者认为,党领导妇女工作的方式,既是党的执政理论研究中的课题,也是中国特色妇女理论研究中的需要。坚持一脉相承,与时俱进,改革和完善党对妇女工作的领导方式,对全面提高党的建设科学化水平,用科学方法推进妇女工作具有重要意义,同时是传承中国妇女事业优良传统和基本经验,发展中国妇女运动鲜明特点,推进中国特色社会性别主流化的现实要求。

## 一、以党章树立起一面公开的旗帜,凝聚政治力量

党章是党的根本大法,是全党必须遵循的总规矩。通过党的纲领和章程,中国共产党公开树立起来一面旗帜,对内凝聚力量,规范全党的行动,对外宣告四方,影响公众的认识。在党章和党的全国代表大会报告中体现男女平权思想,把推动妇女解放作为实现人类解放的重要组成,作为自己的历史使命,坚持90多年贯彻始终,可以说是中国共产党的一大特点。这一做法可以追溯到中国共产党的建立。

1921年7月中国共产党第一次全国代表大会通过的《中国共产党纲领(俄文译本)》在第四条中写到:“凡承认本党党纲和政策,并愿成为忠实的党员者,经党员一人介绍,不分性别,不分国籍,都可以接收为党员,成为我们的同志。”[①]1922年7月,中共二大制定的《中国共产党章程》,第一章第一条第一句话就是“本党党员无国籍性别之分”[②]。充分体现了中国共产党的先进性。

1927年6月1日,中央政治局会议决议案第三次修正党章,在第二章党的建设第十九条规定:“为党的各种专门工作各级党部得设立各部管理之(如组织部,宣传部,妇女部等等)各级党部之下的各部均隶属于各级党部。”[③]这是在党的历史上第一次决议设立领导妇女工作的机构,并规定“各部组织制

度均须得中央之命令或同意”。1928 年 7 月，中共六大通过的党章，第三章党的组织系统第十五条党部机关中，明确成立“妇女运动委员会”，“委员会隶属于党部委员会，受其指导而工作，并经过党委员会而实行自己的决议”④。从而规范了领导妇女工作的组织体系，提供了组织保证。

中国共产党从建党之始就自觉地把妇女问题纳入到党的工作之中，从党的二大开始，党的三大、四大、六大都先后通过有关妇女运动的决议，提出妇女运动的目标、依靠力量、联合策略、宣传和干部培养等一系列基本指导思想，奠定了中国妇女运动重要的理论基础和指导方针。

新中国成立后，党从加强群众工作、密切党群关系的全局认识加强对妇女工作的领导。尤其是改革开放后，从十二大开始，在党章总纲中明确规定：“党必须加强对工会、共产主义青年团、妇女联合会等群众组织的领导，充分发挥它们的作用。”①从十四大开始，在党章条文中规定，党的基层组织支持和保证“群众自治组织充分行使职权”，“领导思想政治工作、精神文明建设和工会、共青团等群众组织”②。加强党的阶级基础和群众基础，巩固党的执政地位。

在党的干部队伍建设中，十二大党章首次提出“党应当重视培养、选拔女干部”。党的十三大党章，去掉“应当”直接表述为“党重视培养、选拔女干部”，态度更加明确，至此到十八大，25 年始终未变。党的十七大把“尊重和保障人权”写进党章，对依法保证全体社会成员平等参与、平等发展的权利提出了新要求。

党的全国代表大会报告，是中共中央领导集体的思想和施政纲领的集中体现，是政治宣言和行动纲领。在历次党的全国代表大会报告中，都有关于妇女工作的内容。通过研究有关论述，可以清晰地看出党领导妇女工作实践的深入和认识的升华。党的十五大报告中指出，妇联等群众团体要在管理国家和社会事务中发挥民主参与和民主监督作用，成为党联系广大人民群众的桥梁和纽带。十六大报告指出，党要加强对妇联等人民团体的领导，支持他们依照法律和各自章程开展工作，更好地成为党联系广大人民群众的桥梁和纽带。十七大报告指出，支持妇联等人民团体依照法律和各自章程开展工作，参与社会管理和公共服务，维护群众合法权益。党的十七届四中全会决议提出，加强女干部培养选拔，做到系统培养、择优使用。

---

① 《中国共产党章程汇编》，北京：中共中央党校出版社 2006 年版，第 101 页。

② 同上书，第 136 页。

党的十八大首次将男女平等基本国策写入报告更体现了党在领导全面建成小康社会的进程中的施政方向与先进理念，体现了中国共产党人对以人为本、两性和谐的深刻认识。

## 二、以庄严承诺履行人类共同责任，扩大对外开放

把中国妇女的发展放在国际大环境中思考，放在中国大变革背景下研究，放在党的工作全局中部署，并切实将其贯彻至执政行为之中，是中国共产党作为执政党始终坚持的思想主张和工作方针。高举和平、发展、合作的旗帜，坚定不移地走和平发展道路，积极加强妇女工作同国际社会的交流合作，推进世界妇女事业共同发展。

高瞻远瞩，指引方向。历代党的领导人的许多精辟论述，指引妇女发展方向。毛泽东发出的“妇女能顶半边天”时代强音，已成为国际性语言，越来越多的人知道，“半边天”是代表妇女的，是代表妇女作用的，是积极正面肯定妇女贡献的。邓小平说：“只看到一个家，不看到国，那怎么行。妇女干部要看世界，农村妇女也要看世界。”江泽民指出：“广大妇女积极参与国际合作，必将增进相互了解，加深友谊，积累经验，增长才干，在全球经济发展中发挥更大的作用。”胡锦涛强调：“中国妇女占世界妇女总数的近四分之一。中国妇女运动的发展，对全球妇女事业乃至整个人类的进步都有着重大的影响。”

庄严承诺，妇运“入世”。1995 年，在北京召开的联合国第四次世界妇女大会，通过了《北京宣言》和《行动纲领》。这次会议奠定了中国与联合国关系的新时代，是国际妇女运动史上的一个里程碑。95’世妇会的意义不亚于我国经济加入世贸组织，是中国妇运的“入世”，是一系列全球会议的高潮，使中国妇女事业更加紧密地融入世界发展、时代潮流。在世妇会上，时任国家主席江泽民代表中国政府向全世界庄严承诺：“我国把男女平等作为促进社会发展的一项基本国策。”世妇会后，中国恪守《北京宣言》和《行动纲领》的宗旨，积极行动。2005 年，纪念联合国第四次世界妇女大会十周年会议在北京举行。时任国家主席胡锦涛在致辞中指出：“我们将坚持贯彻男女平等的基本国策，不断促进性别平等和两性和谐发展；将坚持落实科学发展观，在推动经济社会发展的过程中促进妇女事业发展；将坚持加强国际交流合作，共同推进世界妇女事业。”

履行义务，纳入主流。社会性别主流化是联合国确定的促进性别平等的全球战略，中国政府也庄严承诺，确保在我们所有的政策和方案中体现性别

观点，切实履行国际公约义务，为妇女发展创造更加良好的条件。1995 年中国历史上第一个《中国妇女发展纲要（1995—2000）》颁布，继而颁布了《中国妇女发展纲要（2001—2010）》，目前正在实施《中国妇女发展纲要（2011—2020）》，表明中国政府持之以恒地把妇女发展纳入社会发展的总体框架，这是中国政府将妇女发展、性别平等纳入主流的集中体现。

推动发展，担当使命。2011 年 11 月 9 日，习近平同志在“妇女与可持续发展国际论坛”开幕式上的致辞，可以说是拥有世界上最大规模妇女群体的中国，在全球可持续发展进程中的宣言。习近平指出：“妇女是推动人类文明进步的伟大力量。没有妇女事业的进步，就没有全社会的进步。没有全球妇女的积极参与，就不可能真正实现人类社会的可持续发展。中国将与国际社会一道，进一步担当起推动妇女参与环境保护与可持续发展，促进性别平等和妇女发展的历史使命。”[①]充分发挥妇女力量，推动可持续发展，坚持加强国际交流合作，共同推进世界妇女事业，中国妇女运动的水平，对全球妇女事业乃至整个人类的可持续发展都有着重大的影响。

## 三、以国家机制建设形成工作体系，贯彻法治精神

提高妇女地位国家机制是当今世界各国推进性别平等的根本措施，一个国家是否具有不断完善的提高妇女地位的国家机制是判断其是否真正重视推动性别平等和妇女发展的重要标志。重视提高妇女地位国家机制建设，走出一条依靠法律和制度建设保证男女平等水平提高的道路，体现了党依法治国，建设社会主义法治国家的理念和施政方略。

在全球化发展加速的趋势下，上个世纪 70 年代以来，世界妇女运动出现重大变化，一是从少数知识精英的呼号转变到联合国有组织有计划的推进，二是从各国封闭的自我评价地进行转变到全球开放的公开比较地发展。联合国率先垂范，采取积极措施，全面推进社会性别主流化，从国际和国家两个层面对发展妇女/性别事业提出新目标和新要求。在男女平等的责任上，突出政党和政府的责任，提出具体数量指标，开展共同国别评估，制定千年发展指标。尤其是联合国妇女署的成立，既是联合国机构改革的重要举措，也迎来了社会性别平等和妇女赋能的一个强有力的驱动机构。正如联合国秘书

---

① 习近平：《在妇女与可持续发展国际论坛开幕式上的致辞》，中央政府门户网站 www.gov.cn，2011 年 11 月 09 日。

长潘基文指出的,真正意义上的社会性别平等应该是21世纪我们共有的财富。

顺应时代潮流,20世纪90年代以来,我国将男女平等确立为基本国策,通过建立国家机制,提高妇女地位,推进性别平等,呈现坚持党的领导,广大妇女积极参与,政府主导,群众组织协同,社会广泛合作,依靠法律和制度建设保证男女平等基本国策贯彻落实的局面,奠定了依法推进社会性别主流化的基础,初步形成具有中国特色的推动社会性别主流化的方式和途径。2005年8月,国务院新闻办公室发表《中国性别平等与妇女发展状况》白皮书,具体阐发了我国提高妇女地位国家机制的基本方面。① 2007年7月,国务院妇儿工委办公室领导人指出,中国政府提高妇女地位的国家机制初步形成了法律法规、目标管理、工作业务、监测评估、组织机构五个体系,这个机制为保障妇女的合法权益,促进妇女发展,提供了坚实的保障。②

具有中国特色的提高妇女地位国家机制,是依法治国方略的重要体现,政府主动履责的制度规范,妇女主体地位的有效保障,社会合力形成的动力引擎。促进妇女发展、保障妇女权益的法律体系,是中国特色社会主义制度体系不可或缺的内容,其发展和完善,直接影响我国法治建设进程。促进妇女发展、保障妇女权益的组织机构体系,为各级政府推动性别平等和促进妇女发展形成了纵横贯通的工作网络,直接推进服务型政府建设。促进妇女发展、保障妇女权益的工作目标体系,通过形成国家发展纲要、地方发展规划和部门实施方案相结合,全国性目标和地方性目标相结合,终期目标和阶段性目标相结合的妇女发展目标体系,为保障妇女在国家政治、经济、文化、社会和家庭生活中的平等地位和各项权利,促进妇女事业与经济社会同步发展提供了重要的政策保障。

提高妇女地位国家机制建设,为党和政府发挥主导作用,直接或间接地对社会资源和利益进行权威性分配,可持续地推进社会性别主流化,提供了重要的法律保障、组织力量和制度环境,也使依法治国和以德治国更加紧密结合,依靠法制的硬力量引导和规范道德的软力量,相辅相成,相得益彰。

---

① 国务院新闻办公室:《中国性别平等与妇女发展状况》,中央政府门户网站 www.gov.cn,2005年8月24日。

② 张黎明:《提高妇女地位的国家机制》,中国网,2007年7月5日。

## 四、以政策要求解决难点重点问题,保障妇女权益

妇女发展状况是衡量经济社会发展和政府工作的重要指标。妇女权益涉及健康、教育、经济、参政、社会保障、环境、法律等多个领域。由于我国正处于社会转型期,受社会、经济、文化等诸多因素影响,妇女发展及权利保护面临着诸多问题与挑战。只有直面困难,积极应对,以恰当的工作方针、策略措施,才能解决难点重点问题,不断推进妇女权益的保障。

谨以妇女参政为例。妇女参与国家政治生活是妇女权益的重要体现,既是作为公民应当享受的民主权利,也是对国家应尽的义务。保障妇女参与决策和社会管理的权利,增强妇女在决策管理中的影响力,是当今世界关注的重要议题,也是当代中国必须下大力气解决的重要课题。

培养选拔女干部、重视发展女党员是党的根本制度要求。为落实党章根本规定,在实践的过程中,中央和地方党组织先后出台了一系列具体制度和规定,推动健康发展。各级党组织坚持党管干部原则,改变党管干部方式,女干部的培养选拔是随着我国干部人事制度改革深化而不断加强和改进的。

1987 年召开的党的十三大,确立了全面改革干部人事制度的指导思想、具体内容和当前重点,强调“当前干部人事制度改革的重点,是建立国家公务员制度”。随之,1988 年中组部[1988]6 号文件《在改革开放中加强培养选拔女干部工作的意见》下发。

1993 年,党中央、国务院正式颁布实行《党的机关工作人员条例》《国家公务员暂行条例》,这是对传统干部人事制度的一次全面改革,是依法管理干部人事工作的重要开端,在干部人事工作历史上具有重大的意义。1995 年,针对女干部、女党员工作中央召开专题座谈会,使女干部培养选拔、发展女党员工作进入制度化。

2000 年中共中央颁发《党政领导干部选拔任用工作条例》。2001 年中组部下发《关于进一步做好培养选拔女干部、发展女党员工作的意见》,明确提出了各级党政领导班子中女干部配备数量要求。

2004 年,党中央、国务院下发了《公开选拔党政领导干部工作暂行规定》等五个法规文件,促进了干部选拔任用工作的民主化进程,提高了干部人事工作的民主化程度。同年,中组部下发了[2004]4 号《关于检查培养选拔女干部、发展女党员工作的通知》,对女干部和女党员工作进行全面督

导检查。

2005年4月,《中华人民共和国公务员法》颁布。2006年12月,中组部召开全国培养选拔女干部、发展女党员工作座谈会。这期间,随着干部人事制度改革的深入,公务员招考、大学生村官招考、选调生招考、事业单位招考等录用考试对女性都有最低比例要求,这些有力举措,使培养选拔女干部、发展女党员工作得以机制创新和发展保证。

2007年召开的党的十七大,坚持改进党管干部方式,提高党管干部水平,明确提出提高选人用人公信度,这对于坚持民主、公开、竞争、择优的原则,坚持选人用人标准,完善选人用人机制,创新选人用人方式,规范选人用人程序,坚定不移地深化干部人事制度改革具有重要意义。2008年9月24日,全国妇联副主席黄晴宜在中国妇女十大新闻发布会上说:"中央国家一级的8位女性和中央国家机关以及地方的省部级女官员,数量之多、素质之好,是历史上最好的时期。""在国家的公务员的队伍中,女干部已经占公务员总数的40%以上,也是历史上最好的时期。"①尽管如此,女干部在各级领导班子中的比例偏低,尤其在各级党政领导班子中女干部担任正职较少的状况仍未根本改变。

## 五、以骨干培养提高妇女自身素质,发挥主体力量

妇女是决定自身命运和妇女运动发展的主力军。我国妇女运动发展始终坚持广大妇女的主体地位,通过综合运用法律、政策、行政、教育、舆论等手段促进妇女事业与经济社会协调发展,把广大妇女的积极性、主动性、创造性最充分地调动起来,把广大妇女的智慧和力量最大限度地凝聚起来,不断提高妇女认识世界和改造世界、创造物质财富和精神财富、推动社会发展和历史进步的能力和水平。

把女干部培训作为大规模培训干部的重要组成部分。通过党校、干校、高校对各级女干部进行系统的、有针对性的培训。2006年,全国妇联通过建立高校、党校、社科研究机构和妇联"四位一体"的妇女/性别研究与培训基地,使社会性别研究与培训进入干部培训主渠道,开展了更加广泛深入的研究,加强了对领导干部,特别是男性领导干部社会性别意识的教育。

---

① 黄晴宜:《妇联新闻发布会上的讲话》,2008年9月24日10:34。来源:人民网-中国妇联新闻。

加强后备队伍建设,保证女干部队伍可持续发展。大多数地区都建立了动态阶梯式后备人才队伍,根据领导班子建设规划的要求,把女干部的培养相应分成近、中、远三级目标,近期可使用的,采取担任助理形式培养,可中、远期使用的,采取岗位锻炼、考察学习、参加中心工作等方式培养,有力地推动了女干部队伍的整体建设。

抓住村级"换届"进一步提高妇女进两委的比例。着力解决占人口半数的农村妇女依法直接行使民主权利的问题,既是妇女自身发展的重要课题,也是推进社会文明进步的重要课题。例如,2011 年第八次村级换届,陕西省妇联与中共陕西省委组织部、省民政厅联合下发《关于在全省村级党组织和村委会换届选举中做好妇女参选参政工作的意见》,明确规定女性指标,要求村民委员会正式候选人中至少有 1 名女性候选人;村民代表会议组成人员中女性村民代表的比例达到三分之一以上;成立村选举委员会时,至少有 1 名女性成员;村民委员会成员中至少有 1 名女性成员;每个县(区、市)的村委会女主任数应达到村委会主任总数的 5% 以上。这些指标同时也写进各县(区、市)换届选举工作实施方案,并分解到各乡镇,同时对妇女的培训和对女村官的宣传受到普遍重视,营造了女村官参选参政的浓厚氛围。

妇联组织充分发挥培养开发妇女人才资源的作用。各级妇联积极建立完善妇女人才库,基本做到年度正常推荐,换届重点推荐,届中调整及时推荐。同时,由妇联牵头组织演讲比赛、岗位竞争、论文大赛、座谈会等活动,使更多的优秀女干部脱颖而出。在女党员发展上,主要是搞好"源头建设",在城市重点是对"高知识、高技能、高素质"女性进行培养,在农村主要是对女致富能手和女科技能手积极引导,重点培养。

## 六、以理论创新指导妇女运动发展,遵循客观规律

一般说来,任何一种妇女理论都要回答两个最基本的问题,一个是男女不平等的最根本原因是什么;另一个是怎样寻求平等。马克思主义妇女理论对中国的妇女解放实践具有重要的意义,由于它的传入使中国的妇女解放运动第一次有了系统理论的指导。在马克思主义中国化的过程中,妇女理论成为毛泽东思想的重要组成内容,妇女理论是执政党意识形态的重要组成部分。

在新的历史条件下,在中国现代化建设历程中,探索和建立中国特色社

会主义妇女理论，是一项崇高的历史使命。加强妇女理论研究，坚持以马克思主义世界观方法论指导研究妇女运动的基本规律，必须关注重大现实问题，以实证分析和对策研究为基础，通过开展多学科和跨学科的研究，逐步建立起全面、完整的学科体系。毋庸置疑，中国特色社会主义妇女理论应该是中国特色社会主义理论体系的重要内容，也影响着中国特色社会主义理论体系的构建。

理论是实践经验的总结。中国化的马克思主义妇女理论，在中国妇女解放和发展实践中一以贯之的体现，既具有共通之处，又有不同的侧重点。在革命、建设、改革不同阶段，不同的历史主题，对于马克思主义妇女理论的阐释和应用有着重要的、决定性的影响，这是马克思主义妇女理论与中国国情相结合必然的结果，也是相结合的结果是否科学的必然要求。坚持中国特色妇女理论的与时俱进，形成揭示"三个发展规律和一个使命规律"的理论，即揭示妇女事业与经济社会协调发展、妇女与男性平等发展和妇女自身全面发展规律的理论，揭示执政党履行领导推进具有中国特色性别平等和妇女发展的使命规律的理论，具有重要意义。

理论是时代精神的产物。当代世界，和平与发展成为时代主题。在这样的背景条件下，20 世纪 70 年代末 80 年代初，欧美国家的一些学者提出了社会性别的概念，用来解释和分析人类历史上普遍存在的性别不平等现象。他们认为，社会性别制度是导致社会性别差异的根源，社会性别制度是与经济制度、政治制度、文化制度并存的制度。[①] "社会性别"已经成为国际社会推动男女平等的一种理论、方法和视角，是与人口意识、环境意识并列的现代意识之一；"社会性别主流化"已经作为国际战略，把妇女发展指标纳入联合国的人类发展统计指标，纳入国际社会发展规划，纳入许多国家的公共政策和立法之中，成为衡量各国社会发展程度的依据之一。在中国化的马克思主义妇女理论研究中，吸取借鉴社会性别理论，以及其他新思想新成果，不仅必须，而且重要。

破解实践难题，为理论创新提供丰富资源。理论的源泉在于实践，一经形成就必须接受实践的检验。实践的阶段性、层次性、覆盖性和复杂性，影响和制约着理论的发展。目前，在领导妇女发展的实际工作中存在"三多三少"的现象，一是对外讲得多，对内讲得少，领导人的讲话主要是在国际性会议上讲的；二是对女性讲得多，对男性讲得少，男女平等要求主要是对妇联干部、

---

① 李慧英：《社会性别与公共政策》，北京：当代中国出版社 2002 年版，第 11 页。

妇女群体讲的；三是妇联出面多，妇儿工委出面少，公众认知和实践主体主要还是群团组织、具体工作层面。同时，在妇女/性别理论研究中，女性学者多，男性学者太少，研究成果进入主流、转化太难等问题也都制约着中国特色妇女理论的创新、形成和影响力。任重而道远。

# 中国妇女的经济发展状况分析

## ——基于工资性别差异的视角

孙蚌珠　郑雅洁*

**摘　要：**妇女在经济领域的发展主要体现在通过就业获得工资收入，对中国居民收入调查微观数据实证研究发现，中国城镇劳动者工资存在性别差异，就业结构、教育程度、婚姻状况是造成差异的主要因素。用宏观数据对性别的就业结构、教育程度、婚姻后社会角色等分析发现，妇女总体比男性总体工资水平低。促进妇女经济发展是一个系统工程，就制度和社会层面，主要应提高妇女占比较大的低工资劳动者的工资水平，创造有利于消除性别歧视的制度和社会环境，提升妇女的人力资本，推进生育成本和家务劳动的社会化。

**关键词：**妇女发展　工资　性别差异

马克思曾说："每个了解一点历史的人也都知道，没有妇女的酵素，就不可能有伟大的社会变革。"②妇女在创造人类文明、推动社会进步中发挥着不可替代的巨大作用，妇女解放的程度是衡量普遍解放程度的天然尺度。参与劳动分工是妇女解放和全面发展的基础；在现代社会中通过就业获得工资收入是妇女经济发展的主要体现。改革开放以来，中国妇女发展取得了重大进

---

* 孙蚌珠，女，北京大学马克思主义学院教授，博士生导师；郑雅洁，女，北京大学马克思主义学院博士研究生

② 马克思：《马克思致·库格曼》，《马克思恩格斯选集》第4卷，北京：人民出版社1995年版，第586页。

步，经济领域尤为明显，但在全面建成小康社会、实现社会主义现代化的进程中，如何增强妇女的自我发展能力、促进妇女的发展尤其是经济发展依然是重要的课题。

## 一、基于微观数据的工资性别差异

工资是劳动者的主要收入来源，分析工资性别差异是了解妇女经济发展状况的重要基础，我们首先运用中国居民收入调查数据库（CHIPS）中的微观数据分析中国工资性别差异情况及其影响因素。

### 1. 数据说明

中国居民收入调查数据库（CHIPS）中的数据是中国收入分配与劳动力市场研究领域中权威性的基础性数据资料，基于可获得性和影响工资性别差异因素的相对稳定性，本文使用中国居民收入调查数据库（CHIPS 2002）中城镇居民的调查数据，经统计共有 20632 位居民回复了问卷。考虑到从事农林牧渔业的城镇居民数量较少且获得的工资收入较低，因而予以排除，对男性小于 16 周岁、大于 60 周岁及女性小于 16 周岁、大于 55 周岁及丢失重要变量的样本也进行剔除，最后获得有效统计个体 8369 例。

### 2. 样本的统计性描述

CHIPS 的问卷中与居民工资相关的主要信息包括性别、地域、婚姻情况、受教育年限、到 2002 年为止的工作年限、工作单位的所有制性质、工作单位所属行业、2002 年间的平均月工资等。表一给出了相关变量的统计性描述。

**表一　主要变量统计性描述**

| 变量名 | 男性 | | 女性 | |
|---|---|---|---|---|
| 男女性样本 | 样本个数（人） | 占总样本比重（%） | 样本个数（人） | 占总样本比重（%） |
| | 4811 | 57.49 | 3558 | 42.51 |
| | 样本个数（人） | 占男性样本比重（%） | 样本个数（人） | 占女性样本比重（%） |
| 未婚人数 | 438 | 9.10 | 353 | 9.92 |
| 中东部地区人数 | 3580 | 74.41 | 2613 | 73.44 |
| 工作在私营单位人数 | 1167 | 24.26 | 887 | 24.93 |

（续表）

| 变量名 | 男性 | | 女性 | |
|---|---|---|---|---|
| 男女性样本 | 样本个数（人） | 占总样本比重（%） | 样本个数（人） | 占总样本比重（%） |
| | 4811 | 57.49 | 3558 | 42.51 |
| 工作行业 | | | | |
| （1） | 2457 | 51.07 | 1437 | 40.39 |
| （2） | 710 | 14.76 | 704 | 19.79 |
| （3） | 1644 | 34.17 | 1417 | 39.82 |
| | 均值 | 标准差 | 均值 | 标准差 |
| 受教育年限（年） | 11.56 | 3.03 | 11.53 | 2.84 |
| 工作年限（年） | 22.19 | 9.62 | 18.44 | 8.70 |
| 月平均工资（元） | 1137.76 | 774.24 | 940.28 | 638.17 |

通过表一可以看出，在全部有效的8369例有效样本中，男性为4811例，占比57.49%，女性3558人，占比42.51%，两类性别人数占比相差不大，表明样本质量较好，发生样本选择性偏误的可能性较低。在两类性别样本中，未婚人数基本保持在9%左右，剩下的为有配偶或离婚、丧偶及其他情况的人口；在地域分布中，属东部、中部地区的人口数占70%左右，但可发现男性样本中在中东部就业的人数占比要高于女性；从工作单位的所有制性质来看，男性样本中在私营单位工作的人口占比为24.26%，女性则为24.93%；从工作单位所属行业来看，表一中行业（1）代表制造、采掘、建筑和运输业，行业（2）代表商业、房地产、金融服务及科研业，行业（3）代表卫生教育文化行业及国家机关事业单位，可以看出，男性在行业（1）中的占比明显高于女性，而女性在另外两个行业中人数占比高于男性，其中在行业（2）女性占比更多是因为批发零售业、住宿餐饮业属于商业类别，而女性在这两类行业中就业人数较多，但在行业（2）中剩余的金融、房地产、科研行业的人数则少于男性。在受教育时间方面，女性略微低于男性，这与全国数据反映的男女受教育间的较大差距有些矛盾，但考虑到本部分采用的数据剔除了农村地区及城镇地区就业于农林牧渔业的人口数据就不难理解了，因为删去的这两个部分正是女性受教育程度低的行业；在工作年限方面，男性的工作年限要长于女性，这是由两者退休时间不同导致的；在月均工资方面，男性的平均工资高于女性197.48元，表明两者确实存在较大的工资差距。

### 3. 模型的建立与回归结果

美国学者 Jacob A. Mincer 创立的工资收入方程一直被视为研究工资收入问题的基础性方程。他在 1974 年发表的著作《学校教育、经验与收入》中描述了该方程：

$$\ln w_t = \ln w_0 + \beta edu + \gamma_1 t - \gamma_2 t^2 + \xi$$

其中，$t$ 代表工作的经验时长，$w_0$ 代表刚开始工作时的基本收入，$w_t$ 代表工作了 $t$ 年后的工资收入，$edu$ 代表受教育的年限，因而 Mincer 认为学校教育、工作经验是决定收入的基础性和最重要的因素且工作经验与收入间呈现“倒 U”形关系。本文在 Mincer 工资收入方程的基础上，参考了以往学者的研究[①][②][③][④][⑤]，在方程中加入了性别、性别与教育程度的交叉项、性别与工作经验的交叉项、性别与婚姻情况的交叉项，并控制婚姻情况、地区因素、企业所有制因素、行业因素对居民工资收入的影响，因此本文最后估计的工资方程为：

$$\begin{aligned} w = {} & \beta_0 + \beta_1 gender + \beta_2 edu + \beta_3 \mathrm{expe} + \beta_4 \mathrm{expe}^2 + \beta_5 reg \\ & + \beta_6 occ + \sum_{i=1}^{2} \partial_i ind_i + \beta_7 mar + \beta_8 genedu + \beta_9 genexpe \\ & + \beta_{10} genmar + \xi \end{aligned}$$

表二是方程中各变量定义的说明。在这些变量中，婚姻状况、地区分布、单位性质及所属行业都属于控制变量且都为哑变量，他们可以控制由于地域、工作单位等原因带来的工资收入差别。

---

① Xiaoling Shu: Market Transition and Gender Segregation in Urban China; *Social Science Quarterly*; 2005(1); pp. 1299—1323.

② 江求川、张克中：《中国劳动力市场中的“美貌经济学”：身材重要吗?》，《经济学》(季刊) 2013 年第 3 期。

③ 刘斌、李磊：《贸易开放与性别工资差距》，《经济学》(季刊)2012 年第 2 期。

④ 吕康银、朱金霞、张丽：《性别收入差距及影响因素研究——以吉林省为例》，《东北师大学报(哲学社会科学版)》2013 年第 4 期。

⑤ 汤二子：《学历和性别对劳动者工资的影响研究》，《统计研究》2012 年第 11 期。

表二　工资方程各变量定义说明

| 变量属性 | 变量符号 | 变量定义 | 变量说明 |
|---|---|---|---|
| 性别 | gender | 性别 | 0 = 男性;1 = 女性 |
| 教育程度 | edu | 接受的教育年限 | |
| 工作经验 | expe | 已工作的年限 | |
| | $expe^2$ | 已工作年限的平方 | $expe^2$ = expe^2 |
| 地区分布 | reg | 样本地处我国地域 | 0 = 中东部;1 = 西部 |
| 单位性质 | occ | 单位的所有制性质 | 0 = 非私营单位;1 = 私营单位 |
| 所属行业 | $ind_1$ | 商业、房地产、金融服务及科研业 | 0 = 否;1 = 是 |
| | $ind_2$ | 卫生教育文化及国家机关事业单位 | 0 = 否;1 = 是 |
| 婚姻状况 | mar | 是否已婚 | 0 = 未婚;1 = 已婚 |
| 性别教育交叉项 | genedu | 性别与教育程度的乘积 | gender:0 = 男性;1 = 女性 |
| 性别经验交叉项 | genexpe | 性别与工作经验的乘积 | gender:0 = 男性;1 = 女性 |
| 性别婚姻状况交叉项 | genmar | 性别与婚姻状况的乘积 | gender:0 = 男性;1 = 女性;mar:0 = 未婚;1 = 已婚 |

在对方程(1)进行回归分析时,本文将分别对既不包含控制变量也不包含交叉项的模型1和包含控制变量及不同交叉项的模型2、3、4进行分析,具体模型及运用STATA软件对样本回归分析的结果见表三。

表三　工资方程 STATA 回归结果

| 变量 | 模型 1 | 模型 2 | 模型 3 | 模型 4 |
|---|---|---|---|---|
| c | -113.25** | -112.09** | -101.48* | -128.46** |
| gender | -131.33*** | -82.23* | -101.07* | -25.62 |
| edu | 75.86*** | 74.03*** | 73.82*** | 73.77*** |
| expe | 16.42*** | 17.39*** | 16.63*** | 15.08*** |
| $expe^2$ | -0.02* | -0.01 | -0.01 | -0.02 |
| reg | | -121.72*** | -121.72*** | -121.92*** |
| occ | | -31.79* | -31.81* | -30.42* |
| $ind_1$ | | 86.95*** | 86.99*** | 87.26*** |
| $ind_2$ | | 110.61*** | 110.53*** | 109.34*** |

（续表）

| 变量 | 模型 1 | 模型 2 | 模型 3 | 模型 4 |
|---|---|---|---|---|
| mar | | 18.37 | 20.36 | 77.83* |
| genedu | | -5.11* | -4.67 | -5.22* |
| genexpe | | | 0.70 | 2.80* |
| genmar | | | | -122.81** |
| $R^2$ 值 | 0.1283 | 0.1386 | 0.1386 | 0.1391 |
| 修正 $R^2$ 值 | 0.1279 | 0.1376 | 0.1375 | 0.1378 |
| $F$ 值 | 307.89 | 134.48 | 122.26 | 112.47 |

注：*、** 和 *** 分别代表 10%、5% 和 1% 的显著性水平。

**4. 对结果的分析**

（1）通过模型 1 可以看出，不控制地域、婚姻状况、工作单位性质和行业时，女性的平均工资要比男性低 131.33 元，这体现出两类性别人群确实存在工资差距。教育对工资收入产生了显著的正向影响，表现为接受教育的时间每增加 1 年，平均月工资将提高 75.86 元，这样的影响程度应该说是非常高的，这说明知识水平是决定收入的重要因素。工作的年限也即工作经验同样对收入产生了显著的正向作用，而且工作经验的平方项在 10% 的显著性水平上为负，也验证了 Mincer 对经验与工资间“倒 U”形关系的论述的正确性。

（2）模型 2、3、4 中加入了一系列控制变量及性别与教育程度、经验和婚姻情况的交叉项，通过模型 2 可以看出，对男性来说，教育年限每增加 1 年，月均收入将提高 74.03 元，而由于性别与教育程度的交叉项参数为 -5.11，因此对女性工作者来说，教育时长每增加 1 年，月均收入的提高为 68.92 元，增长的幅度要少于男性；而与此相反的情形是工作经验对工资的影响，在模型 3 中，男性的工作经验每增加 1 年，月均收入提高 16.63 元，而女性的则提高 17.33 元，要高于男性。模型 4 显示，已婚男性的月均工资要高于未婚男性，而已婚女性的月均工资要低于未婚女性，这表明婚姻生活对女性的收入产生了负面影响，这是由于婚后女性的家庭责任更重，在婚姻家庭中付出的时间与精力会大大增多，工作以及获得的工资收入都会受到一定程度的影响。

（3）模型 4 代表的加入各类控制变量及交叉项的完整模型中，在地域、婚姻、工作单位性质行业均相同的情况下，女性的月均工资会比男性低 25.62 元，且并不显著，与模型 1 中 131.33 元的差距相对比，可以得出结论，影响女性与男性工资差距的主要因素是就业的行业、单位所有制性质及婚姻状况。

此外，通过模型2、3、4可以看出，地域、工作单位性质和行业均对工资产生了显著的影响，可以看出，工作在西部地区的员工平均工资比中东部地区要低，工作在私营单位的员工工资比非私营单位要低，在制造、采掘、建筑与运输业工作的人员工资要比商业、房地产、金融、科研领域和卫生教育文化及国家机关事业单位的人员低。

## 二、基于总体视角的工资性别差异

前文根据微观数据的分析可以得出结论：城镇劳动者存在工资性别差异，影响工资差异的因素主要有就业结构、教育程度和婚姻状况等。下面通过宏观统计数据对全国就业结构的性别差异、教育程度的性别差异和社会角色的性别差异等进行分析，以从总体视角进一步了解工资性别差异。

**1. 就业结构的性别差异**

从就业的产业结构看，妇女大多集中于第一产业。图一是男女从业人员在各产业就业人员所占比例，从图中可以发现，女性在第一产业的就业人口占全部女性就业人口的53.22%，高于男性的44.4%近10个百分点，但第一产业收入不稳定且总体水平较低，劳动条件差、获得的社会保障少。妇女在第二产业的就业比例为19.25%，低于男性的28.11%近10个百分点，而从事第二产业的收入要远高于第一产业。在第三产业中，男女就业占比大体相当，但第三产业内各行业收入差距是较大的，其中既包括像金融、房地产、科研开发等的高收入现代服务业，也包括如批发零售、住宿餐饮等的低收入传统低端服务业，而女性恰恰是在低收入的服务行业中占比较大。

图二反映出男性和女性在服务业的就业占比情况，可以看出，女性就业者多数集中于批发和零售业、住宿和餐饮业及居民服务业中；而男性多工作于交通运输、仓储和邮政业、批发和零售业、信息传输业，这样的集中恰好体现出劳动力市场上的横向职业性别隔离。住宿和餐饮业、批发和零售业及居民服务业等行业对劳动力的体力和技术能力的要求低，但却需要较多的细心和耐性，这样的特点正是女性劳动力所具备的，自然这些行业就成为女性就业的集聚带，但同时我们也需要看到，在2012年的《中国劳动统计年鉴》所公布的城镇单位就业人员工资低于平均工资的行业中，包括大部分女性就业集中的行业，如农林牧渔业、制造业、批发和零售业、住宿和餐饮业、水利、环境和公共设施管理业、居民服务和其他服务业，这体现出市场上的职业性别隔离状况对女性来说是较为不利的。

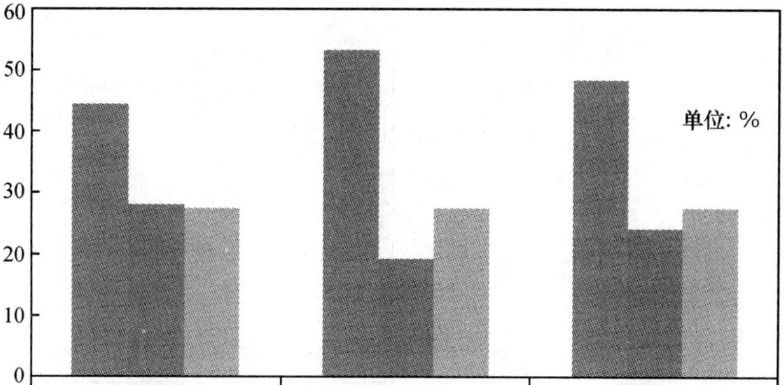


| | 男 | 女 | 平均情况 |
|---|---|---|---|
| 第一产业 | 44.4 | 53.22 | 48.34 |
| 第二产业 | 28.11 | 19.25 | 24.15 |
| 第三产业 | 27.49 | 27.53 | 27.51 |

**图一　男女从业人员在各产业就业人口占比**

数据来源:根据全国第六次人口普查数据整理计算而得

从女性就业的所有制结构看,女性在国有单位及城镇集体单位的就业比例要低于女性在人口中的占比。根据 2012 年《中国劳动统计年鉴》中的数据,男性劳动力在国有单位和城镇集体单位中工作的人数占全部工作人数的 62.8%,而女性仅占 37.2%,远远低于女性 49.1% 的人口占比。国有单位和城镇集体单位有着比私营单位更好的福利待遇和社会保障,劳动条件较好、工作较稳定,且根据国家统计局公布的 2011 年城镇单位就业人员平均年工资来看,私营单位是 24556 元,非私营单位是 41799 元,前者只相当于后者的 60% 左右。女性在国有集体单位较低的就业率表明女性就业中较男性面临更大的收入及其他福利保障问题。

**2. 教育程度的性别差异**

图三反映出从 1996 年至 2011 年我国男女的受教育情况,可以发现,16 年来,我国女性文盲率始终高于男性,差距最显著时的 1996 年,女性文盲率高出男性约 12 个百分点,女性大专以上学历占全部人口比重也一直低于男性 1 个百分点左右,可见我国女性的文化程度一直是低于男性的,两者之间的差距虽然在随着经济的发展而不断缩小,但总的来说,我国女性接受教育的范围与水平都是低于男性的。较低的文化程度不仅限制了女性选择行业的范围,在同一行业中也难以获取更高技能、走向更高的职位,这也就决定了

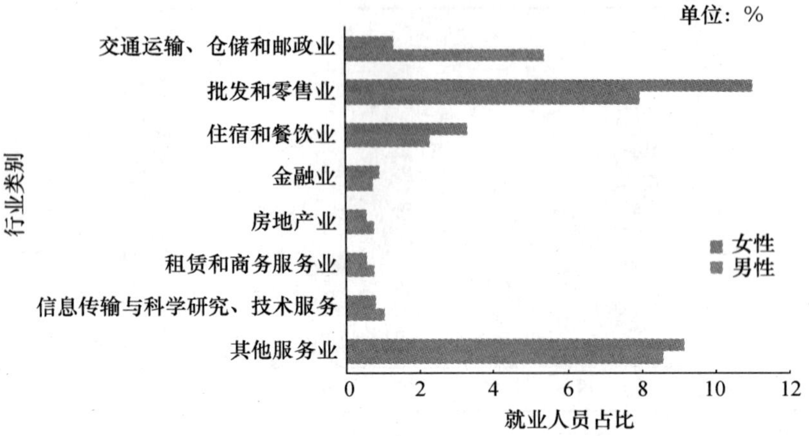


**图二　男女从业人员在服务业的就业人口占比**

数据来源：根据全国第六次人口普查数据整理计算而得

女性获得的收入总体较男性而言是较低的；这一点也可以通过上文的回归分析得到证实，因为教育年限对工资收入会产生显著的正向影响，因此女性的低教育水平会导致其收入水平也低；当然，不仅在收入方面，较低的文化程度还意味着女性的法律意识不强，在求职和工作中难以有效运用法律武器维护自身的权益。

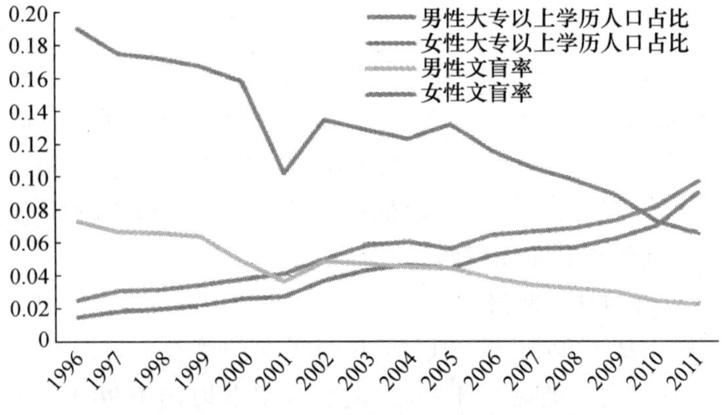


**图三　1996—2011 年分性别受教育情况对比图**

数据来源：根据《中国统计年鉴 2012》数据整理计算而得

**3. 社会角色的性别差异**

女性在社会中的角色定位多是照顾家庭的人，她们扮演着妻子与母亲的角色，将更多的时间与精力交付家庭①，这是由男女两性的生理、心理条件及社会风俗共同决定的，是在长期的社会生活中形成并逐步固定下来、被大众接受认可的两性分工。妇女在婚后需要承担的养育后代、从事家务劳动、照顾家庭成员的责任使得她们更多地会选择一些简单的、低技术的工作，同时也降低了提高劳动技能和改善工作业绩的机会，因此最终会影响到女性收入的提高，这点从前文的实证分析中可以得到体现，表三显示，已婚女性的工资平均要比未婚女性低 123 元左右，可见，女性在婚姻生活中需承担的家庭责任是拉大她们与男性的工资差距的重要因素。

女性社会角色对其就业的影响不仅体现在工作女性的工资问题上，还体现在失业女性群体中，图四是对我国男性女性 2010 年失业原因的统计，可以看出，“料理家务”是女性所有失业原因中占比最大的一项，比重接近 30%，而男性由于料理家务而失业的比例还不到 3%。

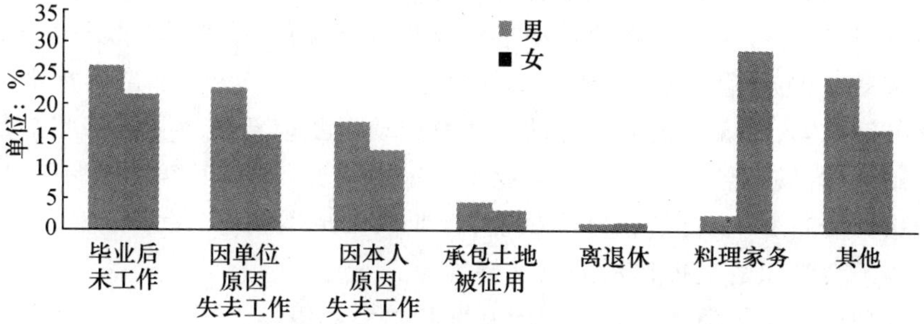


**图四　分性别失业原因占比分析图**

数据来源：根据全国第六次人口普查数据整理计算而得

## 三、促进妇女经济发展的政策思考

造成性别工资差异的原因是复杂多样的，缩小工资差异、促进妇女经济发展也是一个系统工程，从社会层面来说主要应注意以下几个方面。

**1. 提高妇女占比较大的低工资劳动者的工资水平**

妇女在工资比较低的产业、行业和非公有制单位比重比较大，属于低工资劳动者群体。有研究表明②，低工资劳动者的工资水平偏低，低工资劳动者

① 金永波：《中国女性就业存在的问题及其政策思考》，《湖北成人教育学院学报》2007 年第 4 期。

② 孙蚌珠、陈雪娟：《提高低工资事关大局》，《中国社会科学内部文稿》2012 年第 1 期。

工资低源于多方面因素,从“市场机制决定、企业自主分配、职工民主参与、国家监控指导”的制度层面看,主要原因有:一是市场机制决定工资中低工资劳动者处于竞争的劣势地位。因为低工资劳动者数量较大,在就业市场上供过于求;低工资劳动者的劳动具有高度同质性;低工资劳动者人力资本含量低等。二是在企业自主分配和职工民主参与中低工资劳动者缺位。职工民主参与工资确定的工资集体协商制度无论是在企业还是劳动者覆盖面上尚存在较大缺失,从而出现劳动定额偏高、劳动报酬偏低、利润侵蚀工资的现象。三是国家监控指导中实效性不强。政府在发挥工资调控职能方面还存在很多问题,法律不健全,经济手段不到位,信息手段不完善等等,从而使得政府的调控作用乏力,流于形式,实效性不强。提高妇女占比较大的低工资劳动者群体的收入,要充分发挥政府职能,一是为低工资劳动者群体提供公共服务,加强劳动者的技能培训;为低工资劳动者提供信息和相关指导,发展公共就业服务体系,降低或减少低工资劳动者的就业成本。二是健全相关的法律法规及制度,为维护劳动者的劳动报酬权益,规范用人单位的工资分配行为,完善劳动法、劳动合同法、工资集体协商条例、工时制度、最低工资标准及其调整条例等等,为保障低工资劳动者获取劳动报酬权益提供依据。三是加强相关制度建设,引导建立和完善企业工资正常增长机制、工资支出保障机制、工资指导线制度、工资指导价位制度、行业人工成本信息、劳动定额制等等。四是为工会组织的发挥作用提供支持等等。

**2. 创造有利于消除性别歧视的制度和社会环境**

就业结构的性别差异有两种情况,一种情况是由横向职业性别隔离引起的。横向职业性别隔离是指该职业中的男女员工的构成不同于男女劳动力在全部劳动力人口中的相应比例,因而劳动力市场上会出现所谓的“男性”职业或“女性”职业。职业性别隔离一方面是由男女两性的生理、心理、素质水平所导致的,从生理上来说,男性在力量、体能等方面明显优于女性,而女性在细心、耐性等方面优于男性;其次从心理上来说,男性往往更为理性、激进、独立,喜爱探险;女性则更感性、细腻,依赖性强、善解人意;最后在劳动力素质方面,前文已提及,女性受教育程度总体低于男性,因此这样的生理、心理和受教育状况导致女性大多就业于轻工业生产、服务、教育等技术含量低、创新性低的工作,从而导致职业性别隔离。如果企业鉴于女性的人力资本或“生产力”确实低于男性而做出不雇用女性职工的决定,这属于基于效率原则的平等。[1] 而另一种情况则属于性别歧视，对于这种情况，一方面应通过建立健全相关法律来加强对妇女权益的保障。虽然我国劳动法、劳动合同法、妇女权益保障法中都有各类条款来保障妇女权益，但现有的法规条文往往只是对女性享有的平等权利进行了规定，很少涉及具体的措施，因而今后加强对女性平等权利的保障，重点应放在建立健全相关保障法规制度上，如规定给予补贴或减税等措施鼓励企业雇用妇女员工、对实行性别歧视或拒绝办理生育保险的企业进行相应惩罚等等，此外，还应加强各级妇女权益保障机构、工会等组织对法规执行情况、企业雇用行为的监督，以切实维护妇女的就业和工资收入权益。另一方面，应通过大众传媒的力量潜移默化地改变男强女弱的观念和妇女总与家务劳动、照顾家人等活动联系在一起的社会形象，通过公益广告、标语宣传等途径提升全社会的性别平等意识，调整传统的“贤妻良母”的角色定型，弘扬知识女性风采，鼓励女性运用自己的智慧创造财富，从社会观念上减少性别歧视行为的发生。

**3. 提升妇女的人力资本**

妇女受教育程度普遍低于男性，应采取各种措施切实提高女性的人力素质。一是提高妇女教育程度。一方面应通过宣传手段提高女性自身接受教育的意识，使其了解自己具有的平等的接受教育的权利与机会，鼓励女性维护自身的合法权益；另一方面应提高父母一代对女性的教育培养意识，特别是在农村地区，要纠正家长重男轻女的错误思想，切实保护女性与男性同等的受教育权利，对于违反该政策的家长在必要时应作出惩罚并追究其法律责任；在各级教育行政部门建立对女童进行教育救济的专门机构，扩大“春蕾计划”的覆盖面，呼吁社会各界人士帮助失学女童重返校园，并加强对捐款资金利用情况的监督。二是提高妇女的职业素质，政府应设立专门针对妇女的服务中介机构，由政府提供经费支持，为妇女提供行业、职位及法律法规的咨询，并开展职业培训及实习推介服务，提高妇女的职业技能、降低其寻找工作的时间和成本；为下岗妇女提供再就业培训，帮助其快速重新就业；同时鼓励妇女自我创业，为其提供资金支持、业务指导和法律援助，跟踪企业运营、促进企业的发展。

**4. 大力推进生育成本和家务劳动的社会化**

在推动生育成本社会化的进程中，一个非常重要的内容就是生育保险的

---

① 许叶萍、石秀印：《在“社会”上贡献，于“市场”中受损——女性就业悖论及其破解》，《江苏社会科学》2009 年第 3 期。

推行。生育保险是国家通过立法,在怀孕和分娩的女性劳动者暂时中断劳动时,由国家和社会提供经济补偿、医疗服务和产假的一种社会保险制度,生育保险制度的施行减轻了企业生育费用负担,由企业、个人、社会各负担一部分,有效地分散了生育成本,但必须看到的是,我国的生育保险制度仍然存在很多问题,如:保险覆盖范围仍需扩展、管理方法仍需改进、监督机制并不完善等等,下一步应加大生育保险推进的力度和范围,并确定合理的基金收缴比例以减轻企业负担,建立合理有效的监督机制来确保生育保险的执行。家务劳动是妇女工作的又一大顾虑,为此,我国应积极推动各类家务活动的社会化,如发展家政清洁服务业、修理搬运、幼儿老年人护理等职业,该类职业的发展不仅可以节省城镇妇女的家务劳动时间,而且可以有效带动部分女性特别是农村妇女的就业及收入的提高,利于我国农村剩余劳动力的转移。当然,近年来该类的家政行业在我国已经得到了极大的发展,但仍然存在很多问题,如:从事家政服务的人员专业素质较低,服务的专业化和产业化程度低、居民很难找到可靠、规范和完善的家政服务等。针对这一问题,我国今后应建立专门的培训机构,对家政服务人员进行岗位培训,提高其专业素质和服务水平,加强对从业资格的审查,将家政服务员纳入国家职业资格证书制度加强管理,促进该行业的规范性和产业化程度,以促进行业发展,减轻妇女家务负担。

# 新中国建立初期的废娼运动

## ——以(北平)北京市的情况为例

张　浩*

**摘　要:** 新中国建立初期,在中国共产党和各级人民政府领导下,废娼运动在全国范围成功进行。它废除了延续几千年的娼妓制度,并将"旧社会"遗留下来的妓女改造成为自食其力的"新人",从而解放了处于旧社会最底层的妇女,充分显示了中国共产党和各级人民政府推动妇女解放的决心和能力。

**关键词:** 新中国建立初期　废娼运动　北京市

新中国建立初期,在中国共产党和各级人民政府领导下,废娼运动在全国范围成功进行。它废除延续几千年的娼妓制度,并将"旧社会"遗留下来的妓女改造成为自食其力的"新人",从而解放了处于旧社会最底层的妇女,充分显示了中国共产党及其领导的人民政权推动妇女解放的决心和能力。这一运动,对当前我们研究中国特色社会主义妇女理论有一定的启示意义。本文拟以北京市(1949 年 9 月 27 日前称北平)娼妓改造为例,深入剖析新中国建立初期妇女解放运动的这一创举。

### 一、对妓院采取限制措施

北平的妓院在明清就已经有了规模,挂牌营业之明娼、妓院主要分布在

* 张浩,男,中共广东省委党校党史党建部副教授

前门外八大胡同：即西珠市口大街以北、铁树斜街以南由西往东的百顺胡同、胭脂胡同、韩家潭、陕西巷、石头胡同、王广福斜街、朱家胡同、李纱帽胡同等地。北平的妓院分为四等。一等妓院，又称"一等小班"或"一等清吟小班""大地方""大胡同"。所谓"清吟"是指妓女都为苏州、扬州或杭州人，年轻漂亮、清秀可人，她们自小就学习笙管丝弦或书画。一等小班一般设在整齐的四合院内，妓女有贴身女佣，嫖客都为军政人员、士绅、大商人、黄金掮客。这里是他们玩的地方，也是他们做事的地方，卖官买官、贪污受贿、投靠敌伪、挑拨内战。二等妓院称为"中地方"，或叫"茶室"。设置比一等妓院差一点，但并不是很明显，差别明显的是妓女。二等妓院的妓女大都来自一等妓院中"人老珠黄"的妓女，嫖客都为地主、商贾、浪荡公子等有钱人。三等妓院叫"下处"，妓女年纪都比较大，或者年纪轻但长得不漂亮。妓院的房子简陋，嫖客主要是一些小商人、店员、在京做买卖的生意人等。四等妓院是妓院的底层，是最昏暗杂乱的地方，就是破屋子寒窑脏土坑而已，俗称"老妈堂""窑子""土娼"。这里的妓女年龄较大、长相不好，嫖客也是些挣钱不多的体力劳动者，如三轮车夫、脚夫、短工等。[①]

据1917年英国社会学家甘布尔(S. D. Gamble)调查，当时世界八大都市中，公娼人数与城市总人口的比例以北平、上海为最高(见表1)。到40年代初，北平各等级的妓院总数达到了2263家，从业人数达到2597人。至1949年新中国成立前，北平的妓院数尽管有所下降，但依然有273家，妓女1268人。

**表1　世界八大都市公娼与城市总人口的比例**

| 城市 | 伦敦 | 柏林 | 巴黎 | 芝加哥 | 名古屋 | 东京 | 北平 | 上海 |
|---|---|---|---|---|---|---|---|---|
| 比例 | 1:906 | 1:582 | 1:481 | 1:437 | 1:314 | 1:277 | 1:259 | 1:139 |

资料来源：杨洁曾、贺宛男：《上海娼妓改造史话》，上海三联书店1988年版。

根据公安局在封闭妓院前的调查统计，北平的妓女大部分来自江苏、河北、山东、山西、河南、东北等地。绝大部分为生活所迫沦为妓女，有的自保定、石家庄、太原、大同等地妓院迁移来北平，有的自幼被拐骗、出卖，连自己的亲生父母和家乡都全然不知，被迫当了妓女。少数是由于被遗弃或因家庭所迫等原因从妓的。[②] 妓女们受到老板、领家的剥削压迫，在妓院中过着人间

① 马维刚编：《禁娼禁毒》，北京：警官教育出版社1993年版，第73—74页。

② 同上书，第74页。

地狱般的生活。中央高层领导人包括毛泽东、彭真等在对北京市的明察暗访中，深感娼妓制度存在的危害。毛泽东曾急电公安部部长兼北京市公安局局长罗瑞卿："新中国绝不允许娼妓遍地，黑道横行，我们要把房子打扫干净！"罗瑞卿回答："主席，我马上考虑把北京的妓院全部关掉！"[①]

北平解放后，在中共北平市委和北平市军事管制委员会领导下，北平市人民政府在"肃特"和消灭社会混乱现象、安定革命秩序的同时，即将妓院列入特行管理，采取了一些必要的限制措施。1949 年 3 月，北平市人民政府对妓院问题作了明确规定：一、妓院必须备有留宿住客登记簿，详细记载住客的情况，包括姓名、年龄、职业、住址。每日 22 时前将登记簿送当地派出所备核。二、凡有身着便衣而持枪游娼者，不得使其逃脱，必须迅速秘密报告。三、遇携带火药、军装、通信器材而留宿者，要报告当地公安派出所，并不准代其存放。四、凡有私行召开会议者和遇有身着军装嫖娼者、散兵、流亡政府人员、冒充解放军者，要向派出所报告。同时还明确要求各妓院老板做到"七不得"，即：不得做非法生意，不得打骂虐待妓女，不得诱使良家妇女为娼，不得阻拦妓女从良，不得让有传染病的妓女接客，不得逼幼女为娼妓，不得使嫖客在妓院里饮酒吵闹吵架，扰乱社会治安。[②] 为了掌握妓院的动态，当地公安派出所还对妓女的增减和来路去向进行登记。

随后，各派出所经常派干警检查妓院遵守以上规定的情况，并及时收容审查嫖客中的特务、土匪、国民党部队的散兵游勇以及其他不法分子，使他们不再浪荡于社会，危害城市治安。民警常在一些妓院集中的胡同巡逻、盘查嫖客的真实身份。对于嫖客是公职人员或学生的，则通知所在单位，责令所在单位对其进行教育和适当处置。这样，许多嫖客害怕"丢脸"而不敢再涉足妓院。派出所还采取在嫖客的证件上打戳子的办法，以便于追查。有一段时间，巡警在出入妓院嫖客的证件上、货单上甚至汗衫上打上"嫖客查讫"的戳子，这一举措吓得许多嫖客不敢再上妓院。政府对妓女也着手实行"限制"的办法。利用整顿户籍，对妓女登记造册，只准减少，不准增加。规劝妓女从事自食其力的正当职业，要求她们争取自我解放。然而，对妓女的"限制"并不是很成功，效果没有预期的那么大。"出现了明娼开始渐少，但暗娼则日益增多的现象。而减去的妓女，除个别从良转业的外，大部分又流入其它城市

---

① 穆玉敏：《1949：北京全面禁娼》，《人民公安》2003 年 3 期。

② 马维刚编：《禁娼禁毒》，北京：警官教育出版社 1993 年版，第 81 页。

和其它地区重操旧业。”[①]

在多种措施的限制下，妓院老板有的将妓院改为旅馆，让妓女自谋出路。有的害怕斗争或清算，把妓院变卖为钱财隐藏起来或带原班妓女潜往其他城市。少数恶贯满盈又不甘心失败的转到幕后指挥，利用手下亲信充当老板继续作恶。

## 二、断然封闭妓院

妓院问题是个严重的社会问题，它体现了社会对弱势群体的一种畸形压迫，因此，北平解放后，要求取缔妓院的民众呼声越来越高。为此，1949 年 8 月 9 日，北平市第一届各界人民代表会议提出改造妓女、参加生产的决议，并经大会原则通过。随后，由市公安局、民政局、妇联、人民法院、企业局等单位组成“处理妓女委员会”，积极进行封闭妓院的准备工作。9 月 26 日，《北平市处理妓女办法（草案）》出台，该草案指出：“先集中力量处理明娼，暗娼另行处理之。……对妓女采取集中统一集训，分别处理的方针。对妓院老板和领家采取取缔政策，除命令停业外，对于罪恶昭彰并伤害人命者，除依法惩处外，并对其敲诈剥削非法致富的财产予以没收（酌留生活）。”[②]10 月 15 日，北京市人民政府公安局召开局务会议，由市公安局、民政局、妇联等共同组成指挥部，由公安部部长兼市公安局局长罗瑞卿负责，统一领导封闭妓院工作。经各方多次研究，明确了“集中、警戒工作由市公安局负责，收容后对妓女的管教、供给、生活由民政局和妇委会负责”的工作分工，[③]并成立了封闭妓院行动指挥部。

11 月 21 日下午 5 时，北京市第二届各界人民代表会议一致通过了《关于封闭妓院的决议》。《决议》指出：“妓院乃旧统治者和剥削者摧残妇女精神与肉体、侮辱妇女人格的兽性的野蛮制度的残余，传染梅毒淋病，危害国民健康极大。而妓院老板、领家和高利贷者乃极端野蛮狠毒之封建余孽。”《决议》宣布：“根据全市人民之意志，立即封闭一切妓院，没收妓院财产，集中所有妓院老板、领家、鸨儿等加以审讯和处理，并集中妓女加以训练，改造其思想，医治其性病，有家者送其回家，有结婚对象者助其结婚，无家可归、无偶可

---

① 马维刚编：《禁娼禁毒》，北京：警官教育出版社 1993 年版，第 81 页。

② 《北京市重要文献选编》第 1 卷，北京：中国档案出版社 2001 年版，第 712—713 页。

③ 马维刚编：《禁娼禁毒》，北京：警官教育出版社 1993 年版，第 83 页。

配者组织学艺,从事生产。"[①]这个决议受到人民的热烈拥护。当大会宣读封闭妓院的决议时,会议全体代表长时间热烈鼓掌。代表们在发言中纷纷表示,在新中国,特别是人民的首都北京,决不允许妓院这种野蛮制度继续存在,必须坚决取缔。会议刚刚结束,市长聂荣臻立即向公安局下达了执行决议的命令。在行动指挥部领导下,民政局、妇联、卫生局等有关部门大力协助,动员组织了 2400 余名干部和民警,分成 27 个行动小组,于晚 8 时统一行动,乘坐 37 部汽车,分赴外城 5 个区和东郊、西郊等地封闭妓院。

为了使封闭妓院工作顺利进行,避免老板、领家转移财物或隐藏起来,指挥部严密封锁行动的消息,使老板领家措手不及,并给他们以大的震动。各分指挥部按行动计划和规定的方法部署,先以召开会议的形式,通知妓院老板、领家到分局开会,到局后限制他们的活动,并向他们训话,指出他们的罪恶,不许他们欺骗人民政府和公安局,让他们老实交代自己的问题。刑警队和二处侦查科负责拘捕老板、领家,并统一将他们押送市局警法科,以便按照他们的罪行分别进行处理。与此同时,各行动小组在妓院附近胡同口及房上布置便衣和武装民警,开始了戒严。妓院门口有民警把守,胡同里有民警巡逻,不许其他人员走动,防止有人破坏。

随后,干部们按照事先的分工,进入指定的妓院,把嫖客和妓女集中在院里或大屋子里,宣布立即封闭妓院的命令。之后,又把妓院里的一些帮工,如伙计、茶房、女佣也集中起来,清点人数,一一登记在册。对于这些妓院的"工作人员"实行遣散回去的政策。对于在场的嫖客,经过检查身份和登记,教育后也当场释放。只有妓女留了下来。由于行动突然,妓女们一个个惊慌失措,叫喊声一片。干部们向妓女宣传和解释封闭妓院的政策,讲明封闭妓院、解放妇女的道理。并说明,对妓女以教育改造为主,并由人民政府提供生活出路。妓女身边的一切私人物品,均归她们自己所有,政府分文不要。不像妓院老板、领班欺骗她们说的那样,要把她们发配给煤矿工人或种地开荒的军垦战士为"妻"。讲明政策后,除了一等妓院的妓女习惯于寄生生活,"金丝雀"做不成了,抵触情绪较大外,其他妓女们一听政府并不是将她们扫地出门,而是把她们当人看,充分考虑了她们今后的生路,都很高兴并愿意听从政府指挥。很多妓女说:"这样做很好,这是叫我们换脑筋";"叫我们到哪儿就去哪儿,政府是叫学好"。深夜 12 时,各行动小组把集中起来的妓女送到了设在外二区韩家潭的妇女生产教养院,分别安置到 8 个教养所。到

① 《北京市重要文献选编》第 1 卷,北京:中国档案出版社 2001 年版,第 835 页。

22 日凌晨 5 时，全市 224 家妓院全部封闭，老板领家 424 人被集中，妓女 1286 人获解放，年龄最小的 13 岁，最大的 52 岁，大部分是 18—25 岁的青年女子。[①] 摧残妓女的巢穴被彻底铲除。

22 日上午，北京市公安局长罗瑞卿，向市第二届各界人民代表会议报告了执行大会封闭妓院决议的结果。当他讲到“北京市从此再不存在蹂躏妇女、摧残妇女的野蛮妓院制度”，“1000 多名妓女从此跳出火坑获得解放”时，全体代表报以经久不息的掌声。[②] 84 岁高龄的代表、原清朝翰林潘龄皋在致闭幕词时激动地说：“我是封建时代的旧官僚。照我的出身，我应该说封建制度好。可是我现在要说新民主好，新民主比封建制度好过千万倍。……封闭北京的妓院，这是一件大善事。封闭妓院这件事，我过去在甘肃任内是做过的，可是做不到，办不好，现在经过我们代表会通过，北京市人民政府马上就办了，马上就办好了，这就是新民主的好处，这就是新民主比封建制度好过千万倍的好处，也是人民政府真正替老百姓办事，为老百姓服务的好处。”[③]

封闭妓院的消息公布后，广大群众拍手称快，特别是妇女，反应尤为强烈。北京大学的全体女同学，看到这些被侮辱、被损害的姊妹们得到解放后感慨地说：“这是我们女同学早就关切的事情，记得《共同纲领》上说要解放妇女，现在得到了事实证明，共产党是说到做到的。”妓女们感动地说：“过去我们死了都没人埋，现在政府救我们出苦海，共产党真是我们的大恩人！”一个妓女的母亲从太原来到北京看到女儿跳出了火坑，感动得哭了。她说：“要不是国民党在太原抓人要钱，谁愿意把亲生女儿押到窑子里（即妓院）来呢！？”[④]

11 月 22 日，《人民日报》发表了《解放妓女》的短评，指出：“妓院是束缚、压榨和蹂躏妇女的最落后、最野蛮的制度，依据共同纲领所规定的原则，是必须坚决加以废除的。过去，由于帝国主义、封建主义和官僚资本主义的统治和剥削，有许多妓女受着严重的生活驱迫或被恶棍流氓分子所拐骗与陷害而沦为娼妓，她们饱受妓院老板、领家和高利贷者的百般压迫，过着非人的生活。由于娼妓的存在，又使性病流行，毒害国民健康。”因此，北京封闭妓院，对妓女本身和全社会都有莫大的利益。短评指出：“妓院的老板、鸨儿、领家们过去的罪恶是应该被清算的。……所有妓院的老板、鸨儿、领家们依靠买

① 北京市档案馆编：《国民经济恢复时期的北京》，北京：北京出版社 1995 年版，第 667 页。

② 北京文史资料委员会编：《北京的黎明》，北京：北京出版社 1988 年版，第 588 页。

③ 《北京市重要文献选编》第 1 卷，北京：中国档案出版社 2001 年版，第 869—879 页。

④ 北京文史资料委员会编：《北京的黎明》，北京：北京出版社 1988 年版，第 588 页。

卖与剥削妓女积累起来的妓院财产，应予以没收，这些财产实际上完全是妓女出卖肉体和灵魂所换来的，应该作妓女解放的经费。”短评最后欢呼首都妓院绝迹，妓女得到解放，“是具有历史意义的一次社会改革工作。我们庆祝这一改革的完满成功”①。北京市还拍摄了记录这一行动的影片《姐姐妹妹站起来》，并在全国公映。毛泽东主席得知这一消息后，高兴地对聂荣臻说：“你们这个决议很好，是办了件大好事。”

## 三、把妓女改造成为新人

封闭妓院，把妓女集中起来，只是工作的第一步。而要通过教育改造，使她们脱胎换骨，真正成为新人，则还有大量艰苦细致的工作要做。被集中收容初期，因为妓女对政府的政策不了解，表现怀疑恐惧，情绪很不安定。为了安定她们的情绪，教养院工作人员“首先向她们解释了封闭妓院及对待妓女的政策，并尽量照顾她们的生活，帮助他们取回自己的全部财物，解决她们的困难。子女无人照管的则接来同住”②。由于干部对他们热心的关怀，逐渐打破了她们的疑惧心理。她们的情绪渐趋平稳。此后，人民政府在改造妓女方面做了以下几项工作。

第一，对妓女进行思想教育。采取的方法主要是：(1) 系统地揭露旧社会的黑暗。分析统治阶级如何运用他们的政权来欺压人民，揭露官僚政客及其爪牙如何为个人享乐挥霍造成许多罪恶，分析封建地主阶级对农民的剥削和迫害造成的许多恶果，揭露领家、老板的罪恶，说明娼妓制度产生的根源，分析旧社会中妇女的地位及妇女受压迫的根源。(2) 从多方面介绍新中国的情况，帮助她们认清新社会妇女的前途及努力方向。(3) 教育她们树立劳动观点。讲解劳动创造世界，现在打垮了反动派，劳动人民真正做了主人，劳动是新社会最光荣的事；指出妇女只有参加社会劳动才能解放自己。同时还给她们讲解婚姻法，教育她们树立正确的婚姻观。③

在此期间，生产教育院安排她们看与其身世接近的影片《日出》《一个下贱的女人》《侯五嫂》《中华儿女》等，对她们的教育很大。她们还学会了演话剧。如演出的《千年冰河开了冻》，观众达 2000 人，这使她们感到“今天是被

---

① 《人民日报》1949 年 11 月 22 日，第 1 版。

② 《北京市重要文献选编》第 2 卷，北京：中国档案出版社 2001 年版，第 380 页。

③ 张洁珣：《1949：北京向妓院开刀》，《纵横》1998 年第 10 期。

重视了,大大地鼓舞了她们摆脱黑暗,走向新生活的意志和勇气”①。发动学员诉苦是启发学员觉悟的一把钥匙。诉苦一般先由妓女述说自己的身世,找出受苦的典型,个别约谈,然后进到小组诉苦,逐渐大家诉起苦来,用她们自己的典型例子进行教育,使她们认识到帝国主义、封建主义和官僚资本主义是灾难制造者,是真正的敌人。为了使她们懂得受苦受难的根源,看清老板、领家恣意蹂躏、摧残她们,榨取她们血脂血膏的丑恶嘴脸和残酷手段,妇女生产教养院层层召开控诉会,让受害最深的学员对老板进行面对面的控诉。“特别是公审黄树卿、黄宛氏时,在他们控诉之后当场宣判死刑,使她们认识到政府是真正为了解救她们,大大提高了她们的觉悟和学习情绪。”②

第二,帮助妓女医治性病。妓女不仅心灵扭曲,身体也遭到摧残。在入院后的健康检查、性病检查中发现,患性病者 1259 名,占总人数的 96.6%;无病者仅 44 人,占 3.4%。北京市集中北大医院、性病防治所、先农坛妇婴保健所、第一医院、结核病防治院、北京市公共卫生局巡回医疗队等 6 个单位,57 位医务人员参加治疗。参加医疗队的医务人员,怀着对她们的深切同情,满腔热情为她们检查和治疗,付出了辛勤劳动和大量心血。人民共和国刚刚建立,国家百废待兴,财政非常困难。为了迅速医治她们的疾病,北京市政府拨出一亿多人民币(旧币,折合小米约 12 万斤),用于给她们治疗。对此,学员们感动地说:“以前,我们害病烂死都没人管,今天政府花这么多钱为我们治疗,我们要不进步,可太对不起毛主席和人民政府了。”有的还说:“现在明白了共产党没有坏心眼。”③经过几个月的治疗,“梅毒患者治好的占 40%弱,其余已不传染,淋病患者治好的占 95%,其余已不传染”④。身体的康复为她们走向新生活打下了基础。

第三,对妓女进行劳动改造。由于许多妓女长期过着不劳而获的寄生生活,初被集中到教养院时,她们都害怕劳动,尤其原来是一、二等的妓女还流露出劳动累死人,受不了的思想。很多妓女甚至连衣服都不会洗,生活不能自理。为使她们能自食其力,教养院的工作人员对她们进行劳动光荣教育,使她们明白妇女只有参加劳动才能解放自己的道理。同时,根据她们的健康状况、年龄大小等组织她们参加适当生产劳动,还聘请专门的师傅手把手教会她们一些基本的生产技能。通过劳动,妓女们也慢慢树立起劳动的观点,

---

① 《北京市重要文献选编》第 2 卷,北京:中国档案出版社 2001 年版,第 381 页。

② 同上书,第 380 页。

③ 马维刚编:《禁娼禁毒》,北京:警官教育出版社 1993 年版,第 90 页。

④ 《北京市重要文献选编》第 2 卷,北京:中国档案出版社 2001 年版,第 381 页。

增强了重新做人的信心。在教养院集体生活的锻炼下，许多妓女逐步改变了好逸恶劳的旧习气，还掌握了一技之长。这为她们以后踏上新的人生道路创造了条件。

第四，为妓女安排出路。妓女经学习和治疗后，政府即按既定方针，分别根据她们各自的情况，有家可归的送其回家，有对象的准予结婚，无家可归或无对象者，帮助她们安排出路。截止到 1950 年 7 月底，“结婚的 596 人，占 45.3%；回家的 379 人，占 28.7%；参加剧团和医务等工作的 62 人，占 4.7%；妓女兼领家 62 人，占 4.7%，已另行处理，罪恶较重的与其他老板领家一并送军法处审讯，较轻者教育释放；送安老所 8 人，占 0.6%；共处理了 1107 人，占总人数 84%”①；“还有 200 多人不能结婚或回家，政府为她们买了 80 多台机器，办起了新生棉织厂。1200 多名学员，基本上得到妥善安置。”②

1950 年 8 月 8 日，北京市人民政府第二届第三次各界人民代表会议提交的书面报告肯定了封闭妓院的行动，指出：“本市此次封闭妓院，彻底摧毁了野蛮残酷的娼妓制度，是正确的和成功的。这是消灭封建残余解放妇女的一项重要措施，对维护国民健康，防止性病传染，巩固社会治安都有很大的好处，有很大的历史意义。”③

新中国建立初期的废娼运动已近 64 年，它在新中国妇女解放史上写下了浓墨重彩的一页。在全面建成小康社会的征程上，让我们不要忘记这段历史，不要忘记它从一个重要时段和重要方面为中国特色社会主义妇女理论铺垫的实践基础。

---

① 《北京市重要文献选编》第 2 卷，北京：中国档案出版社 2001 年版，第 382 页。

② 米士奇、高长武：《解放初期北京市妇女生产教养院的工作——杨蕴玉访谈录》，《党的文献》2007 年第 1 期。

③ 《北京市重要文献选编》第 2 卷，北京：中国档案出版社 2001 年版，第 383 页。

# 简论新时期中国妇女权益保障实践的特点

王　芳*

**摘　要：**改革开放30多年来，中国妇女权益保障事业取得了巨大成就，其实践具有鲜明的特点：形成了比较完整的妇女权益保障法律法规体系；妇女权益保障与中国特色社会主义建设紧密结合；利用国际履约机制促进妇女权益保障；非政府妇女组织在妇女权益保障中发挥了重要作用；重视运用舆论手段，在全社会普及妇女权益观念。

**关键词：**新时期　中国妇女权益保障　实践特点

改革开放30多年来，在中国共产党领导和中国政府的积极推动下，中国妇女权益保障事业取得了巨大成就，其实践具有鲜明的特点。本文即对此进行探讨。

## 一、形成了比较完整的妇女权益保障法律法规体系

在中华人民共和国的历史上，中共十一届三中全会以来的30多年，是中国保障妇女权益的法律法规颁布最为集中、数量最多、成效也最为显著的时期。宪法是一个国家的根本大法，具有最高的法律效力，是制定各项法律的

* 王芳，女，北京大学马克思主义学院助理研究员

依据。《中华人民共和国宪法》明确规定:"妇女在政治的、经济的、文化的、社会的和家庭生活等各方面享有同男子平等的权利。""国家保护妇女的权利和利益,实行男女同工同酬,培养和选拔妇女干部。""婚姻、家庭、母亲和儿童受国家保护。""禁止破坏婚姻自由,禁止虐待老人、妇女和儿童。"①这些条款使妇女权益在中国获得广泛实现有了宪法依据。

《中华人民共和国宪法》的规定是根本性的,但是在更多意义上是一个宣示,它并不具备切实的可操作性,因此需要有相关法律对其宣示的理念予以执行。依据宪法确定的原则,中国政府先后制定和修订了《中华人民共和国妇女权益保障法》《中华人民共和国婚姻法》《中华人民共和国人口与计划生育法》《中华人民共和国农村土地承包法》《中华人民共和国女职工劳动保护规定》《中华人民共和国母婴保健法实施办法》《中华人民共和国婚前保健工作规范》《中华人民共和国劳动法》《中华人民共和国工会法》《中华人民共和国妇女权益保障法》等100余件涉及妇女权利保障的法律法规。

1992年4月3日,在第七届全国人大第五次会议上通过的《中华人民共和国妇女权益保障法》,是中国法律史上的一个创举,是中国第一部全面保障妇女权益的法律,也是一部全面保障妇女权益的基本法律。该法律的特点,就是从保障妇女权益的角度,全面而具体地规定了妇女在政治、经济、文化、家庭等各个领域的平等权利;制定了严厉惩治侵犯妇女权益行为的措施。在《妇女权益保障法》的54条规定中,有75%的条文详细列举了侵权行为的后果和法律责任,这为在执法过程中切实保障妇女权益提供了可供操作的法律依据。②

2005年8月28日,十届全国人大会常务委员会第十七次会议通过了《全国人民代表大会常务委员会关于修改〈中华人民共和国妇女权益保障法〉的决定》,其规定"实行男女平等是国家的基本国策,国家采取必要措施,逐步完善保障妇女权益的各项制度,消除对妇女一切形式的歧视",明确了执法主体和政府责任,规范了妇联职责,对妇女政治权利、文化教育权益、劳动和社会保障权益、财产权益、人身权利、婚姻家庭权益做了更有针对性的保护,进一步强化了法律责任。妇女权益保障法的修改,是我国妇女立法史上又一个新的里程碑。

---

① 《宪法和宪法修正案学习问答》编写组:《宪法和宪法修正案学习问答》,北京:中国民主法制出版社2004年版,第69页。

② 中国人权发展基金会编:《中国人权事业的进展》,北京:新世界出版社2003年版,第135页。

2012年4月28日,关系全国1.37亿女职工特殊权益的《中华人民共和国女职工劳动保护特别规定》(下称《特别规定》)公布实施。为了适应我国经济社会发展新形势的需要,进一步加强女职工劳动保护工作,《特别规定》在保持了1988年颁布的《女职工劳动保护规定》原基本框架和主要内容的基础上进行了适当的修改和完善:一是调整了女职工禁忌从事的劳动范围;二是规范了产假假期和产假待遇;三是调整了监督管理体制。《特别规定》正文16条,附录4条,涵盖了女职工"四期"保护、生育待遇、禁忌劳动范围、法律责任等相关内容。其中规定了用人单位应当遵守女职工禁忌从事的劳动范围,并在附录中详细规定了女职工在经期、孕期、哺乳期等禁忌从事的劳动范围。《特别规定》在保持了原基本框架和主要内容的基础上,进行了适当的修改和完善,体现了保护女职工法律法规的连续性。

近几年制定和修改的其他法律法规都进一步保障了妇女的各项权利。《中华人民共和国农村土地承包法》(2002年8月)规定:"承包中应当保护妇女的合法权益,任何组织和个人不得剥夺、侵害妇女应当享有的土地承包经营权"。该法在保护已婚妇女、离异妇女、丧偶妇女的土地承包权益方面做出明确规定。《中华人民共和国全国人民代表大会和地方各级人民代表大会选举法》(2010年修正)规定全国人民代表大会和地方各级人民代表大会中应有适当数量的妇女代表并逐步提高其比例。《中华人民共和国治安管理处罚法》(2005年8月)明确规定,违反治安管理行为人依法应当给予行政拘留处罚的,如果怀孕或者哺乳自己不满1周岁婴儿,不执行行政拘留处罚。《中华人民共和国义务教育法》(2006年修订)强调保护女童在接受教育等方面的合法权益。《中华人民共和国未成年人保护法》(2006年修订)提出不得歧视女性未成年人。《中华人民共和国禁毒法》(2007年12月通过)规定,怀孕或正在哺乳自己不满1周岁婴儿的妇女吸毒成瘾的,不适用强制隔离戒毒。《中华人民共和国就业促进法》(2007年8月通过)规定,国家保障妇女享有与男子平等的劳动权利。不得违反法律规定以性别为由拒绝录用妇女或者提高对妇女的录用标准。《中华人民共和国社会保险法》(2010年10月通过)赋予男职工未就业的配偶享有生育医疗费用待遇的权利。这些充分体现公平原则、保障妇女各项权益、禁止或消除对妇女歧视的法律条文更加具有针对性和可操作性。它们基本涵盖了公约定义的范围,因而在很大程度上能确保公约宗旨和目标在中国的实现。

此外,针对对妇女的暴力行为,中国的立法也取得了重大突破。中国的《刑法》《刑事诉讼法》《民法通则》《婚姻法》和《妇女权益保障法》等法律法规都明文禁止任何人以任何方式实施针对妇女的暴力侵害。立法和司法都强调,对妇女实施家庭暴力者应根据暴力侵害的程度,追究其相应的民事和刑事责任,并积极给予受害人以司法救助。新修订的《中国妇女权益保障法》还增加了反对性骚扰的条款,这也是中国法律史上的第一次。

目前,中国已经基本形成了以《宪法》为基础,以《妇女权益保障法》为主体,包括国家法律法规、地方性法规和政府各部门行政规章在内的一整套保障妇女权益的法律法规体系,使妇女权益保障有了法律上的依据。与此同时,国家司法机关不断加大执法力度,依法对各种侵犯妇女权益的犯罪行为予以制裁。

全国人大作为最高国家权力机关,设有内务司法委员会;全国政协作为参政议政机关,设有社会法制委员会,负责就妇女权利和地位等重大问题向政府提出意见和建议。为加强现行立法和政策的监督和评估,2010 年,全国人大常委会组织开展了《中华人民共和国妇女权益保障法》执法检查,就劳动与社会保障、土地及相关财产权益、妇女参政等内容进行了重点监督,推动了有关规定的落实。

## 二、妇女权益保障与中国特色社会主义建设紧密结合

保障和发展妇女权益是中国特色社会主义事业的一个基本目标。没有高度发达的妇女权益保障,没有妇女的积极参与,中国的社会主义建设事业就是不完整的。作为社会主义事业的重要组成部分,中国妇女权益保障同国家发展进程息息相关,受到中国共产党和中国政府的高度重视。

第一,妇女权益的保障和发展是政府管理社会事务的重要议程之一。中国共产党和中国政府始终把保障和发展妇女权益的工作列入政府工作的重要议程,并采取具体措施,大力推进。为了统筹协调,整合资源,集中力量做好妇女工作,中国政府分别于 1996 年、1999 年、2001 年、2005 年、2011 年先后召开了五次高级别、高规格的全国妇女儿童工作会议,专题研究部署妇女儿童工作。基本上形成了四五年左右召开一次高层专题会议的机制。各省(区、市)及国务院各部委负责同志聚集一起,交流经验,探讨如何解决发展和保障妇女权利的问题。全国 31 个省(区、市)还采取不同形式,层层召开妇女儿童工作会议。地方各级党和政府主要负责人亲自主持会议,定期听取妇女工作情况汇报,协调解决妇女工作中的困难、问题,并将管理妇女工作列入政府职能部门和政府主要负责人的目标管理和政绩考核体系。

第二,保障和发展妇女权益被纳入党和国家经济社会发展的总体规划之中。

2005 年 8 月 28 日,第十届全国人民代表大会常务委员会第十七次会议作出了修改《中华人民共和国妇女权益保障法》的决定,增加了"国务院制定中国妇女发展纲要,并将其纳入国民经济和社会发展规划",和"县级以上地方各级人民政府根据中国妇女发展纲要,制定本行政区域的妇女发展规划,并将其纳入国民经济和社会发展计划"①的内容,正式用立法形式把妇女发展纲要,即妇女权益保障的各方面内容同国民经济和社会发展计划紧密联系起来。

中国妇女发展纲要是实施北京《行动纲领》、全面推进性别平等和妇女发展的国家行动计划。在《中国妇女发展纲要(1995—2000 年)》目标基本实现的基础上,为适应国家经济与社会协调发展的需要和联合国《千年发展目标》的要求,中国政府又于 2001 年颁布了《中国妇女发展纲要(2001—2010 年)》。在此期间,中国政府将妇女发展纳入国民经济和社会发展总体规划,不断完善保障妇女权益的法律体系,强化政府管理的责任,加大经费投入,加强社会宣传动员,有力推动了"纲要"的实施。截至 2010 年,《中国妇女发展纲要(2001—2010 年)》确定的主要目标基本实现,我国在促进妇女发展和男女平等方面取得了重大进展。妇女享有社会保障的程度普遍提高,贫困妇女状况进一步改善;妇女参政水平不断提高,社会参与意识进一步增强;妇女受教育水平稳步提高,男女受教育差距进一步缩小;妇女健康水平明显提高,人均预期寿命进一步延长;保障妇女权益的立法、执法力度持续加大,妇女权益进一步得到保障;男女平等基本国策进一步深入人心,妇女发展的社会环境进一步改善。这十年是我国妇女发展的历史最好时期之一。②

从"十二五"时期一直到 2020 年,是我国全面建设小康社会的关键时期。经济社会快速发展,既为妇女发展提供了难得的机遇,也提出了新的挑战。促进妇女全面发展,实现男女平等,保障妇女权益任重道远。2011 年 7 月,依照《中华人民共和国宪法》的基本原则,根据《中华人民共和国妇女权益保障法》和有关法律规定,遵循联合国《消除对妇女一切形式歧视公约》、第四次世界妇女大会通过的《北京宣言》和《行动纲领》等国际公约和文件的宗旨,

---

① 国务院法制局编:《中华人民共和国新法规汇编》(2005 年第 9 辑),北京:中国法制出版社 2005 年版,第 35 页。

② 《中国妇女发展纲要(2011—2020 年)》,http://news.xinhuanet.com/2011-08/08/c_121829044.htm。

中国政府按照我国经济社会发展的总体目标和要求，结合我国妇女发展和男女平等的实际情况，制定了《中国妇女发展纲要(2011—2020)》。国务院有关部门和地方各级政府，制定了本部门的纲要实施方案和本地区的妇女发展规划。《中国妇女发展纲要(2011—2020)》将男女平等基本国策作为促进妇女发展、推进两性平等的主线贯穿始终。该纲要在指导思想中明确提出要实行男女平等基本国策，推动妇女平等依法行使民主权利，平等参与经济社会发展，平等享有改革发展成果。在目标设定与策略措施中都体现了性别平等，保障妇女各项权利得到实现。①

2005 年 8 月 15 日至 16 日召开的第四次全国妇女儿童工作会议，尤其强调要把妇女儿童发展纳入国民经济和社会发展第十一个五年规划。2006 年中国人大审议通过的《中华人民共和国国民经济和社会发展第十一个五年规划纲要(2006—2010 年)》，专门单列了“保障妇女儿童权益”一节，提出：“落实男女平等基本国策，实施妇女发展纲要，保障妇女平等获得就学、就业、社会保障、婚姻财产和参与社会事务的权利”。国务院妇女儿童工作委员会组成 15 个督导组，对中国妇女发展纲要实施情况进行评估督导。

2011 年 11 月 27 日，温家宝在第五次全国妇女儿童工作会议上强调，“各级政府要把妇女儿童工作摆上重要日程，加强领导，狠抓落实，把妇女儿童工作做得更好”，“要把妇女儿童事业发展纳入经济社会发展总体规划和公共政策体系，作为衡量政府工作的重要指标”。

《中国妇女发展纲要(2011—2020)》确定的各项目标已被全面纳入国家各项发展政策和计划之中。《中华人民共和国国民经济和社会发展第十二个五年规划纲要(2011—2015)》第三十六章设专门一节，强调促进妇女全面发展，提出“落实男女平等基本国策，实施妇女发展纲要，全面开发妇女人力资源，切实保障妇女合法权益，促进妇女就业创业，提高妇女参与经济发展和社会管理能力。加强妇女劳动保护、社会福利、卫生保健、扶贫减贫及法律援助等工作，完善性别统计制度，改善妇女发展环境。严厉打击暴力侵害妇女、拐卖妇女等违法犯罪行为”。

将保障和发展妇女权益纳入党和国家经济社会发展的总体规划之中，有助于促进妇女发展、推动男女平等，对国家经济社会发展和中华民族文明进步具有重要意义。

---

① 《宋秀岩：开创中国妇女儿童更加辉煌灿烂的明天》(就《两纲》相关问题答记者问)，http://www.gov.cn/jrzg/2011-08/09/content_1922630.htm。

第三,为保障妇女权益建立专门机构。

中国的各级行政、司法机构都有依法保护妇女权益的责任。此外,中国政府还设立了专门保护妇女权益的机构。1988 年 4 月,中国人民政治协商会议成立了妇女青年委员会。1989 年 4 月,全国人民代表大会内务司法委员会妇女儿童专门小组成立,由热心妇女儿童工作的全国人大代表,内务司法委员会委员以及有权威、有影响的专家学者组成。1990 年 2 月 22 日,国务院妇女儿童工作协调委员会在北京成立。1993 年 8 月 4 日,国务院妇女儿童工作协调委员会更名为国务院妇女儿童工作委员会,简称国务院妇儿工委。本届国务院妇儿工委主任由国务委员刘延东担任,成员单位由国家 37 个部委和社会团体组成,委员由各成员单位的一名副部长级领导担任,同时各有一名局(处)级联络员负责日常工作。该委员会是各级政府负责协调和推动政府有关部门执行妇女权益保障法的工作机构,其主要职能之一就是协助国务院制定和颁布妇女发展纲要,协调各地各部门的妇女权益保障和发展工作,推动实施有关妇女权益的法律。妇女儿童工作委员会承担组织、协调、指导、督促有关部门做好妇女权益保障工作的操作性比较强,通过组织、协调、指导、督促,可以解决由一个部门、一个群众团体难以完成的工作和实际问题。目前,全国所有省(自治区、直辖市)、地(市、州、盟)和县(市、区、旗)人民政府均成立了妇女儿童工作机构,形成了从中央到地方的各级保护妇女权益的机构网络,为推动《妇女权益保障法》的实施提供了必要的组织保障。

2008 年,国务院成立了由政府部委和社会团体计 31 家单位组成的反对拐卖妇女儿童行动工作部际联席会议,增强了反对拐卖妇女儿童的工作力度。目前,中国绝大多数省、自治区、直辖市设立了维护妇女儿童权益协调机制,并开始向县一级延伸。这些协调机制定期召开会议,重点问题共同研究,及时通报信息,难点问题合力解决。

中国政府在保障妇女权益、推动妇女发展领域建立了国家级协调机构,如:全国妇女“双学双比”“巾帼建功”活动领导小组、维护妇女儿童权益暨平安家庭创建协调组、“五好文明家庭”创建活动协调小组、小公民道德建设暨全国“双合格”家庭教育宣传实践活动领导小组等。

## 三、利用国际履约机制促进妇女权益保障

中国政府积极参与国际妇女权益领域的活动,签署了一系列有关妇女的国际人权公约和文件,承担起促进妇女权益的责任和义务。

1979年,第34届联合国大会通过了《消除对妇女一切形式歧视公约》(以下简称消歧公约),界定了“对妇女的歧视”是指:基于性别而作的任何区别、排斥或限制,其影响或其目的均足以妨碍或否认妇女不论已婚未婚在男女平等的基础上认识、享有或行使在政治、经济、社会、文化、公民或任何其他方面的人权和基本自由。这个公约是最重要的国际妇女权益文件,联合国经社理事会设有专门委员会负责监督和执行。1980年9月29日,中国签署了《消除对妇女一切形式歧视公约》,成为最早签署和批准该公约的国家之一。按照消歧公约的规定,缔约各国应谴责对妇女一切形式的歧视,并有责任采取“一切适当”措施消除对妇女的歧视。我国作为消歧公约的缔约国,在《中国妇女权益保障法》中明确规定,国家采取措施消除对妇女一切形式的歧视,是履行国际法义务的体现。

在1985年7月13日至7月26日召开的联合国第三次世界妇女大会上,中国参与审议并制定了《到2000年提高妇女地位内罗毕前瞻性战略》(简称《内罗毕战略》),建立了国家级的妇女儿童权利保护机构,并结合本国的具体情况,制定了一系列法律、法规,采取了切实可行的措施,来实现《内罗毕战略》所规定的目标。

1990年9月7日,中国正式批准了国际劳工组织的《男女工人同工同酬公约》。1995年9月,中国成功地举办了联合国第四次世界妇女大会。在这次会上,“妇女的权利就是人权”和“让性别意识进入决策主流”等重要命题被写入了《北京宣言》和《行动纲领》。妇女权益成为《行动纲领》关注的12个重大关注领域及战略目标之一。中国政府通过了这两个重要文件,并采取了一系列措施和后继行动,加大了保护妇女权益的力度。2005年8月28日,中国政府还批准通过了国际劳工组织通过的《消除就业和职业歧视公约》。2009年12月批准了《联合国打击跨国有组织犯罪公约关于预防、禁止和惩治贩运人口特别是妇女和儿童行为的补充议定书》。

中国政府始终认真履行所签署的各类国际妇女权益法公约国际人权文件,于2000年5月向联合国提交了《中华人民共和国1995年第四次世界妇女大会〈北京宣言〉〈行动纲领〉执行成果报告》,2005年3月提交了《中华人民共和国执行〈北京行动纲领〉(1995年)和第二十三届联大特别会议成果文件(2000年)情况报告》。2006年8月,中国参加了联合国“消歧”委员会审议会议,并于2011年提交了执行《消除对妇女一切形式歧视公约》第七、八次合并报告,中国落实“消歧公约”的情况受到国际社会的充分肯定。实践证明:中国政府积极参与国际妇女权益领域的活动,不仅促进了中国妇女权益保障事业的发展,而且也在世界妇女权益运动中发挥了积极作用。

## 四、非政府妇女组织在妇女权益保障中发挥了重要作用

中国妇女权益领域一个新的发展趋势,是各类非政府妇女组织的产生和发展。实践表明,各类非政府妇女组织在通过妇女运动推动中国的性别平等和妇女权益的实现方面,曾发挥了并正在继续发挥着巨大作用。据统计,到2004年,中国有1万多个非政府妇女组织。它们影响决策和参与立法的作用不断加强,通过多种形式维护妇女权利。①

中华全国妇女联合会(以下简称全国妇联)是中国最大的维护妇女权利和促进妇女发展的非政府组织,它在团结、动员广大妇女参与经济建设和社会发展,代表妇女参与国家和社会事务的民主管理、民主监督,保障妇女权益等方面发挥了重要作用。妇联长期开展的"双学双比"和"巾帼建功"活动,2012年,妇联依托2200多个县级以上巾帼家政服务机构,全年安置78万妇女就业。扶持创建各级巾帼现代农业科技示范基地1.1万多个,全年培训巾帼科技致富带头人11.8万人,辐射带动800多万农村妇女就地创业就业。②为帮助贫困地区失学、辍学女童重返家园,全国妇女从1989年起开始实施"春蕾计划",到2005年,共募集资金6亿元,资助150余万失学女童重返校园。③ 此外,2005年8月18日,全国妇联在全国31个省、自治区、直辖市妇联组织全面开通了妇女维权和反家庭暴力热线④,帮助遭受家庭暴力的妇女摆脱困境和减轻精神压力。2012年,全国妇联全年受理妇女来电近2100个,办结率100%;办理妇女来信来访近1.3万件次,交办督办重要信访事项80余件次,各地妇联受理办结妇女法律援助案件7000多个,既维护了妇女儿童合法权益,也促进了社会和谐稳定。

中国政府还特别注重与中华全国总工会女职工委员会、中国女企业家协会、中国女法官协会、中国女科技工作者协会、中国残疾人联合会、中国老龄协会等非政府组织加强密切合作,听取他们对妇女发展、维权等问题的意见

---

① 张晓玲:《展示我国妇女和儿童权利保障成就的窗口》,《人民日报》2006年11月24日。

② 宋秀岩:《深入学习贯彻党的十八大精神 推进妇联工作科学发展——在全国妇联十届五次执委会议上的工作报告》,http://www.women.org.cn/allnews/1415/29.html。

③ 王金玲主编:《中国妇女发展报告 No.1('95+10)》,北京:社会科学文献出版社2006年版,第85—88页。

④ 潘岳:《全国妇联妇女维权公益热线开通》,《人民日报》2005年8月19日。

和建议。中国的非政府妇女组织还派代表参加了与三次世界妇女大会同时举行的非政府组织论坛的活动,先后十七次参加联合国系统举办的旨在实现妇女十年目标的培训班和研讨会,同与会各国交流了经验,增进了友谊。

## 五、重视运用舆论手段,在全社会普及妇女权益观念

第四次世界妇女大会通过的《行动纲领》将“妇女与传媒”列为12个关切领域之一,并指出,媒体应该为提高妇女地位做出更大贡献。实际上,中国的妇女权益保障十分重视运用舆论宣传的手段,在全社会普及妇女权益观念,倡导男女平等,保护妇女的人权,营造全社会尊重妇女权益、保障妇女权益、发展妇女权益的大氛围:首先,借助国家主流媒体,全方位地宣传马克思主义妇女观,宣传男女平等基本国策,宣传妇女权益观念。尤其是面向党和政府的领导进行宣传,提高决策层的重视程度。其次,面向广大妇女进行宣传,提高妇女们自身的权利意识;再次,面向社会进行宣传,提高公民尊重、保障妇女权益的观念;最后,面向国际社会进行宣传,促进国际社会了解中国的妇女权益保障情况,加强与国际社会在人权领域的交流,提高国际地位,扩大国际影响。以新华社、中央电视台、中央人民广播电台等为代表的主流传媒十分关注妇女权益方面的议题,如:妇女参政、妇女平等就业权、农村妇女土地权利、家庭暴力、性骚扰等都是被广泛讨论的议题。以中央电视台《半边天》栏目、全国妇联《中国妇女报》为代表的一些为妇女的媒体,在宣传性别平等、维护妇女权益、开展妇女权益教育等方面也都发挥了重要作用。

当然,中国虽已初步形成了运用法律、经济、社会及其他方法保障妇女权益不受侵犯或得以实现的保障制度,在维护和促进妇女权益方面取得了巨大的成就,但由于受生产力发展水平的限制、经济转型和全球化对妇女权益的负面影响、旧的传统观念和习俗的驱使,以及人们法制观念和妇女权益意识的淡薄等多种因素的影响,目前中国社会中仍然存在着男女性别不平等、歧视妇女、侵害妇女权利的现象,中国的妇女权益保障事业仍然任重而道远。

从以上中国妇女权益保障实践的五个特点可以看出:中国政府综合运用法律、行政和舆论等手段,同时与非政府组织密切配合,为中国妇女提供了广泛的人权保障,这是中国妇女解放和发展所必需的重要条件,它也从一个方面印证了中国特色社会主义妇女理论形成和发展的实践基础。

# 东盟各国妇女政治经济参与探析

乌尼日*

**摘　要**:中国特色社会主义妇女理论需要借鉴国外妇女理论,这是本学科发展的需要,它有助于拓宽研究领域和扩大研究视野。本论文聚焦东盟妇女这一群体,着重阐述东盟妇女在国家政治和经济参与中的地位及作用,简要比较东盟各国妇女与我国妇女在政治方面的异同,以对丰富和发展中国特色社会主义妇女理论有所助益。

**关键词**:东盟妇女　政治　经济　参与

东盟是东南亚国家联盟的简称(英文名称为 Association of South east Asian Nations,缩写为 ASEAN),包括:越南社会主义共和国、老挝人民民主共和国、文莱达鲁萨兰国、柬埔寨王国、新加坡共和国、泰王国、马来西亚、菲律宾共和国、印度尼西亚共和国、缅甸联邦。也就是通常所说的东盟十国。本文阐述的是东盟各国妇女的政治经济参与情况。

## 一、东盟各国妇女政治参与

### (一) 妇女政治参与概述

1. 越南妇女的政治参与

越南国家元首为国家主席,国家主席由国会投票选举产生,任期与国会

* 乌尼日,女,广西大学行健文理学院思想政治理论课教学部教授

每届任期相同,均为5年。越南共产党是越南唯一的政党,是“国家和社会的领导力量”,越南社会主义共和国实行一党制。此外,越南还有一些在共产党领导下的社会团体和群众组织,在国家政治生活中发挥着积极作用。越南已成为东南亚——太平洋区域性别发展指数最高的国家之一,为保证妇女的选举权和竞选权,2001年制定的《国会代表选举法》和2004年制定的《越南社会主义共和国人民议会代表选举法》,建立了女性代表名额制度以及为各级公共机构订立了妇女代表比例目标。此外,在《至2010年的提高越南妇女地位国家战略》中也确立了如下目标:女性国会代表在第十一届(2002—2007年)任职人员中占到30%,并在下一届中占到33%或是更多;2004—2009年任期的女性人民委员会委员在省级占到28%,在县级占到23%,在社区级占到18%;到下届时,则应分别占到30%、25%和20%。[①] 为提高第十一届女议员比例,越南各级政府采取了各项具体的措施,其中:《至2010年的提高越南妇女地位国家战略》规定女性候选人的比例,为她们开办培训课程,鼓励妇女参加领导层和国会,同时组织各种涉及女性候选人问题的会议。提高越南妇女地位全国委员会为第十一届国会的216名女性候选人组织了六种培训课程,旨在向她们讲授各种知识,教授必要的技能,并增加其赢得选举的信心,力争在2007年选举中使第十一届国会中的妇女比例达到30%。通过采取以上措施,在第十一届国会换届选举中,女议员的比例达到了27.31%,该比例高于第九届(18.5%)和第十届(26.22%),且女议员在议会中所占的比例在亚洲位居首位。同时第十一届国会选举的女性出席者占到了99.76%(第十届国会为99.09%)。在第九、第十、第十一届国会中,有学士学位或更高学位的女议员所占比例分别为58.9%、87.28%和90.44%。与前几届相比,女议员在数量和质量上都有所增长,显示了越南妇女参与国家政治生活的能力和作用,这是越南特色的妇女参政,在东盟国家中独树一帜。

2. 老挝妇女的政治参与

老挝实行社会主义制度,老挝人民革命党是老挝唯一政党。1991年老挝党“五大”确定“有原则的全面革新路线”提出坚持党的领导和社会主义方向等六项基本原则,对外实行开放政策。老挝妇女联盟成立于1955年,其前身是老挝爱国妇女联合会,1984年更名为老挝妇女联盟,是一个全国性的群众组织,其组织结构从中央遍布基层各级(中央、省、县和村),约有80万成员。“老挝人民民主共和国于1981年加入《消歧公约》。2003年修正的《宪法》规

① 中国妇女研究网:http://www.wsic.ac.cn/internalwomenmovementliterature/71283.htm)

定，社会和家庭应集中致力于提高妇女地位，保护妇女和儿童的权益。为了进一步落实《宪法》规定，国会于 2004 年末通过了《妇女发展与保护法》，进一步加强了妇女的权利和国家、社会及家庭对妇女的责任。法令的目的在于改善妇女的经济、社会和政治状况，打击贩卖妇女和儿童的活动，与对妇女和儿童的家庭暴力行为作斗争。政府负责监测《妇女发展与保护法》的执行并采取后续行动。"[①]根据老挝妇女联盟的建议，最近一届国民议会选举的女候选人数目有所增加，国民议会女议员的人数也有所增加，已由 1992—1997 年第三届议会的 9.4%，提高到 1997—2002 年第四届议会的 21.1% 和 2002—2007 年第五届议会的 22.9%。在十多年的时间里女议员的比例就有大幅度的提升，说明老挝在坚持社会主义方向的同时把妇女的发展作为全面革新的重要内容。

3. 文莱妇女的政治参与

文莱是一个"主权、民主和独立的马来穆斯林君主国"，宪法规定，苏丹为国家元首，拥有全部最高行政权力和颁布法律的权力，同时也是宗教领袖。398000 人口的文莱虽说是一个小国，人均收入却很高，达到了 2864 文莱元，相当于 2864 新加坡元。文莱在促进妇女发展方面，积累了不少经验，在继续推动经济发展的同时注重妇女的进步与发展。文莱充分认识到，妇女在社会经济发展以及文化发展方面都发挥了重要作用。文莱王国把性别平等以及妇权的基本人权，作为追求的重要目标，也作为妇女进步的重要条件。该国制订了 2035 的国家展望计划，这个计划是旨在将国家的国民转化为受过良好教育，各项技能高技术的人民，这个计划也实现可持续发展。文莱妇女的进步与政府在推动人民生活水平的改善方面的努力是分不开的。妇女能力的不断提高，这主要是因为妇女的教育水平在不断提高，国家向所有国民提供普及教育，因此降低了妇女的文盲率。[②] 提高妇女的文化素质是政治参与的基础性条件。

4. 柬埔寨、新加坡、泰国、马来西亚妇女的政治参与

柬埔寨、新加坡、泰国、马来西亚为议会内阁制国家，这四个国家有选举产生的议会，由议会产生内阁（政府），内阁对议会负责。立法权归议会，行政权归内阁。国家元首在新加坡为总统，马来西亚为苏丹，泰国和柬埔寨为国

① 《部分东南亚消除公约缔约国执行公约的情况》，2008-07-24 10:32，吉林省妇女儿童网（women.ji.gov.cn）。

② 艾哈迈德朱玛特：《为妇女发展创造和谐环境》，2008 年 10 月 21 日 12:36，新浪财经（http://www.sina.com.cn）。

王。柬埔寨在妇女参政以及妇女受教育权方面，设立了以乡为单位的妇女儿童委员会，要求必须有妇女加入。如果乡务委员会没有妇女成员，内政部和妇女事务与退伍军人事务部有权挑选一名妇女加入委员会。政府明确规定，村长、副村长和村长助理这三位村干部中，必须有一位是妇女。而在村发展委员会中，必须有40%的成员是妇女。[①] 这一规定是保障妇女政治参与的制度上的保证。

新加坡"有80多个妇女组织，对全国45岁以上的妇女重点开展身心健康、亲子教育的培训"。"目前有女议员17人(全国共80个)，女市长是一人(全国5个市)。妇女参政20%以上。妇女组织正在全国做'妇女人才登记册'，积极向政府推荐人才，努力使更多的妇女参政。"[②]让妇女参政成为新加坡妇女组织的理念。

英拉·西那瓦2011年8月5日顺利当选为泰国第28任总理，也是泰国历史上首任女总理。英拉早年就读于泰国清迈大学政治学专业，随后在美国肯塔基州立大学获得政治学硕士学位。但科班出身的英拉毕业后没按部就班从政，而是进入了商界。2002年，英拉成为西那瓦家族旗下的AIS电信公司总裁。2006年，AIS将其49.6%的股权出售给新加坡国有企业淡马锡集团，创下泰国有史以来涉及外资的最大企业并购案，随之引发广泛争议。英拉随后辞去AIS电信公司总裁一职，并加入家族另一大企业SC地产公司任执行总裁。面对种种非议，她曾回应说："很多人认定我并非凭借自身能力获得今天的地位，这种质疑恰恰激励我加倍努力，拿出让所有人信服的成绩单。"这是一位女政治家的誓言，代表了21世纪女政治家们的政治追求和政治抱负，表明不依赖家族和丈夫，而靠自己的参政能力。

在马来西亚28人的内阁中，黄燕燕和莎丽扎是仅有的两位女性部长。黄燕燕曾任马来西亚财政部副部长，是现任的旅游部部长。她还担任了马来西亚华人公会副总会长、妇女组主席的职务。从政35年来，黄燕燕已经创造了马来西亚政坛上多个第一：她是第一位大马女性副财长、马华创党以来第一位女性副总会长、第一位入主旅游部的华裔女性部长。她的经历不仅仅是传奇，而更像是一部华裔奋斗史。在黄燕燕看来，21世纪的女性除了要继续扮演贤妻良母的传统角色外，也要加强自己的素质，以成为知性女性。她说："上世纪50年代至70年代女性所扮演的角色，是一个在家相夫教子的贤妻

① 中国妇女研究网：(http://www.wsic.ac.cn/internalwomenmovementliterature/71283.htm)。
② 夏天的BLOG，(/http://blog.sina.com.cn/u/1266591227。

良母,但今天一位丈夫所要的妻子不只会煮饭和照顾家人孩子,还要随时内外兼顾,除了柴米油盐酱醋茶外,也要懂得和丈夫谈政经文教的课题,成为丈夫的好伙伴。"[①]在巫统党选中,莎丽扎成功当选为妇女组主席,她惊喜,本身过去只是代表6万名班底谷的选民出任部长,然而如今却是代表了超过130万名妇女组的党员。莎丽扎在致词时说:"就连我自己也不相信这是真的,我竟然还有机会可重返这里。"莎丽扎表示,在黄燕燕的领导下,"所有计划都做得很好,我只是要把它们再增值。我也要确保传递系统效率更佳"。她还说,过去13个月,她以平民的角度看事情,这个经验将让她更加胜任这份工作。

5. 菲律宾、印度尼西亚妇女的政治参与

菲律宾、印度尼西亚为议会总统制国家,这两个国家的共同特点是总统既是国家元首,又是政府首脑,集中掌握国家权力。

先看菲律宾妇女的政治参与。菲律宾至今已产生过两位女总统,阿基诺夫人和阿罗约。科拉松·阿基诺(1933—2009)祖籍中国福建省龙海县鸿渐村,1933年1月25日科拉松·阿基诺生于马尼拉市,全名玛莉亚·科拉松·"柯莉"·柯峻科·阿基诺(Maria Corazon "Cory" Cojuangco Aquino,1933年1月25日—2009年8月1日),是亚洲亦是菲律宾第11任总统,首位女总统,于1986年至1992年在位。1954年与菲律宾自由党总书记、参议员贝尼尼奥·阿基诺结为伉俪。1983年在贝尼尼奥·阿基诺遭枪杀后,阿基诺夫人积极投身并领导了反对马科斯政权的政治运动,并以反对党领导人身份赢得1986年总统大选。1988年4月,阿基诺夫人曾以总统身份访问中国。

格洛丽亚·马卡帕加尔·阿罗约(Gloria Macapagal Arroyo)是菲律宾继阿基诺夫人之后的第二位女总统。1947年4月5日生于菲律宾邦阿西楠省,是菲律宾前总统迪奥斯达多·马卡帕加尔的女儿。1986年2月,马科斯下台后,阿罗约进入新总统阿基诺夫人的内阁,历任贸工部部长助理、副部长。阿罗约1992年和1995年两度当选参议员。1998年5月当选副总统,兼任社会福利与发展部长,2001年1月就任菲律宾第14任总统。在2004年5月举行的大选中获胜连任总统,6月30日宣誓就职。2009年11月30日,阿罗约宣布将在2010年大选中参加国会众议院选举,希望在2010年6月30日总统任期届满后能担任众议员,继续她的政治生涯。阿罗约曾于2000年以副总统身份访华,2001年10月以总统身份出席在上海举行的亚太经合组织领导人非正式会议并对中国进行国事访问。2004年9月对中国进行国事访问。

---

① 中国新闻网:《"参政热"升温 华裔女性"点亮"国际政坛》,2011年7月11日16:19。

2007年6月来华对成都和重庆进行考察访问。2008年8月来北京参加第29届奥运会开幕式及相关活动。2008年10月来北京出席第七届亚欧首脑会议。

为增加妇女在决策中的参与率和代表份额,菲律宾通过了许多立法和执法政策。公务员制度委员会发布了《关于第三级(或行政级)职位男女平等任职的备忘录通知》。1999年,在官僚机构第三级职位上,妇女占34.8%。国会收到了要求提供暂行特别措施的议案。这些议案包括:支持已经提出的"妇女赋权法"的议案,此项法令要求在政府所有决策职位中妇女至少任职30%;第5708号议案,"参政和代表中的两性平等法令",其目标是逐渐把妇女在选举职位和任命职位中的任职比例增加到至少33%,到2012年妇女在行政一级达到50%。后一项议案还试图要求各政党在全国和地方选举中至少为妇女保留正式候选人名单中三分之一的席位,以得到选举委员会的认可。国家扶贫委员会部门理事会的14名成员中有2位非政府组织的妇女代表。截至2003年9月,最高法院的15位法官中有4名妇女,占27%;上诉法院的47位法官中有12名妇女,占25%;在负责处理涉及政府官员贪污和腐败案件的桑迪甘巴彦反贪法院的11位法官中有3名妇女,占27%。[①] 按照妇女权力指数排列,菲律宾在70个国家中排名第35位,高于日本、马来西亚和泰国等亚洲国家。同时,按照按性别开列的发展指数,菲律宾在144个国家中排名第66位。[②] 这样的排位也是来之不易的。

再看印度尼西亚妇女政治参与。梅加瓦蒂·苏加诺,印度尼西亚历史上第一位女总统,印尼独立运动领导人,世界百名权威女性之一。1947年1月23日出生在雅加达富丽堂皇的总统府,她是印尼开国总统苏加诺的长女。受家庭的政治影响,她在青年时代就对政治非常感兴趣。曾就读于万隆帕查查兰大学农业系和印尼大学心理学系。但是1967年,苏哈托取代了苏加诺,担任了印尼第二任总统,此后的20年间,梅加瓦蒂被剥夺了从政权利。1987年,复出的梅加瓦蒂帮助印尼民主党赢得了大选,声望大增。1993年12月6日起,她担任印尼民主党总主席。1996年6月,在印尼政府和军队的干预下,她被解除了民主党总主席职务。1998年10月,印尼民主斗争党成立,梅加瓦蒂任主席,随后被该党提名为1999年总统大选候选人。在1999年6月举行的议会大选中,她领导的民主斗争党赢得了大选,成为议会第一大党。在10

① 中国妇女研究网(http://www.wsic.ac.cn/internalwomenmovementliterature/71283.htm)。
② 全国妇联妇女研究所编:《研究信息简报》2007年第8期。

月20日的总统选举中，她输给了瓦希德，但在副总统选举中获胜，成为印尼第八任副总统。2001年7月23日，人协提前召开特别会议，罢免总统瓦希德，选举梅加瓦蒂为印尼第五任总统，任期至2004年10月。她打破了苏加诺家族成员不参加任何政治团体的禁忌。[①] 也打破了印尼历史上没有女总统的历史。

6. 缅甸妇女的政治参与

缅甸是军人统治的国家。“缅甸妇女的政治地位是极有限的，有幸进入国家领导层的妇女实为凤毛麟角。大部分妇女从事低档次工作，从事高层次工作的妇女极少。如在高层担任经理、政府官员、法官的女性只占0.33%。”[②]在东盟十国中缅甸妇女的政治地位处于相对弱化的状况。

**（二）中国—东盟妇女政治参与比较**

应该把中国—东盟妇女的政治参与放到世界妇女参政的范围中加以考察，以便有个参照系。根据各国议会联盟所进行的调查数据显示，1995年世界妇女大会在北京召开时，妇女国会议员的比例为11.3%。2010年初，这一比例上升为18.8%，相当于在过去15年当中每年平均上升0.5%。目前，33个国家的44个议会女性议员比例达到30%，比1995年增加了6倍，当时只有7个国家的7个议会达到这一水平。调查显示，那些国会中没有任何女性存在的国家的数目在过去15年当中没有显著下降，由原来的13个下降到目前的10个。约翰松说：“在妇女参政方面，一些地区比另外的一些地区要做得好一些。排在首位的是美洲，其次是欧洲。非洲现在超过亚洲，位居第三。阿拉伯地区虽然在过去15年当中也取得了进步，但他们是目前落在最后的地区。”在女性掌握领导权方面，1995年有24个国会由女性“当家”，2010年初，这一数字增长到35个；5年前，世界上有8位女性担任国家元首，目前在经选举产生的151位国家元首中有9位是女性；平均来说，各国部长中有16%是女性，其中佛得角、芬兰、挪威和西班牙的女性部长人数超过50%。与此截然相反的是，目前有16个国家的部长全部是清一色的男性，这些国家大多都位于阿拉伯地区、加勒比和太平洋群岛。

1. 担任国家级领导人的比较

中国—东盟11国中，女性担任国家级领导人排在首位的国家是菲律宾，产生了两位女总统，科拉松·阿基诺和格洛丽亚·马卡帕加尔·阿罗约；排

---

① 杨教：《印尼第一位女总统诞生》，人民网2001年7月25日。

② 王全珍：《缅甸妇女略论》，《东南亚纵横》1997年第1期。

在第二位的国家是印度尼西亚,产生过一位女总统——梅加瓦蒂;排在第三位的国家是中国,产生过一位国家副主席——宋庆龄;四位女副总理——吴桂贤、陈慕华、吴仪、刘延东;排在第四位的国家是泰国,产生了一位女总理——英拉·西那瓦。应该指出的是,菲律宾总统阿基诺夫人是靠丈夫的政治影响上台的,阿罗约也是菲律宾前总统迪奥斯达多·马卡帕加尔的女儿,印度尼西亚前总统——梅加瓦蒂是印度尼西亚开国总统苏加诺的长女,泰国总理英拉·西那瓦为他信的妹妹。当今我国虽然还没有出现过女书记、女主席和女总理,却没有像菲律宾、印度尼西亚、泰国有明显的家族倾向,会以自己的能力和实力参与到民主政治建设中。

2. 各国女议员的比例比较

中国—东盟国家中女议员排在第一位的是越南,越南在第十一届国会换届选举中,女议员的比例达到了 27.31%,该比例高于第九届(18.5%)和第十届(26.22%),且女议员在议会中所占的比例在亚洲位居首位。同时第十一届国会选举的女性出席者占到了 99.76%(第十届国会为 99.09%)。在第九、十、十一届国会中,有学士学位或更高学位的女议员所占比例分别为 58.9%、87.28%和 90.44%。与前几届相比,女议员在数量和质量上都有所增长,显示出了妇女参与国家政治生活的能力和作用。中国第十一届全国人大代表和全国政协委员中女代表和女委员分别占 21.33%和 17.7%,比第十届提高了 1.09 和 1 个百分点。女性居委会委员和村委会委员分别占委员总数的 48.2% 和 23.2%。老挝根据妇女联盟的建议,最近一届国民议会选举的女候选人数目有所增加,国民议会女议员的人数也有所增加,已由 1992—1997 年第三届议会的 9.4%,提高到 1997—2002 年第四届议会的 21.1%和 2002—2007 年第五届议会的 22.9%。中国—东盟 11 国中,中国、越南、老挝是社会主义国家,制度相同模式各一,但对妇女政治地位的提升却给予了高度的关注。

3. 担任省级及以下领导的比较

中国在省级及以下的女性干部参政比例中居于各国首位。目前,我国有女干部 1500 多万人,有 230 多位省部级女性领导,有 670 多位女市长。截至 2007 年底,各级党委、人大、政府、政协、法院、检察院、民主党派、人民团体县(处)级和地厅级干部中女干部分别占同级干部总数的 17.7%和 13.7%,比 2003 年增长了 1.0 和 1.5 个百分点;省(部)级以上女干部占同级干部总数的 10.1%,比 2003 年增长 1.1 个百分点。截至 2006 年,全国地级党委、政府领导班子中女干部的配备率分别为 91.5%和 85%,县级党委、政府领导班子中女干部的配备率分别为 92%和 84.7%,中国一批女性居委会主任和村委会主任脱颖而出，有力推进了基层民主政治建设。① 村委会和居委会成员中女性比重分别为23.2%和48.2%。中国还重视少数民族女干部的培养，注重提高少数民族妇女的参政水平。② 民族平等、男女平等已成为我国干部选拔机制中的重要内容。

菲律宾政界出现的女部长有经济计划部长蒙索德、教育部长洛德斯·基松宾、社会保障部长德塔韦拉。管理总统府一切事务的几乎也是由女性担任。总统办公室的侍卫中也出现了女性。妇女还活跃在新闻界，驻马拉卡南宫（总统府）的大约40名记者中，有一半是妇女。1990年，菲律宾外长劳尔·曼格拉普斯首次正式访问越南，随行的5名菲律宾报界记者均为女性。

4. 诺贝尔和平奖获得者—昂山素季

中国—东盟国家中，缅甸出现了诺贝尔和平奖获得者女政治家——昂山素季（AungSanSuuKyi）：她是非暴力的倡导者。昂山素季生于1945年，是缅甸民族英雄昂山将军的女儿。两岁的时候，父亲遇刺身亡，母亲将她培养成为牛津大学的哲学、政治学、经济学学士，毕业后留校任职，并任职于联合国、不丹外交部等处。昂山素季1990年获得萨哈罗夫奖，1991年获得诺贝尔和平奖。昂山素季不凡的人生经历使她成为东盟国家中不可多得的女政治家。

## 二、东盟各国妇女经济参与

### （一）越南妇女经济参与

中越睦邻友好起到了对广西经济腾飞的助推作用，妇女跨国进行销售。在中越边境城市广西东兴市，每天人们都可以看到一群头戴尖斗笠、背着大包小包的越南妇女走过跨国大桥，来到东兴市新华路用流利的中文向过往的游人推销越南商品。③ 随着革新开放的成功实施，越南的经济所有制逐渐从官僚集中统包统给体制转变为社会主义定向市场经济体制，个人在经济中的能动性和自主性得到了极大的提升，开始成长为经济活动中的主体。在这股市场经济浪潮中，越南妇女对经济社会发展的推动作用也逐渐得到了展现。首先，从事农业生产的妇女人数和比例大幅提升；其次，在非农业部门就业的女性人数有所增加；再次，妇女财产所有权得到确认，在法律上保障妇女的经

① 黄晴宜：《在第二届中国—东盟妇女高层论坛上的发言》。

② 董云虎等：《中国人权建设60年》，南昌：江西人民出版社2009年版，第169页。

③ 新华网（http://news.xinhuanet.com/fortune/2010/08/29/c_12494937.htm）。

济利益是妇女发展史上的进步。

### （二）老挝妇女经济参与

老挝妇女是经济上的能手，不但在农业而且在蔬菜种植和养殖方面都是主力军。“老挝女人更能挣钱，妇女从事着几乎所有的农业生产。缝衣织布历来是女人的强项，具有民族特色的老挝丝绸为她们带来不菲的收入；在种植果品蔬菜、饲养家禽等获益颇丰的行业中，妇女也处于主要角色。在老挝，银行只贷款给女性，由此可见老挝女人地位之高。”[①]这就说明老挝妇女有较好的信誉，也具备还款的能力。特别是老挝政府帮助妇女致富的经济举措值得东盟各国借鉴与学习。

### （三）文莱妇女经济参与

越来越多的文莱妇女加入劳动力的大军之中。在该国的公务员中，49%是妇女，她们在各行各业参加工作，包括在企业作为企业家或者律师等等。另外该国的妇女还建立了中小企业，其对该国的 GDP 贡献很大。文莱政府非常鼓励妇女的参与，出台了很多的鼓励政策，给她们提供支持，其中包括：财政方面的支持，向她们提供信息通信技术，以及向她们提供培训，讲习班等。在 2006 年，由 62% 的小额贷款是发放给妇女的。这个数字也是很大的，这是文莱财政部所取得的成果。[②] 文莱财政部对妇女的财政支持值得东盟各国政府的借鉴与学习。

### （四）新加坡妇女经济参与

新加坡只有 300 多万人口，人均 GDP 达到 21230 美元，其妇女发展是否能与社会经济发展同步是我们特别关注的问题。在“中国—东盟女企业家交流会”上，新加坡妇女理事会副主席曾汝銮就新加坡宪法是否保障男女平等时说：“新加坡无须宪法保障已完全实现男女平等。男女两性平等已成为政府的自觉。”其根本原因是“男女平等是社会经济发展的必然结果。新加坡近 30 年经济的高速发展，全国的教育培训水平已很高，男女能平等分享教育培训资源。妇女素质高，与男性没有差别，男女同工同酬，同龄退休是经济发展的需要”。关于就业中是否存在性别歧视问题，她说：“经济的发达使国内工作岗位供过于求，本国劳动力远远不足，还要从国外大量输入劳动力，国内妇女就业有很大的选择空间，妇女工作自由度大，就业不存在歧视女性问题。”对于随着经济高速发展高离婚率对妇女的影响，曾汝銮说：“新加坡与世界上

---

① 老挝见闻：《银行只贷款给女性　华人处处受气》，《同舟共进》2013 年 1 月 24 日 07:47。

② 来源：http://finance.sina.com.cn/hy/20081021/12365413243.shtml。

许多发达国家一样,妇女就业率高,离婚率高,但不成为突出的社会问题,因为妇女有独立的社会地位与经济地位,在社会上独立生存空间很大,对男性、对家庭的依附性弱。选择独立的生活与自我发展没有压力。"新加坡妇女组织活跃。能够使经济与妇女发展同步,体现了新加坡社会经济发展的效率与和谐。

**(五)马来西亚妇女经济参与**

女性在学士文凭毕业生中占了61.9%。根据2009年马来西亚两性差距指数,妇女在教育和健康方面达到令人骄傲的表现,但在经济等方面则有待提升。马来西亚要求企业决策人女性占三成。马来西亚提出,在马来西亚企业界的决策人当中,女性必须占30%以上的比例,与此相关的企业包括上市公司、官联公司和金融机构等。马来西亚政府表示,非常重视妇女在国家发展过程中所扮演的角色,认为她们有足够的能力担任要职,希望这项政策能够改变和进一步提升妇女的地位。[①] 马来西亚率先在全球推行"全球女性经济动力"计划,为国家培养更多女企业家。这项将在全球推行的社会责任计划,由世界直销公会联盟主办及拨款,现由马来西亚直销公会承办,并获得中小企业机构支持,免费公开请有兴趣创业和从商的女性参加。[②] 妇女对经济发展的参与率在1957年马来西亚独立前只达到1%至2%的低速增长。但1957年以后,特别是1957—1970年间加入劳动力行列中的妇女人数以每年平均6%的速度增长,1970—1976年又上升到7%。到1980年,劳动力中妇女的比重已达到35%,而1931年的比重仅为20%。[③] 上述数字说明马来西亚妇女在经济建设中的作用不容忽视。

**(六)菲律宾妇女经济参与**

作为妇女地位委员会主席的董丽真同时还是一位成功的女企业家,她拥有的制鞋企业与我国合作紧密,每年都会来广东考察企业发展情况。因为她父亲是华人,董丽真会说流利的福建话,也会讲一点普通话。她希望菲律宾与中国和东盟各国开展更广泛的经贸合作,这当中,女企业家应当积极发挥作用。在基特查劳市卡纳维社镇一片农田旁,多位农妇热情地向记者一行介绍她们参与的辣木(Moringa)种植项目,这些农妇语调激越,信心十足。据介绍,当地的许多农妇已经组成合作团体,互帮互助,学习育种、种植技术,在家

---

① 人民网:(http://finance.people.com.cn/h/2011/0908/c227865-3732219753.html)。

② 中国新闻网:(http://www.chinanews.com/gj/2011/04-04/2951919.shtml)。

③ F.多德著,李国强编译:《马来西亚妇女的经济地位》,《妇女研究论丛》1994年第2期。